소매보다 쉬운 **도매꾹 도매매**를 활용한

도매판매 완벽분석

제조업체, 농/수/축산물 생산자
해외직배송업체, 해외직구중개업체
수출입업체, 도매업체 등
유통업체의 상품 판매를 도와주는
도매꾹 도매매 상품공급 가이드북

모영일 저

2판

상품공급사센터
2.0 Beta
최신판

도매꾹 · 도매매가 답 이다

소매보다 쉬운 **도매꾹 도매매**를 활용한

도매판매 완벽분석

초판 1쇄 발행 • 2019년 04월 30일
2 판 1쇄 발행 • 2022년 09월 05일

지은이 • 모영일
펴낸이 • 김병성
펴낸곳 • 앤써북
출판등록 • 제 382-2012-00007호
주소 • 경기도 파주시 탄현면 방촌로 548
전화 • 070-8877-4177
FAX • 031-942-9852

ISBN • 979-11-979489-4-7 13000

도서문의 • 앤써북 http://answerbook.co.kr

앤써북은 독자 여러분의 의견에 항상 귀기울이고 있습니다.

※ **책 값은 뒤표지에 표시되어 있습니다.**

본 서적은 '도매꾹 완벽분석'의 개정판으로 본 서적에 수록된 내용은 '도매꾹 완벽분석'을 업데이트,
보강한 내용임을 밝힙니다.

PREFACE

본 서적은 유통시장 상품 공급의 원천인 제조업체, 농수축산물 생산자, 수출입업체, 도매유통업체, 유통전문 MD 등이 도매꾹과 도매매를 이용하여 도매시장에 상품을 공급하는 방법에 대한 도움과 세미나를 위한 교재로 활용하기 위하여 제작되었습니다. 따라서 모두 도매꾹 도매매 활용 방법과 기능에 대한 소개 내용만이 담겨 있습니다. 유통 지식과 관련된 내용은 본 서적 내용에 있지 않습니다.

본 서적은 '도매시장 완벽분석'과 '도매꾹 완벽분석'의 속편으로 상당 부분은 해당 서적들과 유사한 내용이 수록되어 있음을 밝힙니다. 웹사이트는 살아 움직이는 생명체와 같아서 수시로 업데이트가 필요합니다. 도매꾹 도매매 운영 정책이나 사이트 이용 방법 등의 변경 내용은 사이트내 도움말이나 공지사항 등에서 확인이 가능합니다.

이 서적에 수록된 일부 내용은 실제 세미나로 진행되고 있으며, 그 진행 영상은 유튜브(YOUTUBE.COM)에서 '도매꾹'으로 검색해서 볼 수 있습니다.

본 서적과 별개로 도매꾹 도매매에 등록된 상품을 네이버 스마트스토어, 쿠팡 등 국내외 50여개 쇼핑몰에서 판매중인 3만여명의 전문셀러들을 위한 가이드북인 'B2B배송대행 전문셀러 완벽분석' 서적도 참고하면 도움이 될 것 입니다.

독자 본인이 집필중인 서적이나 논문, 보고서 등이 있을 경우 본 서적에 있는 내용의 삽입이 가능 합니다. 원하는 경우 해당 부분의 워드 파일을 제공할 수 있습니다. 학교, 학원 등에서 교재로 사용하거나 교육상 필요하다는 요청이 있을 경우 일부는 세미나용 파워포인트 원본을 제공합니다. 20명 이상의 학생이나 단체가 강의를 요청할 경우 도매꾹도매매교육센터 전문 강사가 직접 방문 또는 도매꾹 세미나실을 활용해 교육 지원도 가능합니다.

도매꾹과의 제휴나 협업 제안은 언제나 환영하며 보유하고 있는 콘텐츠나 솔루션을 통한 협업에 적극적으로 참여하고 있습니다. 계약이나 협의에 의해 도매꾹의 상품 정보뿐만 아니라 도매꾹의 모든 데이터를 API 방식을 통해 무료로 제공할 수 있으니 '도매꾹 1:1문의'나 new2@ggook.com, 02)2071-0707로 필요사항을 요청해 주십시오. 또한 도매꾹 도매매에서 운영중인 페이스북 등 여러 SNS를 통해 많은 분들의 의견을 듣고 있습니다.

도매꾹 도매매를 이용하여 상품을 판매하는 모든 상품 공급사분들이 본 서적에 실린 내용을 이해하고 참고해서 도매꾹을 통해 성공적인 판매와 함께 인생에 있어서의 성공도 기원합니다.

도매꾹 운영자 공학박사 모영일

CONTENTS

PART 02

도매꾹 도매매 판매 도움말과 지원책, 누구나 할 수 있다!

PART 04 · 도매꾹도매매교육센터 세미나

온 · 오프라인 도매 유통의 변화와 도매꾹 도매매

01

유통시장의 변화

Q 유통채널은 어떻게 융합하고 있나요?

A 2000년 이전까지의 유통채널은 재래시장, 백화점, 대리점 중심이었지만 그 이후부터는 대형마트, 복합쇼핑몰, TV홈쇼핑, 인터넷쇼핑몰 등 신규 유통채널의 급속한 성장으로 '유통채널의 춘추전국시대'를 겪었습니다. 특히 신규 유통채널 중 인터넷쇼핑의 급격한 성장으로 기존의 유통채널간의 경쟁보다는 '유통채널 간 융합의 시대'가 가속화되고 있습니다.

백화점, 대형마트, 복합 쇼핑센터의 수가 꾸준히 증가하고 있으며, 특히 인터넷쇼핑몰, 오픈마켓 등 온라인 유통채널이 백화점, 재래시장 등 전통 유통채널의 점유율을 앞선 상태입니다. 온라인 유통채널은 과도한 경쟁구도로 인한 성장의 한계를 극복하기 위해 오프라인으로 확장 및 온오프라인 복합 유통채널로 진화하고 있습니다.

롯데백화점, 현대백화점, 이마트, 롯데마트 등 전통적인 오프라인 기반의 유통업체들도 자체 인터넷쇼핑몰을 활성화시키고 있고 소규모 매장에서도 온오프라인을 융합시키는 사례가 급속히 증가하고 있습니다. 예를 들면 여성의류 보세 매장 운영자가 인터넷쇼핑몰을 개설하여 온오프라인 융합으로 시너지 효과를 얻고 있고, 반대로 인터넷쇼핑몰 운영자가 쇼핑몰 운영 경험을 토대로 오프라인 매장을 융합시켜 사업 영역을 확장하는 사례도 눈에 띄게 증가하는 추세입니다.

"인터넷쇼핑몰들이 오프라인 매장을 오픈하는 이유는 로드샵(매장)을 통한 브랜드 홍보와 매출 증대 효과도 있겠지만 고객의 참여를 통한 '플래그쉽스토어'의 역할로 브랜드의 가치를 높이는 효과를 얻기 위함이 더 클 것입니다. 또한 매장은 단순히 상품을 판매하는 공간을 넘어 고객들의 반응을 직접 느낄 수 있는 '안테나샵' 역할도 겸하고 있습니다. 쇼핑몰의 로드샵은 쇼핑몰 고객들에게도 신뢰도를 높여 매출 증대를 기대할 수 있고 온오프라인 연계를 통해 상품을 효율적으로 판매할 수도 있습니다.

저희는 문구, 팬시, 잡화 전문 인터넷쇼핑몰을 시작하여 사업을 안정화시킨 후 로드샵 대리점으로 확장했고 도매꾹 도매사이트를 통한 온라인 도매 판매로 판매 채널을 넓혀가고 있습니다.

_S홀릭 H사장"

온오프라인 융합 사례를 의류 아이템으로 분석해 보겠습니다. 백화점, 대형마트, 아울렛 등과 인터넷쇼핑몰 등은 서로 다른 영역의 유통채널로 인해 교류가 없었으나 지금은 온라인과 오프라인 채널의 제휴와 복합 형태로 만들어져 서로의 단점을 보완하며 시너지 효과를 만들어가고 있는 추세입니다. 브랜드 가두점(로드숍)은 복합 및 멀티화의 진행이 빨라지고 있고, 보세 매장은 인터넷쇼핑몰을 함께 운영함으로써 경쟁관계에서 새로운 채널을 통한 신규 고객 유입의 도구로 활용하고 있습니다.

그 동안 백화점, 대형마트, 가두점, 인터넷쇼핑몰을 이용하는 고객층은 서로 다른 소비계층으로 간주되어 왔습니다. 그 이유는 각각의 유통채널을 이용하는 고객들은 소득구조, 소비패턴 등에 따라 각기 다른 유통채널을 이용해왔기 때문입니다.

고가의 명품 브랜드는 백화점이나 면세점, 브랜드 가두점에서 구매하고, 중저 브랜드나 보세의류는 가두점, 대형마트, 인터넷쇼핑몰에서 구매하는 비율이 높습니다. 하지만 인터넷 소비 시장 규모가 빠른 속도로 성장해 백화점의 유통 점유율을 앞서면서부터 오프라인 유통채널에서도 인터넷 유통채널을 간과할 수 없는 상태가 되었고, 이러한 유통채널의 변화는 온라인과 오프라인의 제휴 또는 복합화를 가속화시키고 있습니다.

대형 패션업체들은 인터넷쇼핑몰과 업무 제휴를 맺음으로써 온라인과 오프라인의 상호 보완이 가능하게 만들고 있고, 온라인에만 제한되어 있던 인터넷쇼핑몰들도 오프라인과 연계함으로써 새로운 고객을 창출하는 등 지금의 패션업계는 온오프라인 유통채널을 융합시킨 다양한 비즈니스 모델로 발전하고 있습니다.

A 유통채널 간 융합 현상은 소매채널뿐만 아니라 동대문남대문 도매시장, 화곡동유통단지, 농수산물 도매업체 등 다양한 도매채널 그리고 제조수입업체 등에서 활발하게 진행되고 있습니다. 특히 생산자와 소비자 사이에서 유통의 핵심 역할을 담당했던 전통 유통채널(오프라인 도매단지)인 도매업체를 중심으로 커다란 변화가 일어나고 있습니다. 1차산물(농수산물)과 가공식품은 그 어떤 품목보다 유통구조가 복잡하고 오프라인에 치중되어 유통되고 있습니다. 건어물의 경우 '산지 공판 -〉 건어물시장(예: 부산 자갈치 건어물시장) -〉 가락동농수산물시장 -〉 가공공장 -〉 건어물 도매시장(예: 서울 중부시장의 도매업체) -〉 도소매업체 -〉 소매업체'와 같이 산지에서부터 소매업체까지 7~8단계의 복잡한 유통구조로 유통되었지만 최근에는 '산지 공판 -〉 건어물시장(예: 부산 자갈치 건어물시장) -〉 도매사이트 -〉 소매업체' 또는 '산지 공판 -〉 건어물시장(예: 부산 자갈치 건어물시장) -〉 가공공장 -〉 건어물 도매시장(예: 서울 중부시장의 도매업체) -〉 소매업체'와 같이 도매채널을 중심으로 상하구조 관계에 변화의 바람이 불고 있습니다. 상하구조의 관계에서 융합구조로 변화되는 중심에는 온라인마켓이 있습니다.

부산 국제 수산물 도매시장에서 중도매업체를 운영하는 C대표는 1차산물(농수산물)과 가공식품의 도매시장 온라인화에 대한 중요성에 대해서 다음과 같이 강조하고 있습니다.

" 치열해져가는 건어물 유통시장에서 블루오션의 길을 찾기 위해 해외 바이어에게 다양한 건어물 오퍼정보를 제공하기 위해서 자갈치쇼핑몰(fishmarket.asia)을 운영하게 되었고, 온라인 도매사이트와 유명 쇼핑몰을 통한 직판, 이베이와 타오바오 및 알리바바 등을 통한 해외 판로 개척 등 국내외 온라인을 통한 판로 개척에 노력하고 있습니다. 온라인을 통한 매출 증가와 꾸준한 단골 확보는 물론 일본, 중국, 영국 등 해외 오퍼를 통한 수출 등에서도 가시적인 성과가 나타나고 있습니다. 앞으로 국내 1차산물(농수산물)과 가공식품 유통채널의 온라인화는 더욱 활성화될 것으로 예측됩니다.

_J사 C대표"

Q 오프라인 매장과 점포에만 공급하는 상품도 도매꾹에서 판매하나요?

A 오프라인 전용 상품이란, 온라인으로 판매시 가격 체계가 무너질 위험성, 오프라인 대리점들의 반발, 온라인으로 판매가 어려운 상품들로 철저하게 오프라인으로만 유통이 되는 상품들을 말합니다. 이런 오프라인 전용 상품들도 여러 가지 이유로 유통 과정에 온라인 거래가 포함되는 경우가 많습니다. 오프라인 점포들을 대상으로 상품 공급을 위한 영업이나 배송이 어려운 경우가 있는데 온라인을 통해 구매 점포를 모집하고 택배로 상품을 발송하되 거래의 안전성은 온라인 중개 사이트가 책임지는 방식으로 거래가 이루어집니다.

K★굿즈

주력상품으로 콘센트 제품을 생산하는 한 업체의 경우 이미 오프라인 대형매장에는 PB상품화하여 시장 진입이 끝난 상태로 주로 오프라인 중심의 전통적인 방식으로만 판매를 하다가 일반 소매점 경로를 개척하기로 하였습니다. 가맹점이나 대리점에 가입하지 않은 소매점들을 찾기 위한 방안으로 온라인 도매 사이트를 이용하기로 한 것 입니다. 오프라인 대형 매장은 이미 포화상태라 판매 확대 차원에서 시도했는데 상품 등록 후 바로 대량 거래가 일어나기도 합니다.

"멀티콘센트 제조사로 오프라인 대형 마트에 PB상품으로 납품하고 있었습니다. 주로 오프라인 중심으로 납품하다가 온라인으로 채널 확장하고자 했지만, 대다수 낱개단위의 개별 주문으로 대응하기 어려웠습니다. 우연한 기회로 도매꾹을 소개받았고, 마침 도매꾹에서는 100여 곳의 구매력이 있는 오프라인 소매점만을 대상으로 구매력을 확보해 고퀄리티의 저렴한 가격에 공급이 가능한 상품을 찾고 있었습니다. 저희가 찾고 있던 온라인 도매 채널이라 생각되었고 수차례의 가격 협의를 거쳐 공급가를 책정했습니다. 처음 시작 할 때 사실 반신반의했는데 초기 주문으로 약 50여종 품목에 대해 각 3BOX씩 발주가 들어와 놀랐습니다. 이후에도 BOX단위로 볼 때는 소량이긴 하나, 수십 곳의 소매 매장으로 납품하다보니 온라인에서도 원했던 대량발주 시스템으로 납품하게 되어 매우 만족스러웠습니다. 가끔은 도매꾹에 상품공급사의 정보가 공개되어 있다 보니 소매점에서 직거래로 연락이 오는 일도 있었습니다. 그러나 저희는 온라인을 처음 시도했을 때, 낱개 단위의 개별주문의 어려움을 떠

올렸고, 도매꾹을 통해 확보된 구매력을 개런티 삼아 제공하는 가격이기 때문에, 개별적으로 구매할 경우 도매꾹에서 구매하는 것보다 저렴하게 공급하기 어렵다고 양해를 구했습니다. 2018년 4월에 판매를 시작하여 초기 1,300만원 발주 외에도 몇 백만원 단위의 박스단위 주문이 이어지고 있으며 2019년에는 도매꾹과 함께 PB상품을 제작할 예정입니다. 기존 오프라인 채널 외 온라인으로 도매를 할 수 있도록 기회를 준 도매꾹에 깊은 고마움을 표하며 앞으로 더욱 더 매출이 증가되길 기대합니다.

_D사 영업담당자 M씨"

품질에 따라 가격차이가 있는 상품일 경우 브랜드 상품이 아닌 한 온라인에서 판매하기 힘든 경우가 많습니다. 구매자들은 저가인 경우에는 품질에 대한 의심, 고가인 경우에는 가격에 대한 의심을 하게 됩니다. 이런 상품 중 고가 상품을 유통하기에는 오프라인 매장을 통해 소비자가 직접 품질을 체크할 수 있도록 하는 것이 매우 중요합니다. 디퓨져와 같은 상품의 경우가 그러하며 소비자 대상으로 상품을 판매할 오프라인 매장을 온라인 사이트인 도매꾹을 통해서 찾기도 합니다.

"주력상품은 디퓨저 상품군으로 TV홈쇼핑을 통해 주로 판매를 해왔는데, 지인으로부터 도매꾹을 소개받고 판매를 하게 되었습니다. 국내에서 제조/생산을 직접 하다 보니 중국 수입산과 가격을 비교하면 상대적으로 높은 편입니다. 디퓨저나 탈취제 등은 상품 특성상 온라인에서 품질에 대한 이해를 시키기가 매우 까다로운 점이 온라인 판매의 제약점입니다. 그래서 오프라인 소비자와의 접점인 오프라인 매장을 온라인 사이트인 도매꾹을 통해서 찾게 되었습니다. 도매꾹 협업 오프라인 매장을 통해 판매를 시도했는데 중국산과 품질이 비교되며 고객들의 반응이 좋아 협업 점포에서 2주마다 상품종별로 각 1BOX씩 구매해 가고 있습니다. 판매 매장에서는 해당 상품을 개봉하고, 향기를 직접 맞게끔 제품을 열어놓았을 뿐이라고 하는데, 가격이 높은 편인데도 많이들 사간다고 합니다. 현재는 판매 매장 수를 확대해가고 있으며, 상품을 검증한 오프라인 매장을 활용한 PB상품화를 검토 중입니다. PB상품으로 제작되면 도매꾹에 온/오프라인 총판 역할을 요청하여 더욱 판매 확대에 대한 기대감을 가지게 되었습니다. 특히 도매꾹에서 거래에 대한 안전을 보장해 주므로 인해서 그동안 기존 오프라인 유통망에서의 수금 스트레스를 줄일 수 있게 되었습니다.

_J사 영업담당자"

Q 자체 쇼핑몰 대신에 왜 오픈마켓서만 판매하나요?

A 오픈마켓은 상품공급사와 소비자의 접근 제한이 없는 누구나 참여할 수 있는 온라인마켓입니다. G마켓, 옥션, 11번가, 인터파크 등이 대표적인 오픈마켓입니다. 이들 사이트를 오픈마켓이라 부르는 이유는 물건을 판매하는 사람이나 물건을 구매하는 사람 모두에게 오픈(open;열린)되어 있는 마켓(상점)이기 때문입니다. 사이트의 문이 누구에게나 열려있기 때문에 상품공급사의 수가 다른 어떤 온라인마켓보다 월등히 많습니다. G마켓에서 여성들이 자주 구매하는 '레깅스' 하나를 두고 91,494개(❶)의 상품들이 판매되고 있습니다. 오픈마켓은 자체적으로 유입되는 고객들이 많기 때문에 상품공급사는 고객 유치를 위한 별도의 마케팅을 진행하지 않아도 되지만 비슷한 레깅스를 놓고 수많은 상품공급사들이 경쟁하다 보니 고객들에게 선택 받기 위해 가격 경쟁이 치열해 질 수밖에 없습니다.

반면 인터넷쇼핑몰은 상품공급사간 가격 경쟁이 전혀 없어서 오픈마켓에 비해 가격을 탄력적으로 운영할 수 있습니다. 하지만 운영자가 직접 고객을 나의 상점에 유입시켜야 한다는 단점이 있습니다. 나의 상점을 알리기 위해서는 예비 고객들이 많이 이용하는 곳, 즉 네이버 등 검색포털에서 잠재 구매자들이 '레깅스' 키워드를 입력했을 때 광고영역(❷)에 나의 상점을 노출시키기 위해서 많은 마케팅 비용을 투자해야 합니다.

전자상거래 초창기만 하더라도 인터넷쇼핑몰 운영과 오픈마켓 판매를 겸하는 경우가 많았지만 오픈마켓과 인터넷쇼핑몰의 상이한 특징으로 인해서 판매 목적에 따라서 분리가 되고 있는 추세입니다. 즉 오픈마켓 상품공급사는 오픈마켓에서만 집중적으로 판매를 하고 인터넷쇼핑몰 운영자는 인터넷쇼핑몰에만 집중하는 채널의 분리 현상이 두드러지게 나타나고 있습니다.

오픈마켓과 인터넷쇼핑몰은 '선택과 집중'이 필요합니다.

인터넷쇼핑몰로 창업했지만 홍보의 한계와 마케팅 비용 대비 부진한 매출 등으로 인해 마케팅 비용이 적게 들어가고 판매에만 집중할 수 있는 오픈마켓으로 사업을 전향하였고, 그 결과 네이버 스마트 스토어, 옥션,

11번가, 지마켓, 인더파크, 도매꾹 등 모든 오픈마켓에서 판매 배송 고객응대 분야를 모두 만족시키는 최고 등급의 베스트 상품공급사로 자리매김할 수 있었습니다. 그 후 인터넷쇼핑몰은 별도의 광고나 마케팅은 집행하지 않고 있으며 회사 소개 목적으로만 활용하고 있습니다. 오픈마켓과 인터넷쇼핑몰은 접근 방식과 운영 방식을 달리해야 합니다. 이는 고객 성향이 다르기 때문으로 각각 다른 판매 전략이 필요합니다. 초보자라면 두 채널 중 한 채널을 선택하여 그 채널에 맞게 집중하는 것이 필요합니다.

_H물류 J사장

도매꾹 우수 상품공급사 중에는 유독 오픈마켓의 파워셀러들이 많습니다. 그 원인을 E사의 K사장에게서 들을 수 있었습니다. G마켓, 옥션, 11번가, 인터파크 등 소매형 오픈마켓의 운영 시스템과 도매꾹 도매 오픈마켓의 운영 시스템은 구매자의 성격만 다를 뿐 운영 시스템이 매우 유사합니다. 오픈마켓의 파워셀러들은 자신들이 구축한 소싱 능력을 토대로 인터넷쇼핑몰을 구축하는 사람들도 있겠지만 그보다 운영 방식이 비슷한 도매꾹을 선택하면 성공확률이 높아진다는 점을 알고 있기 때문에 도매꾹을 병행하거나 채널 갈아타기(판매처를 변경하는 방법)를 하는 것입니다.

_엔틱소품 김정호 사장

Q 모바일 쇼핑 증가가 계속되고 있나요?

A 스마트폰이나 태블릿PC로 상품을 구매하는 '모바일 쇼핑 시장'이 빠르게 성장하고 있습니다. 모바일 쇼핑은 유통채널 중 성장 속도가 가장 빠른 채널입니다. 모바일 쇼핑 시장의 성장은 스마트폰 보급 확대와 모바일 결제 수단의 발전 덕분입니다. 스마트폰에 신용카드 결제 기능 탑재를 넘어 인증번호만 입력하면 안전하게 결제되는 앱까지도 등장했습니다. 모바일 쇼핑의 증가로 기존의 인터넷쇼핑몰과 모바일 쇼핑몰을 함께 운영하는 사례도 급격히 증가하고 있습니다. 하지만 모바일 쇼핑의 쇼핑 패턴과 고객의 특성은 기존의 인터넷쇼핑몰과 큰 차이가 있습니다. 모바일 쇼핑은 주중보다 주말에 더 인기가 있고 쇼핑 시간대도 출퇴근 시간대인 오전 6~9시, 오후 6~10시가 주문이 가장 몰리는 시간입니다. 모바일 쇼핑을 이용하는 주고객층은 소비의 핵심 고객층인 20~30대 여성들이 많습니다.

모바일 쇼핑의 주요 상품군은 20후반~30대중반 여성인 젊은 엄마들의 이용 빈도가 높아 출산이나 유아아동 관련 제품이 주류를 이룹니다. 기저귀분유이유식, 여성들의 생필품 등과 같은 소비성 브랜드 제품들의 구매가 빈번하고 의류 및 잡화의 매출도 증가하고 있는 추세입니다. 의류 및 잡화류는 고가의 제품보다는 레깅스양말과 같은 가격 부담이 덜하고 디자인 차이가 크지 않으면서 간편하게 사용할 수 있는 제품의 구매율이 높습니다. 모바일 쇼핑 이용자층들은 모바일 쇼핑이 대중화되면서 다양한 연령대로 확산될 것으로 예상됩니다.

또한 도매꾹과 같은 인터넷 도매사이트, 11번가, 롯데닷컴 등 대형 쇼핑몰, 오프라인 소매매장에서도 모바일 쇼핑몰을 운영하고 있고 모바일을 통한 매출은 꾸준히 증가할 것 입니다.

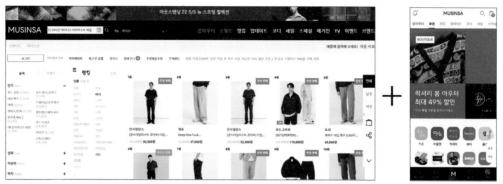

▲ 인터넷 의류 쇼핑몰의 PC 버전과 모바일 버전

▲ 오프라인 의류매장과 모바일 쇼핑몰

도매꾹 도매사이트의 경우 모바일 홈페이지의 관리자 페이지를 통해서 상품관리, 상품공급관리, 구매관리 등을 편리하게 진행할 수 있습니다.

▲ 도매꾹 사이트의 PC와 모바일 화면과 관리자 페이지

Q 쇼핑몰 통합관리 솔루션을 이용한 상품공급관리에 대해서 알려주세요.

A 많은 상품공급사들이 쇼핑몰 통합관리 솔루션을 이용하여 상품 판매 활동을 하고 있는 추세입니다. 이 솔루션을 이용하여 도매꾹, G마켓, 11번가, 옥션, 스마트스토어, 개인 쇼핑몰 등 수많은 쇼핑몰에 상품 대량 등록, 상품 정보 일괄 수집, 수정 등록, 주문 정보 수집, 송장 일괄 등록 등이 가능하며, 재고관리나 클레임 관리, 상품문의 답변까지 한곳에서 하고 있습니다. 샵플링, 사방넷, 샵링커, 이셀러스, 플레이오토 등 많은 통합관리 솔루션이 있어서 전문셀러 뿐만 아니라 일반 기업의 쇼핑몰 관리자에게도 절대적으로 필요한 서비스입니다. 수많은 쇼핑몰에 다양한 상품을 올리고 주문이 들어올 경우 이 모든 것을 일일이 확인하고 처리하기가 어렵기 때문입니다. 이러한 솔루션 서비스를 이용해서 상품관리와 주문관리를 할 수 있어야 다른 상품공급사와는 차별화된 경쟁력을 가지게 됩니다.

▲ 상품통합관리솔루션 샵플링(shopling.co.kr)

 Q 'B2B배송대행 전문셀러'란 뭐하는 사람인가요?

A 전세계 전자상거래 시장은 점점 커져가고 있습니다. 2017년 우리나라 온라인 쇼핑몰 시장은 90조원 이상의 거래규모를 보였으며 2018년에는 100조를 넘어선 것으로 추산하고 있습니다. 이에 따라 자신만의 온라인 마켓을 운영해 보고자 하는 사람들도 많이 늘어나고 있습니다. 허나 사업을 시작한다고 하는 것은 필연적으로 많은 자금과 노력을 필요로 합니다. 특히 뭔가를 판매하기 위해서는 해당 상품을 사입 해야 하고 이것이 재고로 남을 경우 고스란히 손실로 다가오게 됩니다.

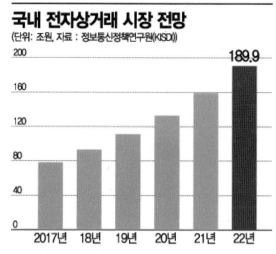

국내 전자상거래 시장 전망
(단위: 조원, 자료 : 정보통신정책연구원(KISDI))

▲ 국내 전자상거래 시장 규모

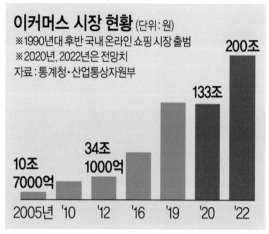

이커머스 시장 현황 (단위:원)
※1990년대 후반 국내 온라인 쇼핑 시장 출범
※2020년, 2022년은 전망치
자료 : 통계청·산업통상자원부

전문셀러는 이처럼 초기 창업에 필요한 재고 보유나 투자 자본을 최소화한 형태의 새로운 사업 방식의 상품공급사입니다. 전문셀러는 B2B 배송대행 사이트인 도매매를 활용해서 상품을 소싱하고 각종 온라인 마켓에 자유롭게 판매합니다. 상품사입에 대한 부담이 없고 절약한 비용을 그대로 마케팅과 판매 활동에 투자함으로써 더 많은 이윤을 창출해 낼 수 있습니다.

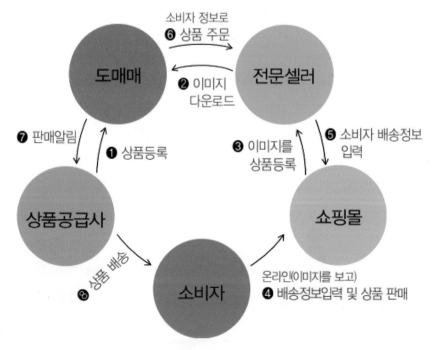

▲ B2B배송대행 서비스 도매매의 판매 흐름(선사입 후 판매)

오프라인에서 창업을 할 경우 실제 재고물량이 무조건 필요합니다. 또한 재고가 있기때문에 이를 전시하고 보관할 공간이 필요하며, 이를 관리할 인력도 필요합니다. 우수한 상품을 고르는 시간 외에도 추가적인 관리비용이 들어가기 때문에 재고를 소진하고 관리하기 위하여 시간과 노력을 들일 수 밖에 없는 구조입니다.

• 오프라인 매장

• 도매매 전문셀러

• 실제 재고물량 필수
• 전시, 보관공간 필요
• 소비자가 직접보고 구입

• 소비자가 사진, 정보를 보고 물건을 구입
• 셀러가 실제 물건을 보유하지 않아도 됨
• 전시, 보관공간 불필요

허나 온라인으로 판매를 할때에는 소비자가 직접 상품을 보고 구매하는 것이 아니라 사진과 정보, 후기 등을 통하여 구매합니다. 그래서 소매판매자가 실제 상품을 보유하지 않고도 상품 이미지와 정보만을 가지고 판매가 가능합니다. 당연히 재고가 없으니 사업 비용이 발생하지 않고 전시, 보관 공간이 필요하지 않습니다. 이에 따라 재고를 관리하는 인력도 필요하지 않으며 재고 소진을 위해서 신경을 쓰지 않아도 됩니다.

도매매 전문셀러는 재고의 소진이 아니라 '어떻게 하면 더 나은 물건을 찾아내서 더 많이 판매할 것인가?'를 계속적으로 고민하게 됩니다. 자연스럽게 마케팅과 판매활동, 고객관리에 더 많은 시간을 투자하게 되고 이것은 판매량의 증가로 이어집니다. 그럼으로써 상품공급사(도매매 판매자)역시 더 많은 판매량이 발생하게 되고 이 과정에서 발생하는 수익을 공유함으로써 서로가 윈윈할 수 있는 구조를 만들어 가고 있습니다.

무재고 운영

전문셀러

win-win

마케팅, 광고, 인건비 절감

상품 공급사

상품공급
상품배송
품질관리

전문셀러 입장에서 보면 단순히 상품을 가져가서 등록하는 것 만으로는 매출을 일으키기 어렵습니다. 전문셀러는 소비자의 관점에서 생각하고 어떤 상품을 소비자가 원하는지, 소비자들은 어떤 상품을 어떤 키워드로 검색할 것인지를 고민하고 지속적으로 이런 상품들을 찾아서 관리해 나가고 있습니다.

상품의 가격이 무조건 저렴하다고 판매되는 것은 아닙니다. 소비자가 상품을 구매할 때는 스스로 생각하는 가격의 구간이 있고 그 안에 있으면서 노출이 잘 되고 보기 좋게 포장되어 있는 상품이 잘 팔립니다. 이런 다양한 전략을 고민해야 하는 것이 전문셀러이며 이에 대한 지식을 공유하기 위하여 '도매꾹도매매교육센터'에서는 전문셀러를 위한 다양한 교육과정을 진행하고 있습니다.

우수상품 발굴

문제 상품 제거

유행&트렌드 확인

우수 공급처 파악

키워드, 마케팅, 홍보

지속적 관리

전문셀러에 관심이 있을 경우 'B2B배송대행 전문셀러 완벽분석' 서적을 가이드북으로 활용하면 보다 쉽게 접근할 수 있습니다.

Q 왜 도매 판매가 소매 판매보다 쉽다고 말하나요?

A 참, 적응하기 힘들게 빨리 돌아가는 세상입니다. 도매 유통까지도 어느덧 온라인화 되었는가 싶더니 최근에는 개인들의 해외직구에 더해 도소매 사업자들도 해외직배송 을 하는 시대가 되어가고 있습니다. 과거에는 전문 유통인들이 차지하였던 전통적인 오프라인 도매유통도 이제 사라지고 그 자리를 도매꾹, 도매매와 같은 온라인 중개 사이트에서 활동하는 유통전문MD들이 점차 점유해 가고 있습니다. 창고에 재고를 보유하거나 매장을 운영하면서 겸했던 온라인 소매판매는 이제 무재고 무사입 시스템을 활용한 인터넷 전문셀러들이 온라인 소매 판매 시장을 빠르게 점유해 가고 있습니다.

도소매 유통의 구분이 없어지면서 상품 생산자나 공급자인 제조업체, 수출입업체, 도매업체들 이 온라인 소매까지 직접 하는 등 많은 변화 과정에 있습니다. 그러나 여러 가지 이유로 여전히 소매 판매를 하지 않고 있는 많은 수의 상품 공급사들은 소매 판매로 적응하기 보다는 오프라인 에서 온라인으로의 적응을 시도하되 그나마 도매 사이트인 도매꾹, 도매매를 통하여 소매 판매 자들에게 상품을 공급하는 방식을 취하고 있습니다. 최근에는 오프라인 점포에 대한 상품 공급 까지도 꾹(ggook.com)이라는 오프라인 상품 공급망을 활용하고 있습니다.

온라인 도매 판매는 소매 판매에 비해서 전화응대 등 C/S가 적고, 보통 박스단위로 판매되기 때 문에 포장 비용 등 인력 투입도 최소화 할 수 있습니다. 다양한 상품을 보유하고 있는 경우에는 한 구매자가 배송비를 절약하기 위하여 여러가지 상품을 한꺼번에 구매하므로 소매에 비해 나 름 나가는 맛도 느낄 수 있는 등 장점도 많습니다.

이렇게 직접 온라인에 상품을 공급하는 상품 공급사들을 위하여 도매꾹에서는 위탁판매를 지원 (02-2071-0717)하고 있고, 상품 상세 페이지 제작(02-2071-0760) 등도 아주 저렴하게 지원 하고 있습니다.

일부 제조업체나 상품공급업체 들의 경우 온라인 도소매 판매를 직접하기 보다는 주변에서 활 동중인 온라인 유통전문MD들을 통하여 온라인 시장에 상품을 공급하고 있습니다. 직접 온라인 판매를 하기에는 전문 인력 채용과 사업 진행에 필요한 인프라 유지 비용이 수익보다 과다하게 투입된다는 걸 인지하고 있기 때문입니다. 온라인 유통전문MD는 개인부터 기업 규모까지 다양 하게 활동을 하고 있습니다. 창고를 보유하고 있기도 하고 사무실도 없이 재택 근무로 하는 경 우 등 다양합니다.

도매꾹, 도매매 등에 공급된 다양한 상품들은 가종 온오프라인 유통 경로로 뿌려지고 있으며, 온라인 소매를 전문으로 하는 수많은 전문셀러들에 의해 네이버 스마트스토어, 11번가, 지마켓 등 50여개 온라인 쇼핑몰에 공급되고 있습니다. 도매꾹에서 교육과정을 거쳐 자체적으로 양성한 전문셀러들 숫자도 3만여명 이르며 계속 양성을 하고 있는 중입니다. 도매꾹에 상품을 등록하면 도매로 판매 할 수 있고, 도매매에 상품을 등록하면 다수의 전문셀러들이 타 쇼핑몰에 상품을 도배하듯이 등록하여 판매를 시도하게 되므로 직접 온라인 소매를 하는 것보다 훨씬 많은 상품을 판매할 수 있습니다. 유명 쇼핑몰에서 상품을 검색하면 같은 상품이 상품공급사만 다르게 줄줄이 노출되는것은 이런 전문셀러들의 판매 대행이 그 이유입니다.

결론적으로 제조업체, 생산자, 수입업체 등 원 상품 공급사들은 직접 소매 판매를 하는 것 보다는 도매꾹 도매매를 경유하여 각종 온오프라인에 상품을 공급하는 것이 비용적인 면이나 판매 가능성 등에서 바람직하다는걸 알 수 있습니다.

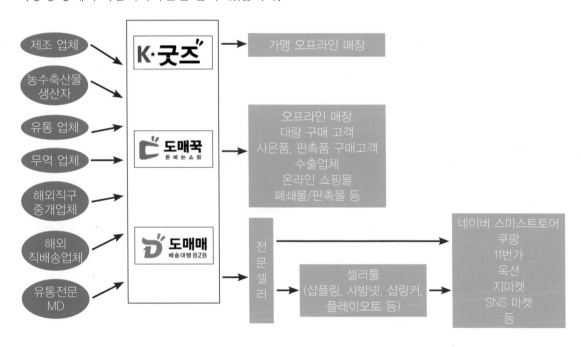

지난 6월 22일(토) 무재고/무사입 오픈마켓 창업 세미나가 열렸는데요.
세미나를 인상 깊게 들은 회원중 한명이 전문셀러 교육에 관한 후기를 블로그에 작성한 내용이 있어 공유합니다.

Q 온라인 거래에 있어서 상품평이 얼마나 중요한가요?

A 상품을 구매할 때 특별한 이유가 없는 구매 의사 결정은 상품평에 의존을 하고 있습니다. 이를 악용하여 일부 대형 사이트에서 조차 상품평을 꾸며서 조작한 사례가 적발되었다는 뉴스가 나온 적도 있습니다.

유통채널의 온라인화가 가속화되고 모바일 쇼핑이 증가할수록 중요해지는 항목이 '고객의 평'입니다. 인터넷쇼핑몰, 도매꾹, 오픈마켓, 종합쇼핑몰 등 모든 온라인마켓에서 고객의 평은 판매량의 지속성을 좌우합니다. 다음은 상품평에 따라 판매량이 어떻게 달라지는지를 나타내는 그래프입니다. 상품에 대해서 부정적인 상품평이 늘어날수록 판매량은 급격히 감소함을 알 수 있습니다. 반면 판매량이 저조한 상품이라도 좋은 상품평이 많아질수록 판매량이 급격히 늘어나는 것을 알 수 있습니다. 이렇듯 상품평은 베스트상품공급사를 만드는데 중요한 요소가 됩니다. 아래와 같은 '상품평에 따라 달라지는 판매량 그래프'는 개인쇼핑몰, hmall, cjmall 등 종합쇼핑몰, G마켓, 옥션 등 오픈마켓, 도매꾹, 도매매 등 모든 온라인마켓에서 공통적으로 나타나는 현상입니다.

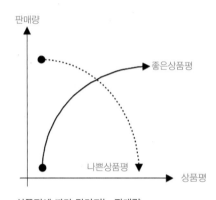

▲ 상품평에 따라 달라지는 판매량

도매꾹의 경우 고객들의 소중한 재산인 상품평을 절대로 삭제하거나 추가하는 등의 조작을 절대 하지 않습니다. 또한 긍정적 상품평의 결과인 구매만족도 여부를 상품 진열 순서, 상품공급사 등급, 우수상품공급사 지정 등 여러 가지 제도에 반영하여 구매고객이 상품을 구매할 때 자동으로 참조되도록 배려하고 있습니다.

구매자는 상품평을 작성할 때 보다 자세한 설명을 위해 사진을 첨부할 수 있습니다.

상품공급사는 다른 구매자들의 이해를 도운 상품평에 대해 프리미엄후기로 설정하여 상품평 목록 상단에 노출시킬 수 있습니다.(최근 6개월 내 작성된 후기 중 1개를 선택 가능, 프리미엄후기 해제 시 최근 6개월이 지난 후기를 해제할 경우 재등록이 불가)

▲ 상품공급사센터 2.0 〉 고객관리 〉 후기 관리 〉 프리미엄후기설정

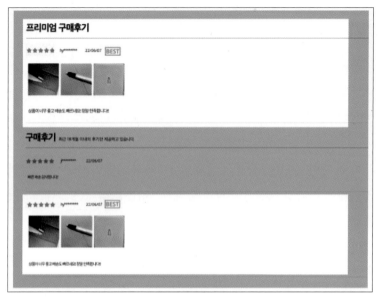

▲ 상품상세페이지 내 프리미엄 구매 후기 표시 예시

상품정보	상품고시	구매후기 (50)	상품문의 (19)	판매자/반품/교환정보

도매꾹은 소중한 구매후기를 가감없이 보여주는 정직한 사이트입니다.

만족도	내용	작성자	작성일
★ ★ ★ ★ ★	좋아요	gif******	19/03/28
★ ★ ★ ★ ★	와... 진짜 인생바지 .... 장점은 다 표여있습니다~~ 별화별화 객착하 ♡ ♡	am***	19/03/28
★ ★ ★ ★ ★	매우 훌륭합니다!!	jef******	19/03/28
★ ★ ★ ★ ★	아직 입고다녀보진 않았지만 좋아요! 일단 핏이 이뻐요~	kjj***	19/03/27
★ ★ ★ ★ ★	촉감은 좋은데 통원인이라 그런가.. 착용해서 자연스러운 모습들은 사이즈를 하나씩 올려서 나오더라구요. 특히 남자분 [마치 → 빅] ..으로 입하야 자연스럽습니다.	koiv***	19/03/27
★ ★ ★ ★ ★	가격대비 별로	msp******	19/03/25
★ ★ ★ ★ ★	판하고 생각보다 디자인도 괜찮고 만족합니다	kub***	19/03/24

▲ 도매꾹 상품평의 예

간혹 동일한 상품을 다른 상품공급사보다 더 비싸게 판매함에도 불구, 다른 상품공급사보다 더 많이 판매되어 베스트셀러가 되는 경우가 있습니다. 그 원인은 고객의 상품평에 있는 경우가 많습니다. 판매 초반에 판매량이 증가하더라도 부정적인 상품평이 늘어나면 판매량은 감소할 수밖에 없습니다. 긍정적인 상품평은 판매량을 증가시키고 베스트셀러를 만들고 나아가 스테디셀러를 만듭니다. 엔틱소품(도매꾹에서의 닉네임은 '정직한사람들')의 군모는 고객들로부터 긍정적 상품평을 많이 받았기 때문에 도매꾹 메인화면의 '추천 상품평' 영역에도 수시로 노출되고 있습니다. 도매꾹의 '추천 상품평'은 광고비를 지불하고 광고할 수 있는 영역이 아니기 때문에 고객들에게 더욱 신뢰를 줄 수 있고 덩달아서 판매량 증가 효과도 기대할 수 있습니다.

_앤틱소품(정직한사람들) 김정호 사장

우선, 결론부터 말하면 온라인 사업자일 경우 해외직구, 해외직배송, 역직구를 일상화 하는 것이 좋습니다. 직구나 직배송을 생활화하면 상품의 유통 트렌드를 파악할 수 있고 가격 경쟁력이 있는 트렌디한 상품을 유통하는데 많은 도움이 되기 때문입니다.

'직구'란 개인이 해외 사이트를 통해 직접 구매하는 것을 의미합니다.

즉, 개인이 아마존, 이베이, 타오바오 등 해외 쇼핑몰에서 상품을 직접 구입하는 것을 '해외직 구'라 하고, 국내 상품공급사가 국내의 상품을 해외 쇼핑몰(이베이, 아마존, 타오바오 등)을 통 해 판매하는 것을 '역직구'라고 합니다.

'직배송'은 일반적으로 중간 상품공급사를 통한 해외 상품의 구매 표현입니다.

'직구'가 개인이 해외 사이트에서 직접 구매하는 것이라면 '직배송'이란 중간 상품공급사가 국내 사이트에 해외 사이트에 있는 상품을 등록하여 판매할 경우 상품이 국내가 아닌 해외에서 배송 되어 온다는 것을 의미합니다. 해외 사이트에서의 '직구'가 상당히 어렵다고 느낄 경우 국내 사 이트에 등록되어 있는 해외직배송 상품을 구매하는 것이 바람직합니다.

또한 '에그돔'이라는 플랫폼을 통해 중국 상품 수입 및 구매대행 서비스를 제공하고 있습니다. 특히 에그돔은 중국 내 쇼핑 사이트의 상품을 한글로 검색 가능하도록 지원하며, '중국 내 배송 조회' 서비스를 제공하고 있어 해외상품을 안전하게 거래할 수 있습니다.

LESSON

02

유통과 도매꾹

Q 도매꾹이 뭐죠?

도매꾹은 온라인 도매 오픈마켓 1위 사이트입니다. 누구나 도매가격으로 상품을 구매할 수 있고 누구나 상품을 등록하여 판매할 수 있습니다. 우리나라 도매 사이트 중에서 가장 규모가 크고 옥션, 지마켓, 11번가와 더불어 4대 오픈마켓이라 불려도 전혀 손색이 없습니다. 도매꾹은 2001년부터 서비스를 시작하여 이천억원대대의 도매꾹내 거래액과 수조원대의 파생거래를 일으키는 우리나라 유통시장의 중심에 서 있는 사이트입니다.

[관련세미나] Part 04 Seminar 01 왜 도매꾹인가?

■ 국내 B2B 랭킹

종합 B2B부문 20년 연속 1위 사이트
(랭키닷컴 www.rankey.com 기준)
도매 오픈마켓 중 국내 최대 규모

■ 보유 회원수

270만명 이상 회원에게 상품을 판매
하고, 850만 가지가 넘는 상품을 구매
할 수 있습니다.

■ 업데이트 상품 수

일 일 평균 약 50,000개가 넘는 상품
이 업데이트되어 다양한 상품 검색이
가능합니다.

■ 낮은 수수료

타 오픈마켓 대비 낮은 수수료입니다.
자사 수수료 4.0~7.3%(VAT별도)
타사 A, 11, G사 수수료 8~22%

■ 거래건수

1주일에 평균 500만 상품이 거래되는
누구나 안전하게 사고 팔 수 있는 열린
장터입니다.

■ 글로벌 거래

전세계 어디서든 도매꾹의 다양한
상품을 구입 할 수 있습니다.

블로거가 말하는 믿을 수 있는 오픈형 도매 사이트 도매꾹

'바람이 머문 언덕'이라는 티스토리 블로그를 운영하는 분의 도매꾹에 대한 설명을 보면 도매꾹에 대하여 일부라도 알 수가 있습니다.

▲ 출처 : http://rabinx.tistory.com/847

아래의 블로그 내용은 원래 글에서 조금 변경된 상태입니다.

처음부터 물건을 믿고 가져 올 수 있는 도매 사이트를 찾기란 쉽지가 않죠.

그렇지만 오래되고 많은 사람들에게 알려진 사이트가 좀 더 신뢰를 줄 수 있지 않을까요?

그런 의미에서 온라인 도매 사이트 중에 많이 알려진 도매꾹을 추천해 봅니다.

도매꾹은 오픈형 도매사이트로 모든 물건을 직접 판매하는 사이트는 아니고 옥션, 11번가, 지마켓 처럼 상품 공급사와 소비자 사이에서 연결 역할을 해주고 수수료를 받는 방식으로 운영되는 곳입니다.

이 방식의 사이트가 직접 물건을 판매하는 사이트보다 경쟁력이 있다는 것을 보여 주는 예가 옥션, 11번가, 지마켓과 같은 오픈 마켓들의 성공이 아닐까 생각합니다.

업체에서 자체적으로 운영하는 쇼핑 사이트를 가진 업체도 판매를 하고 있으니...

그렇지만 도매꾹에는 이렇게 물건 종류도 많고 상품공급사도 다르다 보면 불만 사항이 생기지 않을 수는 없겠죠. 이런 소비자의 불만 사항을 듣기 위해 각 물건마다 소비자의 불만 사항과 의견을 듣는 공간을 마련해서 소비자가 불만 사항을 쉽게 신고 할 수 있도록 하고 있습니다.

그리고 물건을 대량 구매하기 전에 먼저 평가하고 싶은 소비자들을 위해 소량 구매도 지원해 주고 있다고 하는군요.

말보다는 직접 사이트 접속해서 어떤 물건을 판매하고 있으며 이용자들의 평은 어떤지 보는 게 더 확실한 방법이 아닐까요?

Q 도매꾹 어떻게 이용하나요?

A '미니조이'라는 네이버 블로거가 포스팅한 글을 보면 사람들이 도매꾹을 어떻게 활용하고 있는지를 가늠해 볼 수 있습니다.

▲ 네이버 미니조이 블로그

▲ 출처 : http://m.blog.naver.com/mininjoy/220137600074

아래 미니조이의 블로그 내용은 현재에 맞게 약간 변경되었습니다.

알면 돈이 보이는 사이트 도매꾹을 아시나요?

전에는 나까마라는 이름을 사용했는데 지금은 도매꾹으로 이름을 바꿔서 서비스하고 있어요.

주로 동대문, 남대문, 지방 등에서 장사하시는 분들이나 세계 각 국의 교포들이 장사를 하시면서 많이 이용하세요.

말 그대로 도매로 대량의 상품을 살 수 있는 곳이에요,, 약간 박리다매 같은 느낌? ㅋㅋ

장점은 아주 아주 저렴하게 살 수 있다는 거...

단점은 소량을 낱개로 사면 좀 비싸고 최소수량 이상을 사면 싸요.

도매꾹입니다. http://domeggook.com

도매꾹 사이트에 처음 들어가면 이렇게 많은 상품들이 올라와 있어요,,

치마레깅스 20종 6,000원씩이라네요,,우와,,싸다 싸,,

일반 매장에서 사면 10,000원두 넘는 뎅

일단 회원 가입을 안 하면 가격을 볼 수가 없고 구매도 안 되기에,, 밑에 회원가입 보이시죠?

과감하게 클릭 클릭

회원가입을 클릭하고 회원정보를 쓱쓱쓱 입력해 주세요.

도매꾹으로 들어 가보자구요.

▲ 회원가입 폼

▲ http://domeggook.com/6144581

가입한 아이디와 패스워드를 입력하고 로그인 합니다요,

도매꾹으로 놀러 가장....

지금 이 이미지는 로그인 전에 셀카랜즈를 사기 위해 셀카랜즈를 클릭하면 이렇게 떠요.

무조건 회원 가입을 해야 할인된 금액과 모든 정보가 나온답니다.

도매꾹은 회원가입을 사랑해, ㅋㅋ

우왕 로그인 하니깐 보이죠,, ㅋㅋ 1,490(**⑤**)원 이래요..

헐 대박 진짜 싸다

나 저거 쿠팡에서 8,000원 주고 산건댕,, 잉

근데 10개를 사야 한다네요..

판매단가 : 1,490원(10개 이상 구매) 이렇게 써 있죠?

10개 이상 구매라고,, ㅋㅋ

도매꾹에서는 물건을 살 수 도 있지만 판매도 가능해요.

제가 예전에 물건을 팔았거든요.

디자인만 할 줄 알면 올리는건 일도 아니죠,

전에는 판매할 때 건당 100원씩 등록비를 받았는데 이제는 무료에요.

물론 물건이 팔릴 때마다 수수료가 있긴 해요,

도매꾹 입니다요.

위 블로그를 통해 사람들이 도매꾹을 활용하는 방법을 엿볼 수 있습니다. 다른 더 많은 블로그 글들을 보면 도매꾹에 대하여 자세히 알 수 있습니다.

▲ 네이버 블로그에서 도매꾹 검색 화면

▲ 다음 블로그에서 도매꾹 검색 화면

다음은 친한 친구들과 젤리시계를 도매가격으로 공동구매하는 사례, 영어캠프에 참여한 학생들에게 줄 선물을 저렴하게 구매하는 사례, 도매꾹 특징 소개 등 블로거들이 도매꾹을 활용하는 다양한 사례입니다.

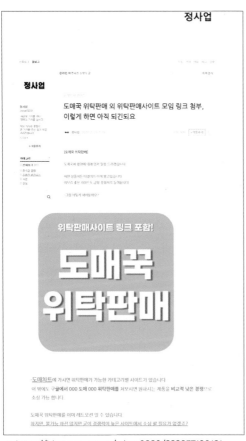

▲ https://blog.naver.com/minar0920/222657190121

▲ https://blog.naver.com/iamminhyun/222599624701

▲ https://blog.naver.com/lv212/222587012060

▲ https://blog.naver.com/nestro01/222646093896

A   경쟁력을 갖춘 상품공급사가 되기 위해서는 자신이 취급하는 아이템에 대해서 누구보다도 잘 알고 있어야 하고, 그 아이템이 어떤 과정을 거쳐 유통되는지 그 일련의 과정과 각각의 세부 사항까지도 파악하고 있어야 합니다. 신상품이 출시되어 최종 소비자에게 전달되기까지 일련의 과정을 통해서 유통채널의 흐름을 이해하는 것은 모든 상품공급사가 상품을 취급하기 전 가장 먼저 해야 될 중요한 사항입니다.

다음은 제조수입업체가 상품을 만들거나 수입하여 온오프라인 도소매업체를 통해서 고객에게 전달되기까지의 일련의 과정을 간추린 그림입니다. 국내 유통은 제조수입업체에서 신상품을 만들거나 수입하면서 시작되며 한 단계를 거칠 때마다 10~30% 정도의 유통 마진이 포함되어 최종 소비자에게 판매됩니다. 도표를 참조하여 창업 전 나의 위치를 정확히 판단하여 사업 계획을 세워야 할 것입니다. 도표를 기준으로 보았을 때 가장 이상적인 창업 방법은 역순으로 진행하는 것입니다. 예를 들어 봉제 인형을 좋아하는 소비자에서 인형 장사를 시작하고 노하우가 쌓이면 한 단계 높은 인형 도매업체를 운영하고 거기서 노하우가 또 쌓이면 직접 수입하거나 제작 유통하는 경우가 가장 이상적인 창업 방법일 것입니다.

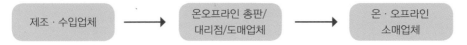

다음은 국내 유통채널의 흐름을 설명한 그림입니다. 엔틱소품(❶)은 중국, 베트남 등에서 모자, 목도리, 레깅스, 핸드폰케이스, 액세서리 등 잡화를 직수입하여 유통하는 수입업체입니다. 엔틱소품에서 직수입한 상품들은 화곡동유통단지, 동대문 도매시장, 도매꾹(❷) 등 온오프라인 도매채널을 통해서 소매업체에게 판매됩니다.

'햅번주얼리(❸)'는 '엔틱소품(❶)'이 도매꾹(❷)에서 판매하는 패션잡화들을 도매가격으로 구입한 후 매장에서 소비자에게 직접 판매하는 오프라인 소매업체입니다.
'한씨스타킹(❹)'은 '엔틱소품(❶)'이 수입하여 도매꾹(❷)에서 판매하는 스타킹을 구입하여 G마켓, 옥션, 11번가 등 오픈마켓(❺)에서 소비자에게 판매하는 온라인 소매업체입니다.

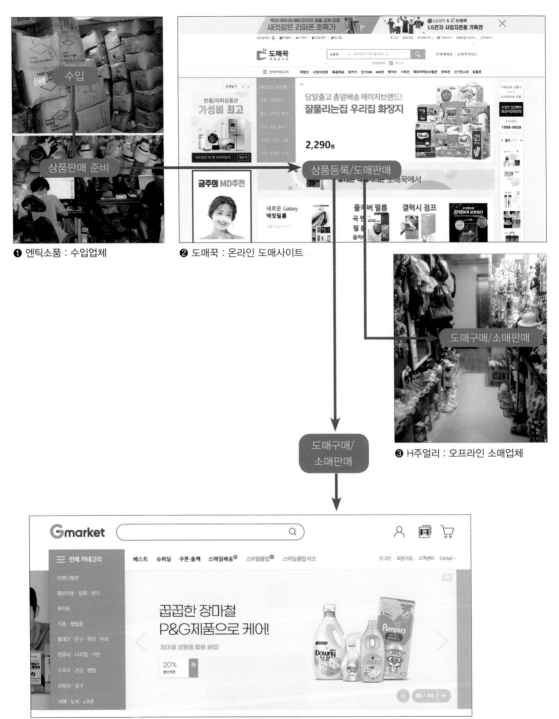

❶ 엔틱소품 : 수입업체

❷ 도매꾹 : 온라인 도매사이트

❸ H주얼리 : 오프라인 소매업체

❹ S스타킹 : 온라인 소매업체 ❺ G마켓 : 온라인 소매사이트

Q 스마트폰 쇼핑의 환경변화에 도매꾹은 잘 적응하고 있나요?

A 스마트폰이나 태블릿PC로 상품을 구매하는 '모바일 쇼핑 시장'이 빠르게 성장하고 있습니다. 모바일 쇼핑은 유통채널 중 성장 속도가 가장 빠른 채널입니다. 모바일 쇼핑 시장의 성장은 스마트폰 보급 확대와 모바일 결제 수단의 발전 덕분입니다. 스마트폰에 신용카드 결재 기능 탑재를 넘어 인증번호만 입력하면 안전하게 결제되는 앱까지도 등장했습니다.

모바일 쇼핑 이용자층은 모바일 쇼핑이 대중화되면서 다양한 연령대로 확산될 것으로 예상됩니다. 이에 도매꾹도 모바일 쇼핑몰을 운영하고 있고 모바일을 통한 매출은 꾸준히 증가하고 있습니다. 도매꾹 모바일 웹은 안드로이드폰과 아이폰 등 모든 모바일 브라우저에서 공통적으로 m.domeggook.com로 접속하여 사용이 가능합니다. 도매꾹 앱은 안드로이드폰과 아이폰 두 가지 버전으로 제공되고 있으며, 각각의 앱스토어에서 '도매꾹'을 검색하면 다운받아 설치할 수 있습니다.

도매꾹의 경우 모바일 웹과 앱을 통해서 상품구매는 물론 관리자 페이지를 통해서 상품관리, 판매관리, 구매관리 등을 편리하게 진행할 수 있습니다.

▲ 도매꾹 모바일 앱 화면

Q 동대문 도매시장의 상품공급사와 구매자는 누구인가요?

A 동대문 도매시장은 각자 주력 품목과 특색을 지닌 30여 곳의 크고 작은 상가들이 모여 있는 대한민국 의류의 메카입니다. 의류 및 패션잡화를 판매 아이템으로 선택하기 위해서는 동대문 도매시장의 상가별 특징과 동선 등을 훤히 들여다볼 수 있을 정도가 되어야 합니다. 대한민국의 모든 보세 의류를 논할 때 동대문 도매시장을 빼놓고 이야기할 수 없으며, 인터넷 의류 쇼핑몰, 옷가게 매장, 오픈마켓, 글로벌 온라인마켓 등 어떤 창업 유형이든 소위 옷장사하는 사람들이라면 반드시 연관된 곳이 바로 동대문 도매시장입니다.

▲ 낮 시장의 도매상가   ▲ 밤 시장의 도매상가

동대문 도매시장을 움직이는 주역은 도매상인(상품공급사), 사업자(구매자), 디자이너입니다. 동대문 도매시장의 구매자는 의류 매장 운영자, 인터넷 패션 쇼핑몰 운영자, 오픈마켓 상품공급사, 해외 바이어, 이베이·아마존·타오바오 등 글로벌 상품공급사, 여러곳의 인터넷 채널에 판매하는 벤더 및 단체 등 다양합니다.

동대문 도매시장의 도매상인은 직접 생산 유통하는 원도매업체, 원도매업체로부터 소싱받아 판매하는 도매업체 등으로 구분됩니다. 원도매업체의 특징은 청바지 전문, 블라우스 전문 등과 같이 특정 품목만을 취급하는 경우가 많은데 도매꾹에서도 활발히 판매를 하고 있는 업체도 많습니다. 일반 도매업체는 여러 가지 품목을 혼합하여 판매하는 경우가 많습니다. 이런 일반도매업체는 상품의 구색을 갖추는게 중요하기 때문에 도매꾹에서 제조업체가 등록한 상품을 많이 구매해 가는 편입니다. 실제 도매꾹 거래중 상당수가 동대문 도매상가로 배송 수령지가 되어있는 경우가 많습니다.

디오트 1층 B열 ○○호 C대표는 동대문 도매시장에서 사입 시 무조건 싼 것만 찾지 말라고 충고합니다.

동대문 도매시장을 몇 번 나와 보지 않은 초보 창업자의 경우 동일한 디자인의 제품이라도 점포마다 다르다는 것을 모르는 듯합니다. 예를 들어 A라는 원피스가 있다면 그 A원피스를 판매하는 매장은 한 곳만 있는 것이 아닙니다. 여기서 말하는 A라는 원피스는 디자인을 카피해서 비슷한 제품을 만들어 판매하는 것이 아니라 동일 공장에서 만들어진 제품을 의미합니다. 이런 경우 A원피스가 여러 매장에서 판매되지만 매장마다 가격이 다릅니다. 가격이 다른 근본적인 원인은 도매업체의 차이 때문입니다. 예를 들어 제가 만들었던 트렌드 밀라노 컬렉션 스타일 원피스는 직접 공장에서 제품을 공급 받기 때문에 저는 '원도매업체'입니다. 이 제품은 도매꾼이나 저희 매장을 통해 다시 동대문시장의 다른 도매매장에 일정 마진을 붙여 공급됩니다. 그러면 저에게 공급받는 그 노매업체는 '중도매업체'가 되는 것입니다. 이런 시스템이기 때문에 시장조사를 하다 보면 동일 제품을 판매하는 곳이 여러 곳일 수 있는데, 여기서 중요한 것은 원도매업체와 거래하는 것이 가장 저렴하게 사입하는 방법이라는 점입니다.

_디오트 1층 B열 ○○호 C대표

Q 남대문 도매시장에서도 도매꾹 상품이 팔리고 있나요?

A 남대문 도매시장은 각자의 주력 품목과 특색을 지닌 30여 곳의 크고 작은 상가들이 모여 있는 대한민국 액세서리, 아동복 유통의 메카입니다. 그 외 수입품, 안경선글라스, 소품 도매상가 등이 있습니다. 남대문 도매상가는 삼익패션타운과 같이 1층은 아동복, 2~3층은 숙녀복, 액세서리 등과 같이 여러 품목들이 하나의 상가에 입점되어 있는 복합상가로 구성되어 있는 곳이 많습니다.

▲ 뉴-영창 액세서리 도매상가 전경

▲ 남대문 도매시장 매장 전경

안경 · 선글라스 품목은 5~6년 전만 하더라도 남대문 도매시장이 국내 안경 · 선글라스 도매의 메카로 불릴 만큼 활기를 띄었지만 현재는 상당수의 도매업자들이 도매꾹에서만 판매를 하거나 서울 외곽으로 이전한 상태입니다.

숙녀복 도매상가의 상권력이 동대문 도매시장에 많이 빼앗긴 상태이지만 아동복만큼은 유통의 중심 역할을 유지하고 있습니다.

Q 화곡동 도매시장과 도매꾹의 연관성은 뭔가요?

A 주방용품, 판촉물 생활잡화, 인테리어 팬시용품, 소형가전, 차량용품, 국내외 브랜드 화장품, 우산, 타월, 인형, 게임기, 문구, 완구, 도자기, 판촉물, 가방 및 벨트 등 생활용품 오프라인 도매업체들이 밀집되어 있는 대표적인 곳에는 화곡유통단지, 부천생활용품도매단지, 광명 종합물류단지 등이 있습니다. 그 중에서 화곡유통단지는 국내 최대 규모의 생활용품 · 문구 · 완구 · 유아용품 · 화장품 · 판촉물 도매단지입니다. 화곡유통단지의 주요 취급 품목과 규모는 중국 이우의 국제상무성(푸텐시장)이나 빈왕시장의 축소판이라 할 수 있을 정도로 중국에서 수입되는 상품이 많습니다. 이러한 상품들은 중국, 일본, 호주, 동남아시아, 남미, 미주지역 등에 수출도 합니다.

그림1과 같이 수출입 컨테이너 작업을 하는 것을 쉽게 볼 수 있습니다. 또한 그림2, 3과 같이 장난감OO, OO완구 등과 같이 특정 품목만 전문적으로 취급하는 업체가 있는가하면 이외 여러가지 다양한 품목을 마트식으로 판매하는 도매업체들도 있습니다. 특정 카테고리의 품목만을 전문적으로 유통하는 업체중 도매꾹에서 상품을 대량으로 판매하는 업체가 많습니다. 도매꾹에서 유심히 살펴보면 그런 업체들을 찾을 수 있으며 이러한 업체와 거래해야 상품 공급이 안정적이고 가격 경쟁력도 갖출 수 있습니다.

▲ 수출입 컨테이너 작업

▲ 장난감 전문 유통업체

▲ 완구 전문 유통업체

생활용품 도매단지의 도매업체들은 판매 방식에 따라서 크게 수출 전문업체, 수출입과 국내유통을 병행하는 업체, 국내 도매업체 등으로 분류됩니다. 단 수출 전문업체라고 100% 수출만 하는 것은 아니며 국내 유통도 병행합니다. 화곡유통단지 내에 위치한 이천상사는 자사에서 판매되는 전체 물량의 일정부분은 국내 유통, 나머지는 해외로 수출하는 '유아용품 수출 전문업체'입니다. 국내 최고의 유아용품 회사에 납품하던 제조업체였기 때문에 탄탄한 기술력을 바탕으로 도매꾹이나 국내 유아용품쇼핑몰 업체에도 상품을 공급하고 있습니다.

화곡동유통단지에도 이천상사와 같이 유아용품 도매시장의 원청 역할을 하고 있는 원도매업체가 있는가하면 일반 도매업체들도 있습니다. 화곡동의 일반 도매업체들은 필요할 경우 도매꾹에서 상품을 조달하여 재판매하는 경우가 많습니다. 도매꾹에서 팔리는 상품이 수입이나 화곡동에서 조달하는 것보다 더 가격이 저렴한 경우도 있기 때문입니다.

▲ 이천 상사   ▲ 화곡유통단지의 도매업체들

화곡유통단지에도 의류와 마찬가지로 신상품 시즌이 있습니다. 직수입하는 업체들은 시즌 때마다 무엇을 판매해야 되는지 아이템 발굴에 많은 시간을 할애하고 중국 현지에 담당 직원들이 상주하는 업체들도 많습니다. 해외에서 직수입하는 업체의 경우 일주일에 한두 번 정도 수입하는데 한번 수입할 때마다 몇 만개 단위로 컨테이너로 입고됩니다. 화곡유통단지 입점 업체의 수입 품목은 대부분 중국 이우, 광저우 등을 통해서 수입을 합니다.

_상상홀릭 한순욱 사장

> **TIP** 화곡동유통단지에서 잘 사는 방법
>
> 오픈마켓과 글로벌 온라인마켓 상품판매사라면 단품 중심의 매장에서 단품을 대량으로 사입하는 방식이 가격 경쟁력을 갖출 수 있고, 인터넷쇼핑몰 운영자나 소매 매장 운영자라면 다품 판매 매장에서 소량 다품 방식으로 사입하는 것이 경쟁력을 갖출 수 있습니다. 또한 화곡동유통단지 도매업체 중 상당 수 업체가 도매꾹의 상품공급사이기 때문에 도매꾹에서 구입하면 편리하게 사입할 수 있습니다.

> **TIP** 덤핑 판매하거나 덤핑 제품 구입하는 방법
>
>
> 동대문문구ㆍ완구도매시장, 부천생활용품도매단지 등 대형유통단지에는 덤핑 물건을 구매하는 전문 덤핑업체들이 있습니다. 화곡유통단지에도 덤핑이나 땡 상품 매입 전문 업체(그림의 2층 업체)들이 있습니다. 만약 어떤 품목을 사입해서 판매를 시도했는데 판매 부진으로 처분하기 곤란한 재고는 이런 덤핑 및 땡 전문업체를 통해 덤핑판매(일정 금액을 받고 재고를 한 번에 모두 처분하는 방식)할 수도 있습니다. 또한 이런 업체에서 덤핑상품을 구매할 수도 있습니다. 도매꾹에서 운영하는 패밀리 사이트인 나까마(naggama.com)을 통해서도 일괄처분의 매매를 시도할 수 있습니다.

Q 문구 · 완구 도매시장들과 도매꾹의 연관성은 뭔가요?

A 서울 창신동과 천호동에 위치한 '문구 거리'에는 문구 · 완구 제조업체에서 상품을 직접 공급 받아와 지역 총판에 분배하는 '도도매업체'들이 밀집해 있습니다. 문구 · 완구 도매 시장의 업체들은 대부분 도매와 소매로 동시에 판매하며 도매는 품목별 박스 단위로 일반 소비자 가격의 50~60%에 공급되며, 이월 재고 상품의 경우 50% 이하에 판매됩니다.

▲ 동대문 문구 · 완구 도매시장

▲ 천호 문구 · 완구 도매시장

주로 소매 문구점, 유치원용품 납품업체, 특판업체, 인터넷쇼핑몰 등이 주요 거래처입니다. 몇몇 도매업체는 자체 인터넷쇼핑몰과 도매꾹(domeggook.com) 등에서 직접 판매를 하는 곳들도 있습니다. 특히 동대문 문구 · 완구 종합시장은 국내 도매 유통뿐만 아니라 해외 수출업체들도 많으며 덤핑 상품을 전문적으로 매입하는 덤핑 전문업체들도 많습니다. 덤핑 상품은 문구점, 팬시점, 유치원 납품업체 등을 통해서 유입된 덤핑 물건과 문구완구 제조업체의 유통라인을 통해 유입된 덤핑 물건 등도 상당수 거래되고 있습니다.

동대문 문구 · 완구 종합시장은 동대문역 4번 출구로 나와 약국 골목으로 진입하면서부터 문구완구 관련 도매업체 140여 곳이 밀집되어 있습니다. 천호 문구 · 완구 도매시장은 천호역 1번 출구로 나오자마다 '천호 문구 · 완구 거리' 아치부터 시작되며 약 100m에 걸쳐 도로 양쪽으로 문구, 완구, 화방, 팬시, 체육사, 교재사 등 학습용품 관련 도매매장들 50여곳이 밀집되어 있습니다. 두 곳 모두 완구보다는 문구용품의 비중이 크고 주로 전국의 문구 · 완구 소매업체를 대상으로 한 도매 판매와 일반 소비자 대상의 소매판매를 병행하고 있습니다. 특히 동대문 문구 · 완구 종합시장은 수출전문 업체와 문구·완구 덤핑 전문 업체들이 있으며 이곳을 통해 재고 등을 덤핑 판매할 수 있고 덤핑 문구·완구를 저렴하게 사입할 수도 있습니다. 이곳에서 거래되는 거의 모든 상품이 도매꾹에서도 그대로 판매가 되고 있습니다.

Q **건강 · 식품 · 식자재 도매시장들과 도매꾼의 연관성은 뭔가요?**

A 농수산물 · 청과물 · 가공식품은 그 어떤 품목보다도 복잡한 구조로 유통되기 때문에 초보자가 창업 아이템으로 선택하기 가장 어려운 품목 중 한가지입니다. 식품 유통시장의 흐름을 파악하면 나의 창업 방식에 따라서 어느 단계의 유통업체와 거래해야 하는지를 손쉽게 이해할 수 있습니다.

가공식품의 유통구조가 '제조업체 ➡ 총판대리점 ➡ 소매업체'인 반면 1차산물(농수산물)의 유통구조는 7~8단계로 매우 복잡하기 때문에 초보자가 접근하기 쉽지 않은 품목입니다. 반대로 생각하면 접근이 쉽지 않은 품목이기 때문에 안정적으로 상품 공급이 가능한 상부 유통 채널(도매업체보다는 생산자 등)과 거래할 수 있는 문이 열려있는 블루오션 아이템이 될 수 있다는 의미이기도 합니다.

식품 창업을 계획한다면 1차 산물(농수산물) 생산자인 오리 사육 농가를 발굴하여 오리를 훈제 요리로 가공하여 쇼핑몰을 통한 도소매 판매를 할 수 있습니다. 이외에도 1차 산물인 고등어, 블루베리, 고구마, 농수특산물 등의 생산조합 또는 가공업체와 연계한 온오프라인 판매도 할 수 있습니다. 1차 산물 산지와 직거래 또는 집하상인과 직거래를 통해 가격 경쟁력을 확보하거나 1차 산물을 가공하여 식품으로 개발하는 방식으로 경쟁력을 확보하는 것이 중요합니다.
식음료, 라면, 과자 등 일반가공식품의 유통 구조는 크게 자체유통망 체제(일명 직거래체제)와 외부 대리점 유통체제로 나눠 살펴볼 수 있습니다.

자체유통망 체제인 직거래 유통구조에 대해서 알아보겠습니다. 일반적인 식음료 제조업체가 생산한 일반가공식품의 유통 구조는 공장에서부터 소매점에 들어가기 전까지의 모든 과정을 자사 직원들이 직접 하고 있는 형태입니다. 예를 들면 해태 음료의 경우 천안, 안성, 평창에 위치한 자체 공장에서 제품을 생산한 후 자체 물류 시스템을 통해 각 제품별로 자체 직판 조직인 지점과 위탁 판매를 하고 있는 대리점 등으로 나누어서 배송을 하고, 지점과 대리점에 소속된 판매사원을 통해 소매점이나, 대형할인점, 편의점, 슈퍼 등으로 공급합니다.

외부 대리점 유통체제의 경우 대부분의 일반가공식품은 품목별 대리점 코드(본사와 대리점 계약 후 발급 받는 업체 고유 번호)가 있어야 본사에서 물건을 공급받을 수 있습니다. 대부분의 유통업체는 식품업체 본사와의 거래를 통해 상품을 소싱 받고 있으며, 덤핑 등 저렴하게 유통되는 품목은 본사 이외의 경로를 통해서도 대량으로 사입합니다.

도매꾹에서 500여종의 가공식품을 판매하는 '소공자몰(id; cibmalls)'는 외부 대리점 유통체제의 한 예입니다. 소공자몰은 대형 창고를 보유하고 있으면서 도매꾹 묶음상품전에서 낱개로 판매를 하고 있는 도매 업체중 한곳입니다. 도매꾹 사무실에서 직원들에게 제공하는 간식과 음료를 구매하는 곳이기도 합니다.

하지만 식품 창업 초보자들은 대량 덤핑 정보를 얻기가 쉽지 않기 때문에 많은 종류의 아이템보다 '라면', '생수' 등 특정 품목을 집중 공략해야 가격 경쟁력을 갖출 수 있습니다. 가격 경쟁력을 갖추었다면 도매꾹과 같이 자신이 직접 쇼핑몰을 운영할 필요가 없는 판로를 선택하는 것이 유리합니다.

혜민물류는 오픈마켓과 자체 쇼핑몰을 통한 도소매 판매, 도매꾹을 통한 도매 판매를 하고 있습니다. 일반가공식품이 아닌 1차 산물이라면 산지와 직거래 또는 집하상인과 직거래를 통해 가격 경쟁력을 확보하거나 특화된 식품을 직접 개발하여 아이템 자체의 경쟁력을 확보하는 것이 중요합니다. 그리고 식품은 적재 공간이 필요하기 때문에 일반 사무실보다는 영업 활동이 가능한 지역에 창고를 겸한 사무실을 함께 운영하는 것이 좋습니다.

_H물류 ○○○마트 Y 사장

▲ 혜민문류의 사무실과 함께 사용하는 물류창고

수입식품은 대량 수입업체와 소량 보따리상인 등을 통해서 수입됩니다. 식품 보따리 상인으로 부터 사입한 소량 수입품들은 남대문 수입 도매상가를 비롯하여 각 지방에 도매로 유통하고 있습니다. 저희는 매장도 운영하지만 도매꾹을 통해 구입하는 도매업자들이 더 많습니다. 왜냐하면 의류 등과 같이 직접 스타일을 확인하고 원단이나 바느질 상태를 직접 확인할 필요가 없는 품목이기 때문입니다. 실제로 남대문 수입도매상인들도 부산에 위치한 저희 매장을 방문하지 않고 온라인을 통해서 주문하는 경우가 더 많습니다. 도매꾹뿐만 아니라 전문셀러들을 위해 배송대행B2B 서비스를 하는 '도매매'를 통해서도 식품 쇼핑몰 운영자들에게 공급할 계획을 갖고 있습니다.

_수입식품 전문 J유통 J 사장

Q 도매꾹의 중국 상품은 주로 어디에서 들어오나요?

 A 도매꾹의 스테디셀러, 동대문 도매시장에 유통되는 패션상품, 화곡동유통단지에 유통되는 생활잡화, 소매 오픈마켓이나, 일정 규모가 있는 인터넷쇼핑몰 등의 상당수는 중국에서 상품 소싱을 하고 있습니다.

중국에서 상품을 소싱하면 인건비, 원부자재 등 모든 것이 한국에 비해 저렴하기 때문에 수많은 상품공급사들이 중국의 제조업체나 도매상인들과 거래를 하고 있습니다. 물론 불량률이 높아 위험부담이 많은 것이 현실이기는 하지만 수출 절차와 현지 검수 등을 잘 관리한다면 충분히 경쟁력있는 상품을 소싱할 수 있는 곳이 중국의 도매시장입니다. 그 중에서도 이우와 광저우는 한국 제조업체, 수입업체, 도매시장의 상인들에게 가장 널리 알려져 있습니다.

광저우시는 북경, 상해와 함께 중국의 3대 도시로 의류, 신발, 가방 등 패션 관련 업종의 거래가 활발히 이루어지는 도매시장입니다. 광저우시는 짠첸루, 짠시루, 쓰산항루, 중따 등 10여 곳의 도매시장 밀집지역이 있습니다. 도매꾹, 동대문 도매시장의 상인들, 인터넷쇼핑몰, 오픈마켓 거상, 남대문 액세서리 및 안경 도매시장의 상인들의 거래가 활발히 이루어지는 곳입니다.

특히 중따 도매지역은 원단 및 부자재 도매상가 밀집 지역으로 짠시루, 짠첸루의 의류 도매상가들에게 원자재 및 부자재를 조달하는 역할을 합니다. 광저우를 비롯하여 주변에 있는 동관 등 중국현지에서 의류 완제품을 수입하면 원가 절감은 물론 수입 오더를 진행하기에도 유리하기 때문에 도매꾹 파워셀러는 물론 동대문 도매시장의 상인, 소위 잘나가는 인터넷 패션 쇼핑몰들의 상품 소싱을 위한 거래가 많은 지역입니다.

▲ 광주국제경방성(광고우궈지칭팡청)

▲ 와이셔츠 원단 매장

▲ 짠시루 의류 도매상가 밀집 거리   ▲ 짠시푸좡청 의류 도매상가

이우시는 국제상무성 일명 '푸텐시장'을 중심으로 황원시장, 빈완시장, 속옷시장, 양말시장, 자동차용품과 액세서리시장, 라이터, 공예품, 액자, 도자기 도매시장 등 30여 대형 도매시장이 밀집되어 있습니다. 이우시 전체가 소상품 도매시장이라고 할 수 있을 정도로 소상품 천국입니다. 특히 국제상무성(푸텐시장)을 중심으로 황원시장과 빈왕시장은 도매꾼이나 한국의 제조업체, 수입업체, 화곡동유통단지 외 오프라인 도매 매장들, 쇼핑몰 및 오픈마켓의 거상들이 즐겨 찾는 도매시장으로 자체공장을 보유하고 있는 도매 매장들이 많습니다.

▲ 국제상무성의 주요 품목들

문구, 팬시, 완구, 잡화, 가방, 우산, 패션잡화, 양말, 소형가전 등 소상품은 이우에서 구할 수 없다면 세계 어느 곳에서도 구할 수 없을 정도로 소상품의 천국이라 할 수 있습니다. 만약 이우의 도매시장에서 원하는 물건을 찾지 못하면 즉석에서 제작할 수 있을 정도입니다. 저희 상상홀릭에서 판매하는 상당수의 제품들도 이우 도매시장을 통해서 수입하고 있습니다.

_상상홀릭 한순욱 사장

한눈에 알 수 있는 도매꾹 도매매

 Q 어디서 사야 하나요?

 A 도매꾹이 답 이다.

쌍둥이 옷 한 번에 사려는데
어디서 사야하지?

많이 살수록 더 싸게!
도매꾹이 답 이다

참석자가 100명은 넘을텐데
MT준비 어쩌지?

대량이면 더 싸게!
도매꾹이 답 이다

A4용지, 화장지, 문구류, 커피...
따로따로 사야하나

기업용 비품 구매도 한번에
도매꾹이 답 이다

한꺼번에 대량구매 하기전에
낱개로 사볼 순 없을까?

낱개상품도 도매가로 묶음배송
도매꾹이 답 이다

장사할 물건 싸게 사야 하는데
어디서 공급받지?

우리 가게 상품 매입
도매꾹이 답 이다

오픈마켓에 팔 물건
어디서 싸게 사지?

인터넷 판매의 첫 걸음
도매꾹이 답 이다

그 많은 물건을 사시면서
들고 가시려구요?

택배로 배송까지

도매꾹이 답 이다

주부, 학생, 직장인 모두가 CEO
누구나 손쉬운 쇼핑몰 창업!

상품공급부터 배송대행까지

도매꾹이 답 이다

SNS에 사람도 다 모였는데
파는 법을 모른다구요?

상품공급부터 배송대행까지

도매꾹이 답 이다

옆집 김사장 중국에서 대박 났다던데
도대체 비결이 뭐지?

중국 진출도 역시

도매꾹이 답 이다

Q 도매꾹은 어떤 사람들에게 많이 알려져 있나요?

A 도매꾹(domeggook.com)은 온라인 B2B 오픈마켓 서비스를 제공하는 마켓플레이스로, 20년 이상 국내 유통시장을 이끌어 가고 있는 대표적인 인터넷 도매사이트입니다. 현재 국내에서 서비스되고 있는 B2B 온라인 사이트의 시장 점유율 면에서 도매꾹이 70% 이상의 압도적인 우위를 보이고 있습니다.

도매꾹에서 상품을 사고파는 가장 큰 이유는 '빠른 시간에 많은 물량을 판매할 수 있다.'와 '싸게 구매할 수 있다.'입니다. 이런 기본 상거래원리에 의해서 상품공급사는 싸고 많이 판매할 수 있는 전략으로 접근하고, 구매자는 '오프라인 도매시장보다 저렴하게 구입할 수 있다.'라는 생각으로 접근합니다. 도매꾹은 국내외의 수많은 제조업체들을 비롯하여 동대문이나 남대문 도매시장의 원도매업체, 화곡동 도매시장의 수입업체, 인터넷 쇼핑몰 운영자, 매장 운영자 등 200만명에 달하는 다양한 목적의 구매자들과 판매업체들이 활동하고 있는 온라인 종합유통마케팅 포털사이트 입니다. 개인 자격이건 사업자이건 누구나 무료회원 가입만으로 온라인 도매거래를 시작할 수 있는 도매거래 중개 사이트입니다.

도매꾹의 상품판매 단위는 일정수량 이상의 도매단위 방식입니다. 그림1 상품의 판매단가는 43,000원입니다. 단, 한 번에 최소 2~3개 이상을 구매해야 하며, 낱개 샘플구매의 경우 58,000원입니다. 그림2 상품의 판매단가는 1,900원으로 100장 단위로만 구매할 수 있으며 샘플 구매는 9,000원입니다.

그렇다면 그림1 침낭을 10개씩, 그림2 모자를 100개씩 구입하는 사람은 누구일까요? 장사를 하시는 분, 회사의 사은품으로 이용하려는 분 등일 것입니다. 즉 도매꾹에서는 남대문 도매시장, 동대문 도매시장 등과 같이 도매가격과 판매 단위를 기본으로 하여 거래되고 있어서 도매꾹에서 상품을 사입해서 재판매를 하는 장사를 하는 사람들에게 유명한 사이트입니다. 우리나라뿐만 아니라 세계 각국에서 인터넷을 활용할 줄 아는 많은 사업자들이 도매꾹을 활용하여 재판매할 상품을 조달받고 있습니다.

▲ 그림1 침낭

▲ 그림2 모자

Q 상품을 낱개로 사고 팔 수 있나요?

 A 예, 배송대행 B2B 서비스 '도매매'를 이용하면 일반 오픈마켓과 같이 낱개(1개)로도 사고 팔 수 있습니다.

판매 경험이 별로 없는 초보 인터넷 쇼핑몰 운영자들에게 도매단위로 상품을 사입하는 것은 자금부족과 함께 재고에 대한 부담을 느낄 수 있습니다. 이러한 초보 상품공급사의 도매단위 사입에 대한 애로사항을 해결해주는 서비스를 '도매매(domeme.com)'에서 하고 있습니다.

또한 동일 상품공급사로부터 일정 금액 이상의 상품을 도매꾹에서 구매하면 낱개 샘플도 도매가격으로 추가 구입을 할 수 있습니다. 도매꾹 '묶음배송 상품전'에 있는 상품도 낱개로 구매가

도매꾹 상품들은 왜 저렴한가요?

 가능합니다.

도매꾹 상품들이 저렴한 가장 큰 이유 중 하나는 유통구조의 생략이 적용되는 곳이라는 점입니다. 수입업체와 제조업체들이 상품을 수입 및 개발하여 온오프라인 도소매업체를 거쳐 고객에게 전달되기까지 여러 업체들이 유통에 관계되어 있습니다.

상품이나 브랜드에 따라서 차이가 있기는 하지만 대부분의 상품은 제조업체나 수입업체로 부터 온오프라인 총판대리점이나 도매업체들을 거쳐 온오프라인 소매업체들을 통해 소비자들에게 판매되는 과정을 거칩니다. 그러나 도매꾹의 경우는 제조업체나 수입업체, 또는 산지의 원도매업체들이 직접 상품을 등록하여 도매로 판매하기 때문에 가격이 저렴할 수밖에 없는 구조입니다. 동대문이나 남대문에서 도매로 상품을 판매하는 업체들조차도 도매꾹을 통해 상품을 조달받고 있습니다. 도매꾹의 주문건중에는 상품을 배송 받는 주소지가 남대문시장이나 동대문시장 등으로 되어 있는 건들이 상당히 많이 있습니다.

상품공급사들은 도매꾹에서 상품을 판매할 때 가격을 저렴하게 팔 수 있는 이유로 먼저 구매자들이 많고 수수료가 저렴해서 부담이 적고 이용이 편리해서라고 이야기를 합니다. 도매꾹 회원들이 말하는 '도매꾹에서 거래하기 좋은 이유'를 구체적으로 들어보면 그 이유를 대충 알수 있습니다.

첫째, 국내 인터넷 B2B 사이트 중에서 가장 큰 온라인 도매시장으로 오프라인의 유동인구와 비교할 수 있는 사이트 방문자 수가 많습니다. 이런 이유로 구매자는 저렴하게 상품을 살 수 있고, 상품공급사는 많은 매출을 올릴 수 있습니다.

둘째, 진입장벽이 낮고 평등한 공간으로 누구나 사이트에서 상품을 살 수 있고, 누구나 상품을 무료로 등록하여 팔 수 있습니다. 특별한 제약이 없는 자유로운 시장입니다.

셋째, 도매꾹에서 금전 거래의 안전을 보증하기 때문에 안심하고 거래를 할 수 있습니다. 실제 지난 20년 가까이 도매꾹을 통한 거래에서 단 한 건의 금전적인 사고도 발생하지 않았습니다.

넷째, 도매꾹의 운영진은 고객을 위해 최선을 다한다는 기본이 갖춰져 있는 사람들입니다. 도매꾹 사이트 구석구석을 보면 공지사항 댓글 기능, 구매자 권리 찾기 기능, 상품공급사의 권리보호 신고 기능 등 회원과의 소통을 위하여 다양한 배려를 하고 있음을 알 수 있습니다.

Q 도매꾹에는 어떤 회원들이 있나요?

A 도매꾹의 회원수는 270여만 명으로, 재구매력이 높은 구매회원들이 대부분입니다. 즉 장사를 하거나 특정 목적을 위해 대량 구매하는 사람들이 많습니다. 회사의 사은품이나 행사용품을 구매하는 기업도 있고, 뽐뿌, 파우더룸 등의 네이버 카페와 스타일쉐어, 인스타그램 등의 SNS를 통해서 공동구매를 추진하는 회원들도 상당히 많습니다.

또한 하루에 한 가지 아이템으로 거래되는 수량이 수만 개가 될 정도로 거래 규모가 크기 때문에 단순히 상품을 도매로 사고파는 공간을 넘어서 신상품 홍보 및 브랜드 홍보 공간으로 활용하는 판매 기업체들도 늘어나고 있습니다.

도매꾹의 성별 회원 비율은 남성이 49.83%, 여성이 50.17%로 약 5:5 비율이고, 연령대별 회원 비율은 30대가 41%, 40대가 28%, 20대가 18%로 30~40대가 대략 70%를 차지하고 있습니다. 타 소매사이트와 다르게 도매꾹을 통해 사업을 하는 사업자들이 많기 때문에 아무래도 나이대가 타 소매 사이트보다는 약간 높습니다.

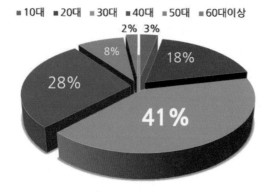

■10대 ■20대 ■30대 ■40대 ■50대 ■60대이상

▲ 도매꾹 연령대별 회원 비율

카테고리별 전체 회원의 구매 비율은 패션잡화/화장품, 의류/언더웨어, 스포츠/건강/식품, 가전/컴퓨터/산업 순입니다.

Q 도매꾹의 구매자와 상품공급사는 누구인가요?

A 도매꾹의 회원수는 약 270여만 명이고, 하루 6만 명의 유통 관련 종사자들이 방문하고 있습니다. 도매꾹의 상품공급사들은 주로 '대량 판매'가 가장 큰 목적이고, 구매자들은 '저렴한 상품구매'가 가장 큰 목적입니다. 다음은 도매꾹 상품공급사와 구매자의 판매와 구매 목적에 따른 유형을 구분한 표입니다.

판매 목적에 따른 도매꾹 상품공급사 유형	구매 목적에 따른 도매꾹 구매자 유형
• 제조업체의 브랜드 홍보 및 도매 판매망 구축 • 수입업체의 도매 판매망 구축 • 온 · 오프라인 도매시장 원도매업체의 도매 판매 • 수출 · 유통업체 및 개인 쇼핑몰의 덤핑 판매 • 소매업체의 도매 진출을 위한 도매 판로 구축	• 인터넷 쇼핑몰 운영자의 메인 상품 또는 사은품 • 매장 운영자의 메인 상품 또는 사은품 • 이베이, 쿠텐 등 글로벌 상품공급사의 판매 아이템 확보 • 노점상의 소량 구매 • 기업체(소상공인 포함) 및 각종 단체의 판촉 및 사은품 • 일반인들의 공동구매 및 개인 행사용 각종 답례품

도매꾹 회원의 특이한 점은 상당수 회원들이 상품공급사의 입장이자 구매자의 입장이 되기도 한다는 점입니다. 도매꾹을 판매 채널로 활용하면서도 필요한 상품은 오프라인 도매시장을 이용하지 않고 도매꾹에서 사입한다는 자연애 샵의 최승연 대표가 그런 예 입니다.

자연애 샵은 천연 기능성 비누를 제조 유통합니다. 자체 제작한 천연 비누 완제품은 도매꾹을 통해서 도매 판매하며, 비누 제작에 필요한 도구나 부속품 그리고 완제품 포장 및 데코레이션에 필요한 생활용품 등은 도매꾹에서 사입합니다. 사업 초기 자연애 비누 매장을 오픈한 후 매출의 한계로 인해 경영에 많은 어려움이 있었습니다. 하지만 자체 쇼핑몰인 비누쿡과 함께 도매꾹으로 판로를 확장하면서부터 매출이 꾸준히 증가하고 있습니다. 특히 도매꾹은 도매로 판매되기 때문에 제작한 물량이 부족한 경우가 발생하는 경우도 있습니다.

_자연애 샵 최승연 사장

Q 거래의 안전을 보장해 주나요?

A 예, 도매꾹의 판매방식은 상품공급사와 구매자 모두 안전하게 거래할 수 있는 안전거래 시스템인 에스크로(escrow)방식을 사용하고 있습니다.

이러한 도매꾹 자체 에스크로 서비스 수수료를 포함하여 상품공급사가 부담하는 거래수수료는 카테고리별로 4.0~7.3%(VAT별도, 사업자 기준)로 타사 대비 낮은 수수료를 유지하고 있습니다. 신용카드 수수료도 포함되어 있어서 신용카드 수수료 제하고 나면 아주 낮은 수준임을 알 수 있습니다.

이러한 낮은 수수료 수입에도 불구하고 도매꾹의 건전하고 합리적인 사이트 운영방식에 힘입어 지난 20년 가까이 도매꾹을 통한 거래에서 단 한 건의 금전적인 사고도 발생하지 않았습니다. 도매꾹에서 금전 거래의 안전을 보증하기 때문에 누구나 안심하고 거래를 할 수 있습니다.

다음 그림1은 도매꾹의 상품공급사가 자신의 상품을 도매꾹에 판매등록 이후 판매발생부터 판매대금을 송금 받기까지의 판매 프로세스이고, 그림2는 구매자가 구매입금 이후부터 상품공급사가 판매대금을 정산받기까지의 구매 프로세스입니다.

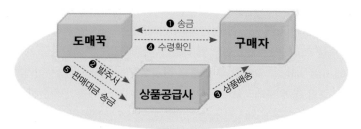

▲ 그림1 도매꾹 판매 프로세스

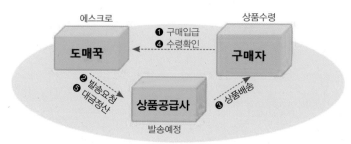

▲ 그림2 도매꾹 구매 프로세스

예, 해외배송은 '전세계배송'이라는 명칭으로 서비스를 하고 있습니다.

해외에 있는 구매자가 도매꾹에서 상품을 주문하면 도매꾹과 제휴한 배송사가 해외까지 배송하는 서비스입니다.

구매자가 여러 상품공급사의 다양한 상품을 구매하더라도 장바구니에 담아 한꺼번에 결제했다면, 도매꾹에서 합포장하여 한꺼번에 배송합니다.

상품공급사는 배송비 부담없이 해외에 있는 구매자에게도 상품을 판매하여 새로운 판매처를 확보할 수 있습니다.

전세계배송 서비스를 이용하면 도매꾹에서 합포장을 해서 발송하므로 각 상품공급사별로 따로따로 받았을 때의 배송비보다 훨씬 저렴해집니다.

도매꾹은 2001년부터 서비스 되었으며, 2002년에 설립된 법인 ㈜지앤지커머스에서 운영하고 있습니다. 회사에 대한 자세한 내용은 회사 홈페이지(gng.ggook.com)를 방문하면 확인 할 수 있습니다.

지앤지커머스는 우리 주변의 소외된 이웃을 찾아 도매꾹 수수료 수익의 일부를 해마다 다양한 사회공헌 활동에 사용하며, 기업의 사회적 책임과 역할을 하려 노력하고 있습니다. 그 동안 팔복동 나눔지역 아동센터뿐 만 아니라 도매꾹 회원들의 정성을 모아 봉사단체인 초록우산에도 정기적 후원을 지속해 왔으며, 청소년 장학금 기탁, 사회인 체육행사 후원, 문화행사 후원, 대학생 후원, 병원/요양원 등 환우들이나 청소년 자살방지를 위한 나눔 음악회 후원 등 다양한 사회공헌 활동을 진행하고 있습니다.

제3세계 저개발국 빈곤 아동 및 동남아시아의 생활환경 개선사업에도 참여하고 있어서 네팔 지진 복구 참여 활동, 캄보디아에서 식수개선을 위한 우물 설치 사업을 지속적으로 진행하는 등 해외에서도 나눔과 봉사활동에 적극적으로 참여하고 있습니다.

▲ 팔복동 나눔지역 아동센터의 여름캠프를 후원

▲ 네팔 지진피해지역 아동 대상 도서 후원

▲ 국내 중학교에 학교 필독서 1,033권 증정

▲ 중국 연길 조선족 소학교에 한국 도서 후원

2021년 상반기

(주)지앤지커머스 사업 결과 보고

2021년 상반기

도매꾹은 사용성 강화와 할인 프로모션을,
도매매는 스피드고전송기 채널 확대를 위해 노력하였고,
캔버시는 인플루언서들과의 협업에 집중하였습니다

2021년 하반기에도 더욱 좋은 서비스로 보답하도록 항상 최선을 다하겠습니다

항상 회원 여러분의 관심과 사랑에 감사드립니다

(주)지앤지커머스 임직원 일동

🅓 도매매

domeme.com

랭키닷컴 기준 종합 B2B 2위, 전체 269위

- 2021년 상반기 전문셀러 배출 창업자수 1,639명
  - 전문셀러 교육 수료자 약 1,705명 배출(누적 8,552명)
  - 매출발생자 약 751명(누적 3,737명)
- B2B배송대행 도매매 상품 수 250만개 돌파
- 스피드고전송기 (SSG닷컴, 11번가) 추가 연동
  - 전송기 누적사업자 13,337개 회사
- 렌탈관 / 라이브상품관 / 에듀셀러전문관 / 반품리퍼상품관 오픈

도매매 거래액 추이

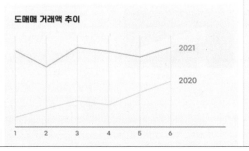

🅒 Canvasee

유튜브 영상속 아이템 구매

- 인플루언서 & 전문셀러를 위한 PC기반 아이템 매칭 툴 개발

Canvasee for Sellers

🅓 도매꾹

domeggook.com

랭키닷컴 기준 종합 B2B 1위, 전체 60위

- 선물하기Beta ver 런칭
- 상품상세페이지 로딩 속도개선
- 공급사 수수료 할인 프로모션
- 꾹할인받자(대량구매할인) 프로모션
- 전통주 카테고리 오픈
- 특설전 서비스 오픈

해외사업

- 중국 상품 수입/구매대행 서비스 지원 플랫폼 '에그돔' WEB, APP오픈

기업활동

- 거북선컴퍼니 MOU 체결
- 텐덤-윌비스 3자 MOU 체결
- 더베스트미디어 MOU 체결
- 공감컴퍼니 MOU 체결
- 아이엠브랜드 MOU 체결
- 베라자프 MOU 체결
- 동작50플러스센터-서울온라인비즈니스협회 3자 MOU 체결
- '2021 대한민국 동행세일' 참가

사회공헌 활동

네팔 어린이 5명 장기후원   네팔 코로나19 피해 취약계층 생필품 후원

태국 코로나19 피해 취약계층 생필품 지원   필리핀 다바오지역 장학금 전달

필리핀 다바오지역 취약계층 생필품 지원   태국 5개 북부 산간마을 생필품 지원

태국 왓쌍퐁 초등학교 문구류 지원

기타활동

- ✅ 온라인창업가이드 Vol1 출간
- ✅ 울산(광역시) 제휴기관 확보
- ✅ 전국 제휴 교육센터 20곳 돌파
- ✅ KPGA 코리안투어 공식스폰서 계약

함평군민 대상 온라인 유통판로 확대 실전과정   이마트문화센터와 '취창업이 쉬워지는 온라인 창업 세미나 개최

2021년 소상공인 경영교육 (전문기술) 교육 진행   온라인 비즈니스 마케팅 창업교육 (영등포구다문화지원센터)

도매꾹도매매 부산 제휴점 교육 진행   전주(전북지역) 제휴기관 교육 진행

도매꾹도매매 부산 제휴점 오픈

도매매에서는 어떤 서비스를 하나요?

 배송대행 B2B 서비스를 하고 있는 도매매(domeme.com)는 도매매에서 상품을 구매하여 다른 곳에서 판매를 하는 쇼핑몰운영자, 오픈마켓상품공급사, 공동구매 진행자 등 전문셀러들을 위한 서비스입니다. 전문셀러들은 상품의 사입없이 이미지만을 자신의 판매 채널에 진열한 후 판매가 되면 도매매에서 해당 상품을 구매할 때 실구매자(소비자)에게 직배송을 요청하면 됩니다. 도매매 판매자(상품공급사)가 여러분의 쇼핑몰이나 사업장 이름으로 소비자에게 배송까지 대행해 줍니다.

도매꾹 상품공급사 입장에서 보면 도매매는 저 같이 상품을 직접 보유하고 있는 제조업체나 수입 및 유통업체들이 매출 다변화를 꾀하기에 좋은 서비스 입니다. 특히 구매자들이 저희 상품을 여러 쇼핑몰이나 오픈마켓, 카페 등 인터넷 구석구석까지 등록하여 판매함으로 인해 상품의 홍보는 물론이고 안정적으로 매출까지 기대할 수 있어서 좋습니다. 인터넷 상품공급사가 주문을 할 경우 배송요청 사항에 따라 전문셀러의 이름(쇼핑몰이름 또는 상호 등)으로 실제 구매자인 소비자에게 배송을 해 주는 방식입니다. 판매대금은 도매꾹에서 안정적으로 지급해 주고 있어 거래에 따른 불안감은 없습니다.

_K박스 J사장

도매매 배송대행 B2B 서비스 프로세스는 다음과 같습니다.

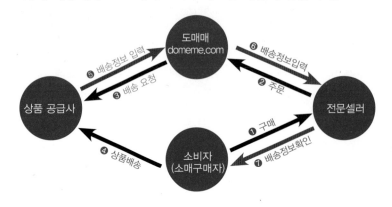

상품을 판매하기 위해서는 우선 도매매에서 판매를 원하는 상품을 선택한 이후에 상품상세페이지 우측 상단의 상품공급사 정보 아래에 있는 [이미지 무료다운로드(❷)] 버튼을 클릭하여 상품사진과 상품상세이미지를 다운로드 받아서 사용할 수 있습니다. 아래의 케이스를 보면 전문셀러가 도매매에서 4,940원(❶)에 판매하는 레깅스를 옥션중고장터에 등록하여 9,900원(❸)에 판매하고 옥션 판매수수료를 제한 9,452원을 받게 되어서 원가대비 91%인 4,512원의 마진을 얻은 것을 확인할 수 있습니다. 이 경우 배송비는 선불이던 착불이던 옥션 구매자가 부담하므로 배송비에 대한 염려는 하지 않아도 됩니다.

다운로드한 이미지를 다른 쇼핑몰이나 오픈마켓에 등록합니다. 다음 그림은 옥션의 중고장터에 위에서 선택한 상품을 등록하여 판매한 내역입니다.

옥션에서 판매가 된 이후에 도매매에서 상품을 구매 합니다. 다른 쇼핑몰들과의 차이점은 장바구니에 상품을 담을 때 옥션에서 상품을 구매한 구매자 즉, 상품을 받을 소비자의 정보를 입력해 줘야 한다는 점입니다. 중간에서 판매를 한 사람에게 상품이 배송되지 않고 실 구매자에게 배송이 된다는 점이 배송대행 서비스라 명명되는 이유입니다.

판촉물 사이트를 운영하기 위해서는 수천가지 종류의 상품들을 진열해 놓아야 하기 때문에 모든 아이템들을 사입해 놓을 수가 없습니다. 저희 통기프 판촉물 사이트에서도 판매하는 모든 상품의 재고를 보유하고 있지는 않습니다. 도매꾹에서 판매하는 상품 중 저희 사이트와 매치되는 판촉물 아이템들은 도매꾹의 상품공급사에게 일일이 연락하여 동의를 받은 후 상품사진과 상품정보를 저희 사이트에 등록합니다. 즉 저희 사이트에서 구매가 발생할 때마다 도매꾹의 상품공급사 상품을 사입하는 방식입니다.

이런 방식을 이용하면 모든 상품을 사입해야 되는 부담이 없기 때문에 사업체 운영에 많은 도움이 됩니다. 도매매를 이용하면서부터 도매꾹 상품공급사에게 일일이 전화를 걸어 상품사진과 상품정보 사용 동의를 받아야 하는 수고스러움을 덜 수 있게 되었습니다. 저희 같은 소매 쇼핑몰 운영업체에서 이용하면 재고에 대한 부담을 덜 수 있기 때문에 사이트를 운영하는데 큰 도움이 될 것입니다.

_통기프트 이민정 사장

패션잡화 카테고리를 확장하기 전 도매매의 여성 워커힐 상품이미지를 쇼핑몰에 등록시킨 후 고객의 반응 정도에 따라서 대량구매여부를 판단합니다. 즉 사입 비용이나 상품 촬영에 지출하는 비용 없이 새로운 아이템의 런칭 가능성 등을 판단할 수 있습니다.

_여성의류 쇼핑몰 엉클코디 김동화 사장

Q 도매매와 전문셀러는 어떤 관련이 있나요?

A 도매매는 무재고&무사입으로 쇼핑몰, 오픈마켓을 운영할 수 있도록 지원하는 B2B배송대행 플랫폼입니다. 초기에 온라인 마켓에 진입하려는 사람들은 도대체 어떤 상품을 판매해야 할 것이며 어디에서 판매를 해야 하는지 어려움을 겪게 됩니다. 특히 처음 시작하는 사람들의 경우 상품을 사입 하는데 들어가는 비용에 큰 부담을 느끼기 마련입니다. 도매매는 초기 자본에 대한 부담 없이 누구나 쉽게 온라인 판매를 진행할 수 있게 지원합니다. 도매꾹에 사업자 회원으로 등록되어 있는 회원이라면 누구나 도매매를 활용해서 무재고 판매를 시작할 수 있으며, 이런 사람들을 '도매매 전문셀러'라고 부릅니다.

기본 개념은 도매매에 입점하여 상품을 공급해 주는 공급사들이 제공하는 상세 이미지와 상품정보를 가지고 중간판매자로써 오픈마켓, 쇼핑몰 등에서 먼저 상품을 진열하고 주문이 들어오면 해당 주문을 수집하여 도매매에 주문을 넣습니다. 그러면 상품공급사들이 최종 소비자에게 배송까지 대행해 주는 시스템입니다. 도매매는 사업자 전용 사이트이며 사업자가 아닌 회원의 경우 상품을 구매할 수 없을 뿐더러 상품가격과 상품공급사도 확인할 수 없습니다.

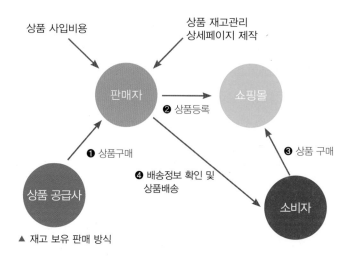

▲ 재고 보유 판매 방식

일반적인 오픈마켓, 쇼핑몰 상품공급사는 보는 바와 같은 흐름으로 상품을 판매합니다. 상품공급사를 찾아서 원하는 상품을 구매하고 이를 바탕으로 하여 상세 이미지를 제작하거나 혹은 공급사로부터 제공받아서 상품판매를 합니다. 이 과정에서 상품사입에 대한 비용과 재고 유지를 위한 공간 등 비용이 들어가게 됩니다.

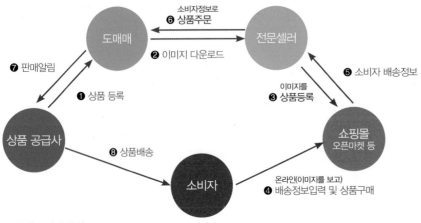

▲ 무재고 판매 방식

다음은 도매매 전문셀러로 활동하며 상품을 판매하는 경우의 업무 흐름입니다. 전문셀러는 상품을 미리 사입해 놓을 필요없이 도매매에 상품을 등록한 공급사들이 제공해주는 이미지와 정보를 활용하여 상품판매를 진행한 후 해당 쇼핑몰에서 판매가 되었을 때 구매자의 정보로 도매매에서 상품주문을 하게 됩니다. 이를 통하여 재고 관리 및 사입에 대한 비용부담을 절감할 수 있기에 '無사입/無재고'라고 이야기합니다.

전문셀러는 도매매에 등록된 상품 가격에 자신의 마진을 붙여서 일반 쇼핑몰에 판매를 합니다. 소비자가 해당 쇼핑몰을 통해 구매를 하면 전문셀러는 도매매에서 해당 상품을 구매하여 소비자 주소로 상품을 배송하도록 요청하면 됩니다. 배송정보를 입력할 때 소비자의 정보를 정확히 입력해 주어야 상품공급사(도매매에 상품을 등록한 판매자)가 소비자에게 바로 배송을 해줄 수 있습니다.

만약 본인이 직접 제품을 생산하거나 독점적으로 유통할 수 있는 권리를 갖고 있는 경우 도매매를 통해 전문셀러들에게 상품을 공급하는 방법에 대해서도 생각해 볼 수 있습니다. 다양한 오픈마켓에 전부 상품을 등록하고 주문을 관리하는 것은 규모가 작은 공급사에게는 어려운 일입니다. 허나 도매매에 상품을 등록하고 전문셀러를 통해서 판매한다면 한 번의 상품등록만으로 다양한 마켓에 물건을 판매하는 것과 동일한 효과를 볼 수 있습니다. 즉, 전문셀러에게는 상품 사입에 대한 부담을 덜어주고 상품공급사에게는 다수의 마켓을 관리해야 하는 비용과 그에 따른 인력부담을 덜어주어 서로가 윈윈할 수 있도록 해 주는 것입니다. 도매매를 활용하여 재판매하는 전문셀러에 대해서는 시중에서 판매중인 'B2B배송대행 전문셀러 완벽분석' 서적에서 상세히 확인할 수 있습니다.

도매매에 상품을 공급할 때에는 상품에 대한 정확한 이미지와 정확한 정보를 제공해 주는 것이 중요합니다. 모호한 설명이 있을 경우 전문셀러는 해당 상품을 취급하기 어렵고 상품 상세 이미지 안에 상호나 연락처, 가격 등 다른 정보가 들어가 있어도 해당 상품을 취급하기 어렵습니다.

▲ 깔끔한 사진 및 상세정보

도매매에 상품을 공급하는 것은 도매가격으로 사업자(전문셀러)와 거래하는 것입니다. 그렇기 때문에 상품 가격이 네이버 검색이나 일반 오픈마켓과 쇼핑몰 등에 그대로 노출되지 않고 전문 셀러들이 타 마켓에서 판매하는 가격만 공개되어 시장의 유통가격을 흐트려뜨리지 않는다는 장점이 있습니다.

Q 나까마에서는 어떤 서비스를 하나요?

A 상품 유통과 관련된 사업을 하다보면 상품재고 때문에 골머리를 썩는 일이 꼭 있기 마련입니다. 그때 유용하게 활용할 수 있는 사이트가 나까마(naggama.com)입니다. 도매꾹 회원이면 나까마 사이트에 로그인이 가능하며, 누구나 자유롭게 직거래 및 상품 홍보가 가능합니다. 나까마는 창고의 재고 처분, 땡처리 및 덤핑 상품 판매 및 구매가 가능합니다. 동대문 등의 도매시장 상인 및 오프라인 도매단지 상인들의 판매 및 구매, 해외 시장조사 및 수입대행 요청 등 상인간 커뮤니티를 위한 비즈니스 공간이기도 합니다. 나까마에서 직거래로 인한 피해 예방을 위해 금전적 거래가 필요한 경우 도매꾹의 안전거래를 이용하는 것이 바람직합니다.

▲ 나까마 웹

▲ 나까마 모바일 앱

거점지역 묶음배송 '유통전문MD'란 누구인가요?

 도매꾹은 지난 20년간 상품공급사 정보를 분석해 출고지가 밀집된 지역별 거점지역을 찾아냈습니다. 이에, 거점지역별 묶음배송을 시행, 상품공급사–도매꾹–전문셀러 간 상생을 실현하고 있습니다.

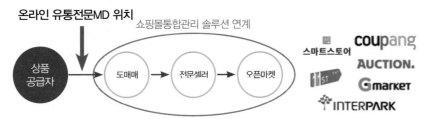

▲ 온라인 유통 흐름상 유통전문MD의 위치

유통전문MD지원 자격, 혜택 등은 다음과 같습니다.

[지원자격]

- 주요 거점지역 또는 주변 도매꾹 상품공급사 회원

[주요거점지역]

- 용산일대: 컴퓨터/디지털 주변기기 등
- 동대문시장: 의류, 스포츠, 신발, 완구 등
- 남대문시장: 아동복, 악세사리, 카메라/렌즈, 안경/썬그라스, 시계, 수입화장품 일부 등
- 광명유통단지: 국내 화장품 및 잡화, 생활용품, 수입과자, 주방용품 등
- 화곡유통단지: 생활, 잡화, 문구 등
- 구로/신도림/시흥 유통상가: 공구, 산업용품 등
- 영등포 유통상가: 휴대폰 악세서리 등

[지원혜택]

- 도매꾹, 도매매 메인 화면의 상시 기획전인 '묶음배송상품전'배너 제공(PC/모바일)

※ 유통전문MD 상품공급사 신청 시, 초기 자리매김을 위한 최소기간을 협의하여 산정합니다.

- 위탁/홍보 MD연계, 전문셀러, 오프라인 상품공급 등 전방위 지원을 통해 판매 활성화 유도
- 월 1회 정기미팅을 통해 현황 점검, 의견 수렴, 지속적인 피드백을 제공
- 판매 시작 후 3개월 간 유료옵션사용쿠폰 또는 거래 수수료 할인 중 선택(협의 후 결정)

[유의사항]

- 지원 3개월 이후, 판매조건 미달성으로 지원 해제 시 가공된 묶음배송 상품DB는 도매매 및 대체할 유통MD가 이어서 사용 가능하도록 허용합니다.
- 판매조건내 판매액은 초기 협의 후 계약사항에 포함됩니다.
- 지원 혜택은 협의하면서 변경될 수 있습니다.

[상담/문의]

유통전문MD컨설팅

- 내선 02-2071-0763
- 이메일: new17@ggook.com

04

도매꾹 도매매 구매자 분석, 구매자가 궁금해 하는 것은?

Q **구매자 입장에서는 도매꾹 도매매를 어떻게 활용하나요?**

A 도매꾹과 도매매의 아이템은 다양한 곳에서 재판매가 가능합니다. 오프라인 점포, 타 분야 점포, 동종업계 점포, 전문셀러, 온라인 쇼핑몰 운영자, SNS, 카스 마켓 운영자, 판촉물, 사은품 구매자, 해외 구매자 등이 구매를 하고 있습니다. 현재 국내에 판매 되고 있는 상품 중 다수가 도매꾹 도매매를 통해서 유통되고 있으며 오프라인 점포, 매대, SNS, 온라인 쇼핑몰, 오픈마켓 등을 가리지 않고 다양한 경로를 통해 판매되고 있습니다. 특히 도매 매 전문셀러의 경우는 수십만종의 도매매 상품을 타 마켓에 등록하여 판매하고 있습니다.

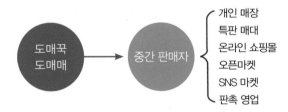

구매자 입장에서 도매꾹 도매매는 가장 안전한 도매시장이라고 할 수 있습니다. 모든 거래에 대 해서 안전장치(ESCROW)가 마련되어 있어서 구매자의 결제대금을 도매꾹에 예치하고 배송이 정상적으로 완료된 후 대금을 상품공급사에게 지급하게 됩니다. 또한 결제 시 상품도난, 미배 송, 교환/반품거부 등에 대한 안전성을 높이기 위해 전자상거래 보증보험서비스도 별도로 제공 하고 있습니다.

도매꾹의 회원등급에 따라서 구매 시 제공받을 수 있는 서비스에 차이가 있습니다. 사업자회원으로 등록한 경우 세금계산서 발행서비스 등을 받을 수 있어서 추후 세금을 정산하거나 매입액을 공제받을 때 유용하게 활용할 수 있습니다.

사은품 및 판촉물을 제공하는 입장에서도 도매꾹은 굉장히 매력적인 구매처입니다. 도매꾹에는 다양한 판촉물 관련업체가 입점해 있으며 흥정요청기능을 사용하여 인쇄 등 추가사양에 대한 별도 견적을 받는 것 역시 가능합니다. 도매꾹에 입점해 있는 상품공급사 역시 이러한 점을 잘 알고있어 인쇄, 포장 등 추가적인 요청에 적극적으로 대응하고 있습니다. 시간은 곧 돈이고 오프라인 판촉시장을 돌아다니지 않더라도 인터넷으로 다양한 상품을 찾아서 제공할 수 있다는 점에서 아주 유용한 사이트입니다.

문구 프랜차이즈 매장을 운영하는 K씨

오래전부터 문구 프랜차이즈 매장을 운영중에 고객들의 실시간적인 구매 욕구에 대응하기 위하여 도매꾹을 활용하고 있습니다. 프랜차이즈 본사를 통해서는 인터넷에서 핫 이슈 상품을 바로 조달받는 것이 거의 불가능한데 도매꾹에서는 벌써 인기상품100에 올라온 경우가 많습니다.

틈틈이 문구 관련 상품이 포함되어 있는 출산 / 유아동 / 완구 카테고리의 인기상품100을 확인후 주문해서 고객이 요구하기전에 매장에 미리 상품을 진열해 둡니다. 몇년전에는 셀카봉, 휴대스마트폰 고리, 스피너 등으로 재미를 봤고, 얼마전에는 토기귀모자로도 매상을 많이 올렸습니다. 도매꾹 패션상품이나 스마트폰 액세서리도 문구매장에서 많이 나가고 있습니다.

악세서리 매장을 운영하는 J씨

패션액세서리가 대부분이었던 창업 초기에는 부피가 작은 아이템이고 남대문 액세서리 도매시장 내에서만 사입했기 때문에 체력적으로 큰 무리가 되지 않았습니다. 하지만 품목의 다양화되고 품목 특성 상 동대문 의류 도매시장, 동대문 신발도매시장 등 여러 상가들을 방문해야 했고 더구나 커다란 사입 가방을 매고 시장 구석구석을 다니는 것은 결코 쉽지 않은 일이었습니다.

남대문과 동대문 밤시장에 갈 때면 도매시장의 사장님이 무심코 던졌던 '언니, 동대문 새벽시장은 체력전이에요. 체력이 뒷받침되지 않으면 이 장사 쉽지 않아요.'라는 말을 몸으로 절실히 느꼈습니다. 6개월 정도 남대문 도매시장과 동대문 도매시장의 밤시장, 때로는 낮시장도 다니다 보니 몸에 이상 증상이 나타나기 시작했습니다. 힘들 때면 대학생인 딸아이와 함께 사입했지만 이명증이라는 병으로 두 달 정도를 무기력 상태로 지냈고 결국 체력의 한계에 부딪히게 되었습니다.

그러던 중 도매꾹에서 MT용품을 종종 대량으로 구매했던 대학생 딸을 통해서 도매꾹을 알게 되었고 장사하면서 틈틈이 도매꾹을 방문하여 상품 검색하기를 일주일, 우연히 메인화면에 남대문 액세서리 도매시장과 동대문 도매시장에서 사입해 오던 상품들이 판매되는 것을 보고 깜짝 놀랐습니다. 놀란 이유는 도매시장에서 파는 상품이 도매꾹에서도 팔리고 있기 때문이 아니라 판매가격 때문이었습니다. 도매시장에서 직접 사입하는 가격보다 더 저렴하게 판매되는 것을 보고 '어떻게 이 상품이 이 가격에 판매되고 있을까?'라는 의구심을 갖게 되었고, 딸에게 도매꾹에 대해서 자세히 물어 보았습니다. 컴퓨터에 능숙했던 딸은 도매꾹과 상품 공급사 및 상품들을 분석하였고 그 결과 도매시장의 도매상인, 도매시장에 유통시키는 수입업체들이 상품공급사로 활동하고 있다는 사실을 알게 되었고 그때 '바로 이거다!'라는 감사하는 마음까지 들었습니다.

도매꾹에서 몇 번의 샘플을 사입하여 매장에서 판매한 결과 대성공이었습니다. 그 이후로 햅번주얼리에서 판매하는 상품의 대부분은 도매꾹에서 구입하게 되었습니다. 동대문 도매시장과 남대문 도매시장에서는 도매꾹에서 찾던 아이템이 없는 경우나 트렌드 파악이 필요한 경우에만 방문했기 때문에 체력은 다시 회복되었습니다. K사장은 오전에 출근해서 매장 정리 후 가장 먼저 도매꾹의 인기상품 및 신상품 검색, 재주문 등의 업무로 하루를 시작하고 있습니다.

전문셀러 C씨

저는 쇼핑몰 '유니커머스'를 운영하는 58세 전문셀러입니다. 저는 은행 정년퇴임 후 제2의 직업으로 '전문셀러'를 선택, 무자본/무재고로 쇼핑몰 오픈한지 한 달반 정도 되었고, 월 매출액은 2천만 원 정도입니다.
보다 자세한 내용은 "Q 회사 퇴직 후 전문셀러로 활동하는 은퇴자는 있나요?"를 참조합니다.

휴대폰 대리점을 운영하는 D씨

휴대폰 대리점 매장을 운영하면 새로운 모델을 구매하는 고객에게 사은품을 다수 제공하게 됩니다. 특히 휴대폰 케이스 및 액정필름, 기타 악세서리를 기본 제공하고 그 외에도 요금제에 따라서 보조배터리, 데이터케이블 등의 선물을 제공하기도 합니다.

이를 위해서 어느 정도의 재고를 확보해 갖고 있어야 하지만 직접 제조업체에 물량을 주문해서 대량으로 갖고 있을 여건은 되지 않습니다. 이럴 경우 도매꾹의 다양한 휴대폰 악세서리, 그 중에서도 휴대폰과 관련된 묶음배송관을 이용하여 빠르게 재고를 확보할 수 있습니다.

오프라인 영업을 하는 M씨

오프라인 영업을 하며 판촉물을 제공할 경우 전통적으로 많이 사용되는 아이템들도 있지만 시즌에 맞는 상품, 인기상품을 활용하면 더욱 효과가 좋습니다. 또한 자기 자신, 브랜드를 잘 드러낼 수 있는 인쇄 및 다양한 홍보효과도 고려해야 합니다. 이러한 상품을 한 곳에서 쉽게 찾으며 남들이 생각하지 못하는 영업상품, 최근에 인기있는 제품을 골라서 영업에 활용할 수 있습니다.

중학교 학급 담임인 G씨

학기초에 교실을 꾸미거나 단체로 비품을 구매할 때, 운동회나 축제 등 학교행사로 뭔가 단체로 비품 등을 사야할 경우 도매꾹을 활용하면 훨씬 저렴한 가격에 구입할 수 있습니다. 공동구매처럼 도매꾹의 상품을 구매하여 학생들과 나누어 쓰면 비용도 시간도 절약할 수 있습니다.

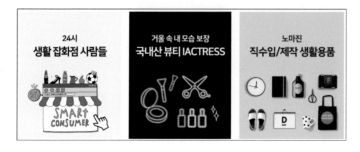

Q 도매꾹 구매자가 알고 싶어 하는 기초 상식

A ■ 생활 밀착형 블로그

▲ carrot(ssooyam)의 네이버 블로그

▲ 무료 포인트 증정 – 이벤트 포함

핸드폰 사면 충전 케이블을 1개만 주다보니,

회사랑 집이랑 쓰려면 1개씩은 더 사야 하는 법 !!

1+1 으로 인터넷 쇼핑몰에서 5,900원 주고 샀는데, 사용한지 두달만에 케이블 선과 연결 단자가 끊어질 위기에 처해 있는 거예요..;;;;

그러다 불날 것 같은...

소모품이긴 한데, 너무 소모품스럽군..;;;;

그래서 좀 더 튼튼하고, 충전 빨리 되는 사양에 싸게 구매 할 수 있는 곳을 찾기 시작~

평소 회사 차장님이 자주 애용하시는 도매꾹을 저도 보기 시작했지요~

도매꾹엔 별의별 제품이 굉장히 많아요. 답례품으로 구매 하셔도 좋을 만큼...ㅋㅋㅋ

본인이 원하시는 제품과 구매 조건 수량이 맞으시는 상품을 찾으셔서 구매하시면 됩니다.

Tip을 드리자면~

처음 가입하시면 2,500포인트를 지급해 줘요~ 그걸로 택배비 결제 하시면 된답니다.ㅋㅋㅋ

제가 구매한건 마이크로5핀 칼국수 컬러 케이블 이예요.

칼국수 케이블인 것 도 맘에 들고, 일단 색깔이 알록달록 해서 맘에 쏙~ㅋㅋ

구매 수량도 5개 이상이라, 저 같은 최종 소비자가 구매해도 부담스럽지 않은 수량

250원씩 이고, 이건 소모품이니까, 나도 1개, 엄마도 1개, 아빠도 1개, 동생도 1개...

아니야....싸니까 2개씩...하자...

생각이 들어서 도트 컬러로 색상별 2개씩 구매 ㅋㅋ

그래도 2,500원 캬올~ 물론 택배비 2,500원 있지만요~ (나에겐 포인트가 있지롱~ㅋㅋ)

○ 주문상품 할인적용

상품/옵션정보		구매금액	배송비	결제금액	판매자
[SE6195585] [이츠라이프] 개별포장 된 마이크로5핀 칼국수(플랫) 컬러케이블 칼라					
과세상품	블루 2개 500원 옐로우 2개 500원 핫핑크 2개 500원 퍼플 2개 500원 레드 2개 500원	2,500원	2,500원 선결제	5,000원	gandhi84 이츠라이프 일반과세자

판매자 gandhi84께 전달할 내용을 입력해주세요 (**주의** : 사전 협의되지 않은 사항은 반영되지 않을 수 있습니다)

총상품비	총배송비	차감금액	총결제금액
구매상품 총 1개 **2,500**원	선결제배송비 총 1개 **2,500**원	포인트사용 **0**원	**5,000**원

포인트사용 배송비 0 P (500P 이상 사용가능)
상품비 0 P (10,000P 이상 사용가능)
(사용후 잔액 0P)

구매후 적립혜택
구매적립 포인트(수령확인시) 7P

2.0 이란 것이 충전 속도 맞나요? 최소 2.0 짜리는 사야 충전이 빠르게 된대요.
제가 별도로 구매했던 케이블은 1.5인가...
엄청 느려서 10% 충전하는데 세월아 네월아... 이건 전에 사용한 것 보다 빨라요.

제가 G3 cat6 폰을 쓰는데요, 배터리가 빨리 닳고, 충전이 겁나 느려요;;; 원래 이 폰의 초단점
그래서 케이블이래도 광속 이어야 한다능~
도트 파란색이 재고가 없다고 전화 와서, 아무색이나 다르게 2개 보내 달랬더니, 노란색만 2개 보냄...센스가
무릎이시군 ㅋㅋㅋㅋㅋ
총 10개 주문해서 엄마 3개 드리고, 7개는 나의 품으로~

하나씩 낱개 포장되어 있고, 이쁘게 돌돌~말려져 있어요~
주변에 선물 주기도 좋을 것 같아요.
개인적으로 흰색에 검정 도트가 이쁜거 같아요.ㅋㅋㅋㅋㅋ
흰색의 검은 도트 괜찮죠??

칼국수 선이라, 꼬이지 않구요, 단자와 케이블이 만나는 지점(빨간 동그라미)...
항상 저 부분이 꺾여서 고장 나잖아요, 근데 이건 납작 하니까 꺾일 위험성이 아무래도 동그란 케이블보단
낮아서 더 오래 쓸 수 있을 것 같아요.^^
궁금하시면 한번 구경해 보세요..^^

[출처] 도매꾹 도매사이트 이용 후기-마이크로5핀 충전케이블 구매|작성자 carrot

Q 스마트폰으로도 도매꾹 상품을 구매하나요?

A 스마트폰 유저가 많아짐에 따라 도매꾹에서도 모바일 환경에 맞게 모바일 웹과 앱(어플리케이션)을 통해 모두 동일한 기능을 제공하고 있습니다. 어디서든 이동하면서 도매꾹의 상품들을 쉽고 편리하게 검색 및 구매할 수 있고, My페이지, 구매관리, 상품공급관리 등을 확인할 수 있습니다. 도매꾹 모바일 웹은 안드로이드폰과 아이폰 등 모든 모바일 브라우저에서 공통적으로 m.domeggook.com으로 접속하여 사용이 가능합니다.

▲ 도매꾹 모바일 웹

앱은 안드로이드폰과 아이폰 두 가지 버전으로 제공하고 있으며, 각각의 앱스토어에서 '도매꾹'을 검색하면 다운받아 설치할 수 있습니다. 아래 이미지는 구매자가 보는 도매꾹 모바일 앱을 펼쳐놓은 화면입니다.

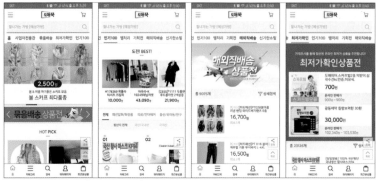

▲ 도매꾹 모바일 앱(어플리케이션)

A 구매자들은 상품을 구매할 때 '가격 경쟁력과 시장성이 있는가?'를 가장 중요하게 생각합니다.

도매꾹에서 상품을 구매하기 전에 '상품의 시장성이 있는가?', 즉 '잘 팔릴만한 상품인가?'를 파악하고, 그 다음으로 '상품 가격이 저렴한가?'를 고려해야 합니다. 물론 도매꾹에서 판매되는 아이템들이 오프라인 도매시장이나 다른 도매사이트보다 저렴하지 않았다면 아마 지금처럼 도매꾹이 활성화되지 않았을 것입니다. 아이템 사입시 도매꾹을 이용하는 구매자들의 경우 오로지 오프라인 도매시장에서 사입해야 된다는 고정 관념에 사로잡힌 분들보다 가격을 더 따지는 편입니다.

그 이유는 인터넷에서 가격 비교가 너무나 쉽고 간단하여 여러 도매사이트나 도매꾹 내에서도 얼마든지 여러 상품들의 가격을 손쉽게 비교할 수 있기 때문입니다. 인터넷을 이용하면 소비자들도 도매가격을 알 수 있을 정도로 가격이 오픈되어 있습니다. 도매꾹의 고객은 상품을 구매하여 소비자들에게 판매하는 입장이기 때문에 상품 구매 시 상품의 가격 경쟁력을 그 무엇보다 우선순위에 두고 결정할 수밖에 없습니다. 도매꾹에서 상품공급사들이 상품을 판매할 시 상품의 가격 경쟁력이 없다면 판매 그 자체가 어려울 정도입니다.

인터넷 쇼핑몰이나 오픈마켓 등 인터넷 창업은 오프라인보다 창업비용과 유지비용이 적게 든다는 점, 가격 파괴 현상이 존재한다는 점 등이 저렴한 가격 형성의 요인이 되고 있습니다. 유통과정이 '생산 및 수입업체 → 도도매업체 → 도매업체 → 소매업체' 순으로 이루어지다가 제조수입업체 또는 도매업체가 인터넷 판매에 뛰어들면서 가격 파괴가 빠르게 진행되고 있습니다. 도매꾹의 상품공급사 중에는 저희 같이 중국 등 해외에서 제작 수입하는 유통업체들이 많이 입점되어 있는 것으로 알고 있습니다. 특히 G마켓, 옥션 등 오픈마켓에는 생산 및 수입업체들이 소매 판매도 겸하는 상품공급사들이 있는데 효율성 등으로 인해 도매꾹과 같은 도매 오픈마켓에서만 집중적으로 판매하려는 추세입니다.

_엔틱소품 김정호 사장

도매꾹 상품 중 아이템 생명주기인 도입기, 성장기, 성숙기, 쇠퇴기에서 끝자락인 쇠퇴기 상품이나 이월상품들도 있습니다. 이들 상품은 덤핑으로 판매하기 때문에 대체적으로 가격이 저렴합니다. 하지만 도매꾹 구매자들은 최종 소비자보다는 소비자에게 물건을 팔기위해 구입하는 사람이 대부분이기 때문에 아무리 싼 물건이라도 팔릴만한 상품인지, 아이템의 생명주기와 시장성을 고려했을 때 상품의 구매 타이밍이 적절한지 등을 함께 고려해야 합니다. 아무리 가격이 저렴한 물건이라도 팔지 못하면 재고로 남기 때문입니다.

도매꾹에서 양말, 팬티스타킹 등 다양한 패션잡화를 구매하여 오픈마켓에서 소매로 판매합니다. 구매 전 가장 먼저 내가 판매하는 채널의 인기도(그림2의 베스트셀러 코너)와 카테고리 인기검색어, 구매하는 채널인 도매꾹의 키워드 인기도(그림1)를 비교합니다. 그런 후 대형 종합쇼핑몰, 경쟁 아이템을 판매하는 개인쇼핑몰, 도매사이트와 오프라인 도매점의 가격 등을 종합 분석하고 시장성과 아이템의 생명력 등을 고려하여 최종적으로 구매여부를 선택합니다. 제가 판매하는 아이템 중 팬티스타킹과 학생용스타킹은 아이템 생명주기의 변동 폭이 미비하기 때문에 장수 아이템입니다. 이 처럼 패션잡화 중 스타킹과 같이 트렌드 및 유행에 민감한 잡화가 아닌 경우에는 가격경쟁력만 있다면 사입하고 그 외 패션잡화는 반드시 가격 경쟁력과 함께 시장성 등을 함께 고려하여 사입합니다.

_H스타킹 H 사장

▲ 도매꾹의 인기검색어

믿을 수 있는 상품공급사인지를 구매자들이 알아내는 방법이 있나요?

 예, 상품공급사의 판매등급, 회원등급조회, 구매후기 내용과 만족도 평가 등을 통해서 알 수 있습니다.

도매꾹의 구매자들은 사업자들이 대부분입니다. '장사꾼은 장사꾼을 절대 믿지 않는다.', '장사꾼이 하는 이야기는 절반이 과장된 말이다.' 등 사업자들 사이에서는 돈독한 관계 이외에는 절대로 다른 장사꾼을 100% 믿지 않는 경향이 있습니다. 구매자들은 물건을 파는 사람의 이야기보다 물건을 구매한 다른 구매자의 이야기를 더 신뢰합니다.

도매꾹 구매자가 상품공급사와 상품공급사의 상품에 대한 신뢰도를 판단할 수 있는 요소는 많이 있습니다. 믿을 만한 상품공급사인지는 도매꾹의 신용제도에 따라 설정된 상품공급사의 판매등급, 회원등급조회 서비스 등을 통해서 알 수 있습니다. 이외 상품에 대한 구매후기에 의해서도 판단할 수 있습니다.

구매후기는 구매자의 구매결정 요소 중 매우 중요한 판단 기준이 되는 항목입니다. 왜냐하면 구매후기를 남긴 사람들은 자신과 입장이 비슷한 소매 판매자인 경우가 많기 때문입니다. 다음은 불량에 대한 후기, 사이즈에 대한 후기, 재주문에 대한 후기, 배송에 대한 후기 등 구매자들이작성한 상품 구매후기입니다.

그림과 같이 모든 구매자들이 100% 만족(?)하고 좋은 구매후기 글들을 본다면 구매 결정은 쉬워질 수 있습니다. 도매꾹의 경우는 구매후기를 절대 조작하지 않고 있어서 구매후기 내용을 더욱 믿을 수 있습니다.

상품정보	상품고시	**구매후기 (17)**	상품문의 (13)	판매자/반품/교환정보

도매꾹은 소중한 구매후기를 가감없이 보여주는 정직한 사이트입니다

만족도	내용	작성자	작성일
★★★	잘받았습니다.	ren****	16/06/20
	└ 마음에 드셨다니 저희도 감사하네요^^ 앞으로도 많은이용 부탁드립니다. 즐거운 하루 되세요^^ 감사합니다.	판매자	
★★★	좋아요~	mag****	16/06/19
	└ 마음에 드셨다니 저희도 감사하네요^^ 앞으로도 많은이용 부탁드립니다. 즐거운 하루 되세요^^ 감사합니다.	판매자	
★★★	잘 받았어요. ^^	gui****	16/06/11
	└ 마음에 드셨다니 저희도 감사하네요^^ 앞으로도 많은이용 부탁드립니다. 즐거운 하루 되세요^^ 감사합니다.	판매자	
★★★	좋아요^^	dms******	16/06/10
	└ 마음에 드셨다니 저희도 감사하네요^^ 앞으로도 많은이용 부탁드립니다. 즐거운 하루 되세요^^ 감사합니다.	판매자	
★★★	빠른배송으로 잘 받았습니다.	jsh****	16/06/07
	└ 상품 구매해 주셔서 감사합니다. ^^ 앞으로 자주 이용 부탁드립니다. 즐거운 하루 되세요^^ 감사합니다.	판매자	
★★★	이번엔 150개중에 130개 이상이 과함이네요 ㅡㅜ 또 주문하라하는데.이번엔 무슨색으로할 요러나 걱정됩니다	cii*******	16/06/06

도매꾹 사이트를 처음 알게 된 후 잡화를 구입하기 위해 검색하던 중 상품 페이지에 상품공급사 연락처가 있다는 것을 알게 되었습니다. 조금 더 싸게 구입하기 위해 직접 연락하여 흥정을 시도했고 상품공급사는 도매꾹 수수료만큼 할인해주겠다고 하여 직거래를 하게 되었습니다. 하지만 상품공급사의 신용도와 구매후기 등도 제대로 확인하지 않고 직거래로 도매꾹을 통하지 않고 구매를 한 것이 문제였습니다. 구매한 상품의 절반 정도가 불량 상품이었고 반품을 요청했지만 이런저런 이유로 반품되지 않았고 결국 큰 손해만 보게되었습니다. 그 사건 이후부터 직거래보다는 도매꾹을 통한 안전한 거래를 선택했고 상품공급사의 신용도는 물론 판매등급과 무엇보다도 상품공급사 상품의 구매후기를 모두 살펴보는 구매습관이 생겼습니다.

_P주얼리 K사장

Q. 세금계산서나 거래확인서는 자동으로 발급되나요?

A.
예, 세금계산서와 거래확인서는 자동으로 발급이 되고 있습니다.

도매꾹에서 카드나 현금으로 상품 구매 시 모든 상품에 대하여 카드매입전표와 현금영수증을 출력할 수 있습니다. 상품 구입 후 해당 주문서에서 '영수증출력'버튼을 통해 출력할 수 있습니다. 즉 상품공급사에게 세금계산서나 현금영수증을 요청하거나 받을 필요가 없습니다.

❶ 사업자가 구매 시

- 사업자가 일반과세자의 과세상품을 구매한 경우 부가세(10%) 환급이 가능합니다.
- 면세사업자나 간이과세자 상품을 구매한 경우 지출증빙으로 사용할 수 있습니다.
- 사업자가 개인상품공급사의 상품을 구매한 경우 지출증빙으로 사용 가능합니다. 단, 현금으로 구매한 경우에는 지출증빙으로 사용이 불가능하며 주문거래확인서로 대체 발급됩니다.

❷ 개인이 구매 시

- 개인이 일반과세자의 과세상품을 구매한 경우 소득공제용 증빙자료로 활용할 수 있습니다.
- 면세사업자나 간이과세자 상품을 구매한 경우 소득공제용 증빙자료로 사용할 수 있습니다.
- 개인이 개인상품공급사의 상품을 구매한 경우 지출증빙으로 사용 가능합니다. 단 현금으로 구매한 경우는 불가능하며 주문거래확인서로 대체 발급됩니다.

Q 상품문의 게시판을 통해 협의 근거를 남길 수 있나요?

A 예, 질문하고 요청하되 근거는 남겨야 합니다.

상품문의 게시판을 잘 활용해야 합니다. 비밀글 지정이나 파일첨부, 이미지 도구 등도 활용하여 상품공급사와 대화를 할 수 있습니다.

	상품정보	상품고시	구매후기 (211)	**상품문의 (56)** ❶	판매자/반품/교환정보

- 모바일 앱으로 문의 및 답변 확인이 가능합니다. (도매꾹 앱 다운로드 🗋)
- 공급사가 확인한 문의글은 수정하거나 삭제할 수 없으며, 먼저 등록된 문의글을 확인하면 보다 유익한 정보를 얻을 수 있습니다

❷ 문의글 작성

번호	상태	내용	작성자	작성일
IS2089515	답변완료	🔳 비밀글입니다 (1) 🔒	min******	22/02/02
IS2082462	답변완료	🔳 인증번호/원산지 (1)	how****	22/01/25
IS2059316	답변완료	🔳 비밀글입니다 (1) 🔒	ddu****	22/01/09
IS2059305	답변완료	🔳 비밀글입니다 (1) 🔒	ddu****	22/01/09
IS2057806	답변완료	🔳 상품 교환 문의 (1)	gud*****	22/01/07
IS2054341	답변완료	🔳 비밀글입니다 (1) 🔒	kim*********	22/01/05
IS2033199	답변완료	🔳 비밀글입니다 (1) 🔒	sns******	21/12/21
IS2031605	답변완료	🔳 비밀글입니다 (1) 🔒	cho****	21/12/21
IS2031170	답변완료	🔳 혹시 재입고 언제 될까요? (1)	dlw******	21/12/20
IS2031056	답변완료	🔳 비밀글입니다 (1) 🔒	ykd******	21/12/20

1 2 3 4 5 6 7 8 9 10 > » 1 이동 총 14페이지

	상품정보	**구매후기 (57)**	상품문의 (137)	반품교환

1 2 3 4 5 6 > 1 이동 총 6페이지

- 모바일 앱으로 문의 및 답변 확인이 가능합니다. (도매꾹 앱 다운로드 🗋)
- 공급사가 확인한 문의글은 수정하거나 삭제할 수 없으며, 먼저 등록된 문의글을 확인하면 보다 유익한 정보를 얻을 수 있습니다

문의글 목록

상품제목 [KC인증] 아동 유아 니트 쁘띠목도리 도매꾹 최저가 크리스마스 선물 구성

답변받기 ❸ ☑ 쪽지로 받음 ☑ 메일로 받음 ☑ 문자메세지로 받음

비밀글 지정 ❹ ☐ 문의한 내용을 공급사만 확인할 수 있도록 비밀글로 지정합니다.

문의글제목

문의내용
❺
매매, 당사자간 직거래 유도시, 문의글 삭제 및 회원탈퇴 조치됩니다 (HTML 태그 사용불가)
비방, 광고, 불건전한 내용의 글은 관리자에 의해 사전동의 없이 삭제될 수 있습니다
이메일 주소나 전화번호 등 개인정보를 입력할 경우 타인에 의해 도용될 수 있으니 주의바랍니다

❻ 📎 이미지첨부 [파일 선택] 선택된 파일 없음   이미지추가

·업로드된 이미지는 전송 후 7일까지만 열람가능하며, 모든 이미지는 관리자가 검토하니 주의해주세요

❼ 문의글등록 취소

Q 상품공급사에 대해 구매자의 권리를 찾을 수 있는 신고 기능은 있나

A 예, 구매자 권리찾기 신고제도를 운영하고 있습니다.

상품 상세페이지에는 해당 상품이나 상품공급사에 대한 불만족사항, 권리침해 등에 대한 신고와 답변을 통해 구매자의 권리를 찾을 수 있도록 시행하는 구매자권리찾기 캠페인을 하고 있습니다. 클린캠페인 신고하기 기능은 제품 페이지 맨 하단에 위치하고 있으며, 신고하기 버튼을 통해 이용 가능합니다. 신고 된 내용에 대해서는 상품공급사가 열람하고 답변을 하도록 되어 있습니다. 구매자의 권리 찾기를 위해 의견이나 신고할 유형은 아래와 같습니다.

Q 가격이 저렴한 상품이 무조건 잘 팔리나요?

A 아닙니다, 컨셉이 뚜렷해야 잘 팔립니다.

고객은 항상 싼 상품만 찾을까요? 그렇게 생각한다면 창업하려는 채널이 온라인이든 오프라인이든 쉽지 않은 길로 들어서게 되는 것입니다. 자기만의 스타일과 컨셉을 연출하지 못한 사람들은 공통적으로 무조건 싸야 팔린다고 말합니다. 이 말이 무조건 틀리거나 맞다고는 할 수 없지만 항상 다른 사람보다 싸게 팔아야 하기 때문에 항상 저렴한 아이템을 찾게 되고, 이런 상황이 반복되다보면 경쟁의 틀 안에 갇혀 생각하기 때문에 자연스럽게 '무조건 싸게 파는 것'이 그 사람의 컨셉이 되어버립니다. '무조건 싸게 파는 것'이 컨셉으로 만들어지는 순간 그 아이템은 레드오션이 되어 버립니다.

도매꾹에서 상품을 구매해서 자체 매장이나 인터넷 쇼핑몰, 오픈마켓 등에서 판매하는 분들 중에는 나름대로 상품에 부가가치를 더해서 고마진을 획득하면서 판매하는 사업자들이 많습니다. 인터넷 판매의 경우에는 구매한 상품을 다시 촬영하고 상품페이지를 새롭게 만드는 등의 노력을 투자해서 고가에 판매하는 것도 그 한 예입니다. 아래 소가죽 백을 도매꾹에서 24,000원에 구매하여 타 사이트에서 44,800원에 판매하고 있는 것을 볼 수 있습니다.

[관련세미나] Part 04 03 도매꾹에서 사입한 상품을 어떻게 팔고 있는가?

▲ 도매꾹 구매 가격 24,000원

▲ 타 사이트 판매 가격 44,800원

Q 도매꾹에서 구매한 상품으로 매장을 오픈한 주부는 없나요?

 A 주부 창업으로 성공한 도매꾹 구매회원이 있습니다.

> **'H주얼리'의 K사장**
> • 핵심 아이템 : 패션잡화, 생활잡화, 아동화, 악세서리
> • 사업유형 : 매장과 오픈마켓을 이용한 소매 판매
> • 매장명 : H주얼리
> • 도매꾹 주요 이용 목적 : 매장에서 판매할 패션 및 생활 잡화 구매

16.5㎡의 작은 공간에서 큰 꿈을 실천

K사장은 해외의 우수한 제품 및 원자재 수입 업체에 근무하면서 물건을 사고파는 것에 흥미와 관심을 갖게 되었고 그 후 오랜 무역회사 근무 경험을 토대로 거래처의 사무실 한켠에 책상 1개, 컴퓨터 1대를 갖추어놓고 사업을 시작했습니다. 하지만 무역회사에서 독립한 지 얼마 되지 않아 거래처의 부도로 납품 대금을 받지 못하는 쓴맛을 보게 되었습니다. 게다가 여러 사고들이 한 번에 겹치면서 버티기 힘든 지경에까지 이르게 되었고, 제대로 날개를 펴보지도 못한 채 또다시 작은 무역회사에 취직을 하였습니다. 하지만 내 사업을 꼭 성공시켜 보겠다는 간절한 마음은 머릿속에서 지울 수 없었습니다. 그래서 무역이라는 큰 꿈 대신 작더라도 안전하게 실천할 수 있는 길을 선택하여 지인의 도움으로 소도시의 메디컬센터 3층의 약국과 소아과병동 사이에 16.5㎡ 작은 점포로 오래 동안 꾸어왔던 큰 꿈을 실천하게 되었습니다.

아이템 선택 이야기

부피가 작으면서 공간을 덜 차지하는 아이템, 재구매가 꾸준히 발생하는 아이템, 내가 잘 알고 있는 아이템, 경기를 덜 타는 아이템 등의 창업 조건을 고민한 끝에 패션액세서리를 선택하였습니다. 패션액세서리는 오픈할 점포가 위치한 곳과 아이템 특성, 유동인구의 주 고객층과 구매특성 등이 잘 매치된다고 판단하여 자신 있게 시작하였습니다. 나름대로 점포 입지에 대한 시장조사를 철저하게 분석하였기 때문에 개업 초기부터 순항이 시작되었습니다. 패션액세서리로 시작했지만 오히려 큰 기대하지 않고 구색 아이템으로 팔았던 잡화와 소품들의 판매가 더 좋았습니다. 그 후 패션액세서리 판매 공간은 줄이고 모자, 여성화, 아동화, 가방, 아기옷 등 잡화 판매 공간을 더욱 늘려나갔습니다.

체력의 한계를 극복할 수 있게 해 준 도매꾹

패션액세서리가 대부분이었던 창업 초기에는 부피가 작은 아이템이고 남대문 액세서리 도매시장 내에서만 사입했기 때문에 체력적으로 큰 무리가 되지 않았습니다. 하지만 품목의 다양화되고 품목 특성 상 동대문 의류 도매시장, 동대문 신발도매시장 등 여러 상가들을 방문해야 했고 더구나 커다란 사입 가방을 매고 시장 구석구석을 다니는 것은 결코 쉽지 않은 일이었습니다. 남대문과 동대문 밤시장에 갈 때면 도매시장의 사장님이 무심코 던졌던 '언니, 동대문 새벽시장은 체력전이에요. 체력이 뒷받침되지 않으면 이 장사 쉽지 않아요.'라는 말을 몸으로 절실히 느꼈습니다. 6개월 정도 남대문 도매시장과 동대문 도매시장의 밤시장, 때로는 낮시장도 다니다 보니 몸에 이상 증상이 나타나기 시작했습니다. 힘들 때면 대학생인 딸아이와 함께 사입했지만 이명증이라는 병으로 두 달 정도를 무기력 상태로 지냈고 결국 체력의 한계에 부딪히게 되었습니다.

그러던 중 도매꾹에서 MT용품을 종종 대량으로 구매했던 대학생 딸을 통해서 도매꾹을 알게 되었고 장사하면서 틈틈이 도매꾹을 방문하여 상품 검색하기를 일주일, 우연히 메인화면에 남대문 액세서리 도매시장과 동대문 도매시장에서 사입해 오던 상품들이 판매되는 것을 보고 깜짝 놀랐습니다. 놀란 이유는 도매시장에서 파는 상품이 도매꾹에서도 팔리고 있기 때문이 아니라 판매가격 때문이었습니다. 도매시장에서 직접 사입하는 가격보다 더 저렴하게 판매되는 것을 보고 '어떻게 이 상품이 이 가격에 판매되고 있을까?'라는 의구심을 갖게 되었고, 딸에게 도매꾹에 대해서 자세히 물어 보았습니다. 컴퓨터에 능숙했던 딸은 도매꾹과 상품공급사 및 상품들을 분석하였고 그 결과 도매시장의 도매상인, 도매시장에 유통시키는 수입업체들이 상품공급사로 활동하고 있다는 사실을 알게 되었고 그때 '바로 이거다!'라는 감사하는 마음까지 들었습니다.

도매꾹에서 몇 번의 샘플을 사입하여 매장에서 판매한 결과 대성공이었습니다. 그 이후로 H주얼리에서 판매하는 상품의 대부분은 도매꾹에서 구입하게 되었습니다. 동대문 도매시장과 남대문 도매시장에서는 도매꾹에서 찾던 아이템이 없는 경우나 트렌드 파악이 필요한 경우에만 방문했기 때문에 체력은 다시 회복되었습니다. K사장은 오전에 출근해서 매장 정리 후 가장 먼저 도매꾹의 인기상품 및 신상품 검색, 재주문 등의 업무로 하루를 시작하고 있습니다.

도전의 연속, 오픈마켓

H주얼리 매장 운영, 상품소싱채널 확보, 안정적인 매출 등 매장 운영에 큰 어려움 없이 꾸준히 성장하던 어느 날 인터넷으로 팔아보면 좋을 것 같다는 대학생 딸의 제안을 받아들여 인터넷 쇼핑몰 창업, 오픈마켓 창업 등 행복한 고민을 시작하였습니다. 인터넷 쇼핑몰은 포토샵, 프로그램 등 여러 가지 기술이 요구되어 쉽게 접근할 수 없었고 더구나 혼자서 인터넷 쇼핑몰과 매장을 동시에 운영한다는 것은 현실적으로 불가하다고 판단하여 상대적으로 접근이 수월한 G마켓, 옥션, 11번가 등 오픈마켓에서 판매를 시도해 보기로 했습니다.

K사장은 오픈마켓이라는 새로운 채널에 도전한다는 기대에 부풀었지만 한편으로는 그 가능성을 가늠할 수 없기에 불안하기도 했습니다. 처음에는 매장에서 재고로 쌓여있던 패션액세서리 20여 가지로 G마켓과 11번가에서 판매를 하기 시작했습니다. 그런데 예상 밖으로 잘 팔렸고, 어떤 상품은 매장에서 판매하던 가격보다 두 배 비싸게 팔리기도 했습니다.
그 일을 계기로 온라인 판매에 자신감을 갖게 되어 매장에서 판매하는 주요 품목 모두를 판매하게 되었습니다. 가격, 상품 설명, 상품 사진 등을 각각 차별화시켜 등록하였고 오픈마켓에서도 꾸준히 성장하여 온라인마켓의 매출과 매장의 매출이 비슷한 날도 있었습니다.

오픈마켓 판매 호조를 통해서 강한 자신감과 확신을 얻은 K사장은 본격적으로 인터넷 판매채널에 대한 시장조사에 들어갔습니다. 도매꾹 도매사이트와 인터넷 쇼핑몰, 오프라인 도매시장, 오픈마켓 등의 판매가격과 디자인을 비교, 분석해서 원하는 상품을 찾아내려고 노력했으며, 인터넷 동호회는 물론 매장을 방문하는 고객들로 부터도 설문조사 등을 통해 요구하는 사항을 파악하기도 했습니다.

오픈마켓을 처음 시작할 때는 딸의 도움을 많이 받았습니다. 대학생인 딸의 취미가 사진 촬영이라서 상품 이미지를 쉽게 제작할 수 있었으며, 매장에 신상품이 입고되면 딸이 먼저 상품을 촬영하고, K사장은 매장 디피를하는 등 역할 분담을 했고 호흡도 척척 맞았습니다. 특히 온라인 마켓에 판매하는 상품들의 재고는 매장에 항상 보유하고 있었기 때문에 당일 배송이 가능하였고 빠른 배송 덕분에 고객평이 매우 좋았습니다.

상품촬영과 이미지 작업 등은 딸이 틈틈이 도와주었지만 상품의 특징에서 만큼은 K사장이 잘 알고 있었기에 함께 작성하였습니다. 오픈마켓을 시작한지 3개월째부터는 평균적으로 매장에서 발생하는 매출과 비슷할 정도로 눈에 띄게 증가하기 시작했습니다. 판매 경험을 통해 히트 상품이 생겨났으며, 재구매하는 고객들도 꾸준히 증가하고 있습니다.

구매자에게 감사하는 마음이 성공 비결

패션잡화는 경기를 덜 타고 시장성도 좋은 편입니다. H주얼리 매장은 소아과, 이비인후과 등의 병원이 있는 메디컬 건물안에 있고 바로 옆에 약국과 옷가게들도 입점되어 있는 상권에 위치하여 다양한 연령층의 고객들이 이용하고 있습니다. K사장은 자신의 판매 비결을 이렇게 이야기 했습니다. "저희 매장은 유ㆍ아동과 엄마들이 주고객층이기 때문에 이들과 공감대를 형성하는 것이 가장 중요한 일이라 판단했습니다. 아이들이 매장 앞을 지나가면 아이의 이름을 불러주면서 친근함을 표현했고, 아이를 키우는 엄마들의 고충과 애환을 들어주면서 이들과 자연스럽게 공감대를 형성했던 것이 성공 포인트였던 것 같습니다. 그리고 도매꾹을 통한 안정된 상품 소싱과 트렌드에 맞는 상품을 빠르게 선택하여 판매했던 것이 성공할 수 있었던 비결이었던 것 같습니다."

A '도매매 전문셀러' 유니커머스 최영신 대표 인터뷰

최영신 대표는 정년 퇴임 후, 제2의 직업으로 '전문셀러'를 선택! 한달 반만에 상당한 매출을 기록하고 있는 전문셀러입니다. 다음은 유니커머스의 최영신 대표와의 인터뷰입니다.

Q 자기소개 부탁드려요.

안녕하세요. 저는 쇼핑몰 '유니커머스'를 운영하고 있는 58살 전문셀러 최영신입니다. 쇼핑몰을 낸 지는 한달 반 정도 되었고, 매출액 월 2천만원 정도 나옵니다.

은행에 28년 재직하다가 은퇴를 하면서, 기술도 배우고 자격증도 따보고 했는데요.

우연하게 샵플링을 알게 되면서 무자본/무재고로 창업을 시작할 수 있다는 것이 상당히 매력적으로 느껴져 전문셀러를 하게 되었습니다.

Q 퇴직 후 이야기를 조금 더 들려주세요.

은행에 28년 정도 재직 하다가 퇴직을 하게 됐는데요. 퇴직 후 특별히 할게 없어요.(현재는 은행에서 계약직으로 오전만 일하는데요. 감사업무를 하고 있어요.)

오후에 시간이 남아서 무얼 했냐면요. 우리 화이트 칼라(사무직 종사자)들이 기술이 없으니까 갈 곳도 없고, 불러 주는 곳이 보험회사 라던지 그런 영업직이고 해서요.

은행 관련 업무를 볼 수 있는 데가 많이 없어요. 그리고 제가 면접 보러도 많이 다녀봤지만 나이 제한 때문에 안된 경우도 많더라구요.

그래서 기술을 배웠죠. 처음에 배운 게 전기기능사, 가스기능사, 보일러 기능사..

이런 자격증을 따고 나서 여러 군데에 원서를 접수해 보았는데요. 이게 경력이 없으니까 안불러 주더라구요.

그러다가 올해 4월에 아는 지인이 디자인 사업을 하는데 같이 하자고 제안이 왔어요. 그 회사에서 쇼핑몰을 운영하기 위해서는 기본적으로 샵플링과 같은 툴을 사용해서 오픈마켓에 물건을 팔아야 되겠더라고요. 그래서 우연치 않게 샵플링 교육을 듣게 되었는데, 첫 날 수업을 들어보니까 '재미있고 할만하다'고 생각이 되었어요.

그래서 재미있고 보람되게 온라인 판매 업무를 하다가, 디자인 회사에서 자금 사정이 어려워져서 사업 규모를 축소하자고 하더라구요.

그래서 '아 그러면, 내 이름 걸고 사업자를 내봐야겠다'고 생각이 되어서 제 이름으로 쇼핑몰을 시작하게 된거죠. 이게 8월 9일. 그러니까 불과 한 달 정도 전의 일입니다.

다행인 건 디자인 회사를 다니면서 경험 했던 3개월 간의 노하우가 바탕이 되어 개업하자마자 실적으로 이어지고 있다는 거죠. 그래서 얼마 전에 사업자를 또 하나 냈습니다. 앞으로 2개를 운영할 예정인데, 그럼 제 목표인 '수익 400만원'을 금방 달성하지 않을까 생각합니다. 근데 그렇다고 제가 여기에 온갖 시간과 정신을 쏟는 게 아니고, 오전에 은행에서 일하고, 오후에만 집에서 하고 있습니다. 그렇다고 일할 때 놀면서 하는 건 아니고, 할 때는 집중적으로 열심히 합니다.

남들은 쇼핑몰 열어놓으면 그냥 팔리는 줄 아는데요. 그건 아니고, 노력을 해야 팔리는 거죠.

Q '전문셀러' 추천하시나요?

주변에 저와 같은 은퇴자들이 많습니다. 우리 같은 경우에는 생계도 중요하지만, 어쩌면 사회공헌, 내지는 일할 수 있는 기회를 갖는 게 더 큰 의미가 있다고 생각합니다.

그리고 이게 초기 자본이 들어가는 것도 사실 아니고, 또 일하는 공간이 필요한 것도 아니고, 오직 나의 기술이기 때문에.. 우리 같은 사무직 종사자들은 컴퓨터 사용에 익숙하기 때문에 쉽다고 생각하죠. 그래서 도전해볼 가치가 충분히 있다고 생각했죠.

Q 하루 일과는요?

보통 11시에 취침해서 아침 7시에 일어납니다. 일어나면 가장 먼저, 어제 무엇이 팔렸는지 쭉보고, 팔린 상품은 따로 정리를 해둡니다.

이후, 은행으로 출근해서 업무를 보면서 노트북과 휴대폰을 항상 대기 상태로 켜놓습니다. 제가 쇼핑몰을 연 후로 한 달 반 정도 되니, 전화로 문의 오는 손님들이 많이 늘었습니다.

그러다 보니 상담에 조금 더 많은 신경을 쓰고요. 그리고 퇴근 후에는 집으로 돌아와, 제 사무실로 (제 방입니다 ㅎㅎ) 들어가 본격적인 판매 업무를 시작합니다.

방에 들어가서.. 아니 사무실로 들어가서.. 6시 되기 전까지는 절대 나오지 않습니다.

그 시간 동안 어떤 상품을 판매할지 찾고, 주변에도 항상 '요즘은 뭐가 잘나가는지, 관심이 많은지' 물어봅니다.

특히 친구들뿐만 아니라 젊은 세대인 아들과 딸에게 물어보면 귀신같이 요즘 유행하는 상품들을 콕콕 찍어 주더라고요. 그럼 그 상품들을 오픈마켓에 쭉 올려놓고, 한 10시 30분 정도에 뭐가 팔렸는지 자기 전까지 한 30분 정도 한 번 더 체크합니다.

Q 샵플링 사용에 어려움은 없었나요?

어려웠어요. 처음에 할 때는 정말 어려웠어요. 교육 받고 일주일 정도는 상품이 하나도 안 팔렸어요. 샵플링 대표님이 팔린다고 믿으라고 하시는 게 의심스러웠죠.

그런데 딱 10일 째 되던 날, 물건 한 개가 팔렸습니다. 그게 바로 3천원짜리 '복면' 이었어요. ㅎㅎㅎ 이게 팔릴 줄 몰랐는데..

근데 문제는 그게 팔린 그 다음의 절차를 모르겠는 거에요. 그래서 같이 공부하던 대구 친구한테 물어봤어요. "야 이거 팔렸다. 어떡하냐?" 했더니 "나도 모르겠다."는 거에요. 하... 그래서 2일 동안 배운 거 다 뒤져보고, 검색해 보고 하는데도 도저히 모르겠는 거에요. 그래서 그 다음 날, 유튜브 교육영상 하나씩 다 눌러보고, 들어보고 하니까 그제서야 조금씩 방법을 알겠더라고요. "아 이런거구나" 이 과정을 통해 5일만에 배송이 됐어요.

그런데 재미있는 건 고객이 가만히 있더라고요. 그래서 자신감이 생겼어요. 하여튼 이 때부터 판매가 되면 하나씩 찾아보고, 보내고 다시 등록하고 하다 보니까 점차 손에 익더라고요.

최소 한 달은 고생을 해야 되요. 누가 가르쳐준다고 되는게 아니라, 딱 붙어서 찾아보고, 반품도 나보고, 품절도 나보고 실수하면서 느는거지 겁나서 안 해보면 늘지 않아요.

Q 하루에 몇 개의 상품이 팔리나요?

우리는 개수로 치지 않아요. 무조건 '돈'으로 따져요. 요즘은 하루에 30~40만원, 그러니까 한 달에 1200~1500만원 정도 판매된다고 봐야죠. 그러다가 어떤 고객이 전화 와서 대량주문하면 그 때 100만원씩 팔리고 하는거죠. 이번 달은 그런 분이 두 번이나 계셔서, 매출이 좀 괜찮았어요.

그런 분들 같은 경우에는, 바로 전화해서 "물건이 있냐?"하시면, "바로 알아보겠다."고 제가 답변드리고, 바로 공급자에게 전화해서 확인한 후에 다시 고객에게 "물건이 있다. 주문하시면 바로 보내드리겠다."고 하고 바로 보내드립니다.

이럴 때에는 공급자에게 "급하다. 정말 중요하다. 꼭 좀 부탁 드린다."고 사정을 하면, 대부분이 바로 보내주시더라고요.

그러다 보니 그런 경험이 있는 고객들이 대부분 재구매로 저희 샵을 다시 찾아주십니다. 이런 분들이 10분 정도 되요.

그런데 앞으로는 더 늘어날 것 같아요.

- 도매꾹 블로그에서도 다양한 정보 얻어가세요.
  http://blog.domeggook.com/221361491259

Q 전문셀러에 관한 신문 기사가 있으면 알려주세요.

A 1인 사업 각광, 무재고 무재고 쇼핑몰 상품판매 전문셀러 주목

서울 구로구에서 치킨 가게를 운영하는 김 씨는 1년 만에 아르바이트생 2명을 모두 내보냈다. 2018년부터 최저임금이 7천 원대로 오를 예정인데다. 경기 침체로 동종 업계의 자영업자가 크게 늘어나면서, 은행 이자, 전기세, 재료비 등 기본 운영비를 감당할 수준을 넘어섰기 때문이다.

최근 최저임금 인상과 대출 규제 심화, 경기 침체 등으로 자영업자들의 돈줄이 묶이고 있다. 통계청에 따르면, 이로 인해 인건비 부담이라도 줄이고자 종업원 없이 일하는 '나 홀로 사장'이 14년 만에 60%대로 크게 상승했다고 한다. 과연 거리에 우후죽순처럼 생겨나는 치킨집, 편의점, 커피숍 가운데 살아남을 수 있는 방법이 있기는 한 걸까?

◆ 초기 자본금, 인건비, 홍보비만 줄여도...
대부분의 자영업자들이 사업 운영에 어려움으로 꼽는 요소는 크게 3가지이다. 초기 자본금의 부재, 인건비 부담, 홍보의 어려움이다.

먼저, 초기 자본금이 부재 할 경우 사업의 시작부터 대출 이자로 빚을 지게 만들어 운영 부담이 가중된다. 대출 이자는 물론, 건물주가 아닌 이상 매월 내야 하는 비용이 만만치 않아 수익이 난다고 해도 모두 운영비로 빠져나가고 만다.

이러한 가운데, 인건비는 운영 상황을 더욱 악화시킨다. 혼자서는 운영할 수 없는 업무량으로 작은 도움이라도 얻고자 구한 인력이었지만, 이는 밤새 일하며 겨우 얻어낸 조금의 수익마저 앗아가는 결과를 낳는다. 직원은 정당한 노동의 대가를 요구할 뿐인데, 자영업자는 눈물을 흘리게 되는 셈이다.

위의 두 가지를 전부 극복한 자영업자라도 운영 시 가장 어렵게 느껴지는 부분이 있다. 바로 '홍보'이다. 자영업자 가운데 특히 창업자들이 흔히 '기발한 아이디어로 제품이나 서비스를 개발하면, 사람들이 알아서 찾아와 내 제품, 내 서비스를 살 것'이라는 착각에 빠진다. 그러나, 내 제품을 '어떻게 만들 것인가'만큼 중요한 것은 '어떻게 팔 것인가'이다. 같은 제품이더라도, 고객들에게 '잘 알린 상품'은 수익의 차별화를 가져온다.

이러한 가운데 위의 3가지 어려움 없이 시작할 수 있는 1인 창업, '오픈마켓 전문셀러'가 각광받고 있다.

'오픈마켓 전문셀러'는 오픈마켓 상에 일반 소비자를 대상으로, 다양한 상품을 유통/재판매하여 수익을 일으키는 인터넷 판매자를 일컫는다.
일명 '인터넷상의 보부상'이라고 볼 수 있다. 과거 보부상이 시장을 중심으로 봇짐을 지고 다니면서 생산자와 소비자의 중간 역할을 했듯이, 오픈마켓 전문셀러는 온라인상에 제조자와 소비자 간의 중간 판매자 역할을 하는 것이다.

"그렇다면, 전문셀러들은 마진을 얼마나 챙길까?"

'머니S_1인 사업 각광, 무재고 무자본 쇼핑몰 상품판매 전문셀러 주목' 기사 참조

[기사 전문 보기]

LESSON

해외 거주자에게 판매하는
전세계배송 판매

Q 전세계배송이 무엇인가요?

A 해외에 있는 구매자가 도매꾹에서 상품을 주문하면 도매꾹과 제휴한 배송사가 해외까지 배송하는 서비스입니다.

구매자가 여러 상품공급사의 다양한 상품을 구매하더라도 장바구니에 담아 한꺼번에 결제했다면, 도매꾹에서 합포장하여 한꺼번에 배송합니다.

상품공급사는 배송비 부담 없이 해외에 있는 구매자에게도 상품을 판매하여 새로운 판매처를 확보할 수 있습니다. 전세계배송과 관련된 자세한 내용은 전세계배송안내(❶) 페이지의 전세계배송소개, 이용절차, 유의사항 등(❷)을 통해 알 수 있습니다.

Q 전세계배송이 왜 편리한가요?

 A ❶ 해외 현지에서 상품소싱이 어려울 때

도매꾹에서 판매되는 수 백만 가지의 인기상품을 고르기만 하세요~

상품소싱의 걱정을 모두 덜어드립니다.

❷ 여기서, 저기서, 따로따로 배송받느라 번거로울 때

전세계배송 서비스를 이용하면 도매꾹에서 합포장이 가능해지니까 개별로 받았을 때의 배송비

보다 훨씬 저렴해집니다.

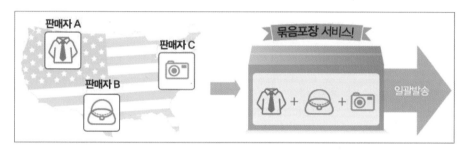

❸ 알 수 없는 배송상태? NO!

상품공급사가 상품을 출고한 직후부터 집하지에 입고되어 해외현지까지 모든 배송단계의 추적

이 실시간 가능합니다.

도매꾹은 다양한 배송옵션을 준비중이며, 특히 EMS를 선택할 경우 빠르고 안전하고 저렴한 서

비스를 이용할 수 있습니다.

Q 전세계배송은 어떻게 진행되나요?

 A

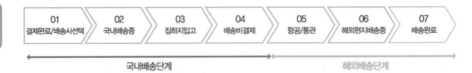

단계	단계명	단계명
01	결제완료/배송사선택	구매자가 상품주문/결제를 완료합니다.
02	국내배송중	상품공급사가 주문을 확인하고 상품을 발송하여 집하지까지의 배송이 시작됩니다.(영업일 기준 평균 2~3일 소요)
03	집하지입고	상품이 집하지에 입고되면 상품무게 측정 후, 해외배송비를 측정합니다.
04	배송비결제	구매자는 해외배송비를 확인한 후 도매꾹에 결제합니다.
05	항공/통관	해외배송비 결제가 완료되면, 집하지에서 상품이 출고되어 항공운송 및 현지 통관절차를 진행합니다.
06	해외현지배송중	구매자의 수령지주소까지 해외현지 배송이 이루어집니다.
07	배송완료	상품 배송이 완료됩니다.(상품주문 후 영업일 기준 평균 9~20일 소요)

해외 배송비는 할인을 해 주나요?

 나날이 늘어가는 아웃바운드(해외주문건)의 해외 배송비 부담을 덜어드리기 위해 아웃바운드 배송비할인 이벤트를 준비했습니다.

아직 전세계 배송 서비스를 이용해보지 못한 해외 거주 회원님들께서는 이번 기회에 타 마켓의 EMS 요금보다 더 저렴한 가격의 배송비로 도매꾹 상품을 구매해보세요. 우체국 EMS 배송비 기준으로 약 15%정도 더 할인된 금액입니다.

▲ 내부사정으로 조기마감 가능

대상은 해외에서 도매꾹 상품을 구매하여 도매꾹 물류센터를 통한 전세계 배송(해외) 상품의 EMS 출고건(아웃바운드 주문)에 한합니다.

도매꾹 사이트에서 예상 배송요금 확인이 가능합니다.

Q 배송상태는 어떻게 확인할 수 있나요?

해외현지배송상태를 확인하는 방법입니다.

❶ 구매관리에서 '국제배송중' 단계의 주문서를 확인합니다.

❷ 배송상태 확인이 필요한 상품제목을 클릭합니다.

❸ 주문서 내 송장번호를 클릭하여 해외배송정보를 확인합니다.

국제배송 유의사항은 뭔가요?

 배송안내

• 국제배송유의사항

❶ 도매꾹 집하지에서 실측한 결과 상품무게가 30kg을 초과되는 경우 전세계배송이 불가합니다 .(EMS상품무게제한규정)1개의 상품무게가 30kg을 초과하는 경우 상품이 반품될 수 있으며, 여러 상품을 합한 총 무게가 30kg을 초과하는 경우에는 구매자의 사전 동의 없이 포장을 나누어 여러 박스로 발송할 수 있습니다.(30kg을 초과하는 물품주문시, EMS가 아닌 EMS프리미엄을 선택해주세요)

❷ 20kg 초과시 배송이 불가능한 국가도 있으니, 도매꾹 전세계배송 페이지에서 확인 후 주문/결제해주세요.

    EMS 접수 최고중량이 20kg 인 국가보기

❸ 국가별 부피제한도 있으니, 주문/결제시 유의해주세요.

    국가별 최대규격/제한중량 보기

※ 국제배송조건에 부합하지 않는 상품을 주문하여 상품배송 불가시, 반송비용 및 모든 제반비용은 구매자 부담이니 구매 전 반드시 확인해주세요.
※ 도매꾹은 상품공급사와 해외구매자 사이의 거래편의성을 지원하기 위해 배송사를 소개하는 역할만 하므로 배송서비스 품질을 보장하지는 않습니다.

• 배송비 결제 안내

주문한 상품이 집하지에 도착하면 (보통 상품공급사가 발송한 후 2~3영업일 소요) 1~2영업일 이내 배송비를 측정합니다. 단, 장바구니에 여러 상품이 담겨있을 경우 마지막 상품이 도착되어야 배송비를 측정할 수 있으므로 상품입고가 지연되는 기간만큼 배송비 측정도 지연됩니다. 배송비 측정이 완료되면 구매자에게 SMS 로 안내되며 도매꾹에 로그인하여 배송비를 결제할 수 있습니다.만약 주문시, 충전된 e-money에서 해외배송비가 자동으로 결제되는 것에 동의하였다면 별도로 결제할 필요가 없습니다.

※ 단, 배송비 측정이 완료된 날로부터 7일 이내 결제하지 않을 경우, 자동 폐기처분 신청되어 상품환불이 불가합니다.
※ 배송비결제 후 국제배송출고까지 최대1~2영업일이 소요됩니다.

Q 전세계배송 관련 기타 유의사항은 뭔가요?

 A 유의사항

❶ 전자제품 구매 안내

자제품의 경우 상품별로 반드시 상품공급사에게 해당 상품의 전압전류 등 해당 국가의 사용환경을 고려하여 충분히 문의한 후에 구매해야 합니다.(구매자가 이를 확인하지 않고 상품을 주문하여 사용불가하게 된 경우, 이에 대한 모든 책임은 구매자에게 있습니다)

❷ 취소/반품/교환 안내

취소/반품/교환: 주문상태가 [발송예정] 단계까지만 가능하며 상품공급사가 상품을 발송한 후에는 취소,반품,교환이 불가합니다.주문상태가 [배송중] 단계인 경우에는 상품공급사와 직접 협의해주세요.

❸ 상품의 하자/오배송/분실/파손 안내

수령한 상품이 완전파손 또는 부분파손되었거나 상품의 가치가 상실된 경우 수령완료일 기준 2일 이내(공휴일 제외) 상품의 사진을 첨부하고 최초수령 당시의 포장상태를 보전하여 도매꾹에 통보해야 합니다.통보기일 초과로 인해 발생된 문제에 대해 도매꾹에서는 어떠한 보상도 해드리지 못하는 점 양해바랍니다.상품의 하자나 오배송 또는 분실의 경우, 상품공급사와 직접 협의해주세요.

❹ 일시품절 안내

도매꾹에 등록된 상품은 도매꾹 개별 상품공급사에 의해 판매되고 있는 상품으로, 상품공급사의 재고상태에 따라 사전예고 없이 수시로 품절될 수 있습니다. 이 경우 상품공급사 요청에 의해 주문이 취소됩니다.

❺ 해외배송불가상품 안내

• 부피나 무게가 지나치게 큰 제품
• 부패할 수 있는 제품
• 수입이 부적절한 제품 (모조품, 반입금지물품, 위험물, 귀금속 등. 도착지 국가별 기준이 서로 다름)

- 가연성 제품 (스프레이로 된 제품이나 버너 등)해외배송 불가 상품이 주문된 경우, 국내 집하지에서 발송 불가 상품을 반품 처리할 수 있습니다.이 경우 반품 배송비는 구매자 부담이니 구매 전 신중하게 확인 후 주문바랍니다.

국가별관세/통관

❶ 관세 안내 : 관세 및 세금, 각종 비용은 배송비에 포함되어 있지 않으며 상품 수령시 직접 구매자가 납부해야 합니다.

❷ 국가별 통관 유의사항 : 상품 주문시 통관이 불가한 상품정보나 배송에 있어 주의해야 할 사항은 구매자가 직접 확인해야만 합니다.국가마다 차이가 있어 개별적으로 안내해드리는 것이 불가능한 점 양해바랍니다. 도매꾹 전세계배송 페이지에서 아래 버튼을 클릭하여 국가별 통관 정보를 우선 확인해주세요.

국가별 자세히보기

02

도매꾹 도매매
판매 도움말과 지원책,
누구나 할 수 있다!

도매꾹 공급사 기초 상식

Q 도매꾹 도매매 도움말 검색은 어떻게 하나요?

A

판매관련 도움말은 ❶ '고객센터'를 클릭 후

❷ 단어로 검색을 해도 되고

❸ '판매관련' 탭을 선택 후

❹ 세부분야를 선택하고

❺ 도움말 제목을 클릭하여 확인 가능합니다.

본 서적에 나와있는 거의 모든 도움말을 찾아볼 수 있습니다.

Q 도매꾹에서 판매하기에 좋은 이유가 있나요?

A 상품공급사들이 말하는 '도매꾹에서 판매하기에 좋은 3가지 이유'를 구체적으로 들어보면 그 이유를 대충 알 수 있습니다.

하나. 국내 인터넷 B2B 사이트 중에서 가장 큰 온라인 도매시장이다

장사 경험이 있는 사람에게 장사할 때 가장 중요한 요소를 꼽으라면 아마 '상권'이라고 대답하는 사람이 가장 많을 것입니다. 유동인구가 많은 좋은 상권에 1억이라는 권리금을 주고 16.5㎡(약 5평) 크기의 분식점과, 상권은 좋지 않지만 잘 꾸며진 165㎡(약 50평) 크기의 한정식집이 있다고 가정하면 어떤 음식점이 더 장사가 잘될까요? 맛, 서비스 등 기타 조건이 비슷하다면 아마 상권이 좋은 분식점이 더 장사가 잘 될 것입니다.

장사 경험이 없는 사람은 판매 아이템만 좋으면 상권에 관계없이 알아서 팔릴 것이라는 착각을 합니다. 그러나 상권이 좋지 않음에도 불구하고 장사가 잘 되는 상점은 그리 많지 않습니다. 대부분의 상점은 상권이 좋기 때문에 높은 매출을 올릴 수 있는 것입니다. 온라인 사이트도 마찬가지로 좋은 상권이 존재합니다. 인터넷 사이트에서는 회원 수, 일일 방문자 수, 일일 거래량이 많을수록 좋은 상권이라 할 수 있습니다. 오프라인에서는 좋은 상권을 얻기 위해 많은 돈을 들여야 하지만 인터넷은 그렇지 않습니다. 다만 인터넷은 공간 제약이 없는 만큼 무한대로 상점을 입점 시킬 수 있기 때문에 좋은 위치를 차지하기 위해서 상권 내에서 경쟁이 치열한 것은 피할 수 없습니다.

도매꾹은 국내 온라인 B2B 사이트 중에서 가장 큰 도매사이트로 알려져 있습니다. 거래 규모, 회원 수, 일일 방문자 수, 일일 거래량 등 온라인 상권의 좋은 상권을 판단하는 모든 요소에서 있어서 다른 도매사이트들과는 비교가 안 될 정도로 규모가 큰 것이 사실입니다.

도매꾹에서는 우리가 짐작하기 어려울 정도로 다양한 아이템들이 도매로 거래되고 있습니다. 화곡동 도매시장, 동대문 도매시장, 남대문 도매시장, 동대문 문구 도매단지 등 품목별로 세분화된 국내 오프라인 도매시장들이 사이트 속에 모두 입점 되어 있다고 할 만큼 다양하고, 전문적이고, 저렴한 상품들이 도매로 거래되고 있는 것입니다. 그래서 온오프라인 창업자는 물론 제조업체, 수입업체 등 다양한 사업자 회원들이 꾸준히 늘고 있습니다.

둘. 진입 장벽이 낮고 모두에게 평등한 공간이다

인터넷 도매사이트를 운영하거나 오프라인 도매매장을 운영하려면 막대한 자본금 확보, 마케팅 비용, 인력 등이 요구됩니다. 하지만 도매꾹은 혼자서도 충분하고 그리 어렵지 않게 진입할 수 있습니다. 간단하게 이메일을 주고받을 수 있을 정도의 컴퓨터 실력 정도면 가능합니다. 무료회원 가입만으로도 상품을 판매할 수 있으며 별도의 입점비용이나 관리비용 등 추가 비용이 발생하지 않기 때문에 오프라인 도매 진출이나 직접 도매사이트를 운영하는 것보다 진입 장벽이 아주 낮습니다. 또한 누구에게나 평등한 도매 마켓플레이스 입니다. 동대문 도매시장의 도매상가에 입점하기 위해서는 기존 상인들의 엄청난 기득권으로 인해 사업을 안정화시키기 까지는 상당한 시간적 물리적 투자가 필요합니다. 하지만 도매꾹은 기존 상품공급사들의 기득권에 대한 영향력이 적은 편입니다. 물론 이제 막 시작한 회원등급 6등급 이하의 상품공급사와 판매 경험이 풍부한 1등급 상품공급사 사이에는 어느 정도의 기득권은 존재하지만, 충분히 극복 가능한 수준입니다. 이런 면에서 도매꾹은 상품소싱에서 경쟁력만 갖추고 있다면 인터넷 전자상거래 경험이 없는 초보자에게도 좋은 도매 마켓플레이스라 할 수 있습니다. 도매꾹은 판매 기회가 공평하게 주어져 있으므로 가격 경쟁력, 판매 아이템의 품질, 상품공급사의 노력 등에 따라 판매 우열이 판가름 난다고 볼 수 있습니다. 도매꾹에서 직접 홍보대행을 해주거나 판매대행을 해주는 위탁판매 서비스를 하고 있으므로 이를 잘 활용하면 초기에 쉽게 도매꾹에 잘 정착할 수 있습니다.

셋. 거래 대금의 빠르고 안전한 회수가 가능하다

도매꾹은 일반 개인 쇼핑몰과 달리 구매자의 결제 대금이 도매꾹을 거쳐 입출금되는 에스크로 서비스를 제공하고 있습니다. 도매 유통은 개인간 거래 많지만 그 만큼 사기사건도 많기 때문에 가장 큰 장애물이 구매자와 상품공급사간의 신뢰도입니다. 개인간 거래에 있어서는 상품공급사와 구매자간 유대관계가 형성되어 있다하더라도 매 거래 시 마다 위험요소가 있기 마련입니다. 도매꾹의 거래시스템을 이용하면 상품공급사와 구매자간의 신뢰도에 대한 문제를 완벽하게 해결해 주기 때문에 규모가 큰 거래여도 모두가 만족할 만하게 운영되는 도매 마켓플레이스입니다. 또한 경쟁력 있게 상품 소싱을 할 수 있는 채널만 확보된다면 창업비용이 거의 발생하지 않기 때문에 설사 매출이 발생하지 않더라도 큰 손해를 보지 않습니다. 단지 상품촬영과 상품 등록에 드는 노력만 필요한 정도입니다.

도매꾹은 에스크로 서비스뿐만 아니라 도매 유통업자들의 고통을 잘 이해하고 시스템에 반영하는 것 같습니다. 도매꾹의 에스크로 서비스, 판매 대금의 빠른 정산 등은 R샵이 온라인 도매 유통시장의 기틀을 마련할 수 있는 발판이 되고 있습니다. 특히 상품관리, 고객관리, 회계관리 등이 수월하고 시장 진입이 어렵지 않기 때문에 위험 부담을 최소화할 수 있었습니다. 저희는 의류를 판매하지만 별도로 사이트를 운영할 필요 없고, 사업자들을 대상으로 판매하기 때문에 굳이 야외 피팅 촬영 등을 하지 않고 마네킹을 이용한 피팅 사진만으로도 원활하게 판매가 진행되고 있습니다. 도매꾹 활용 이후에 매출이 꾸준히 증가하여 조그마한 창고에서 시작하여 지금은 물류센터를 운영하고 있습니다. 많은 온오프라인 도매업자들이 왜 도매꾹을 선호하는지 그 이유를 이제는 알고 있습니다.

_R샵 A사장

Q 어떻게 하면 도매꾹에서 상품을 잘 판매할 수 있나요?

A 상품공급사들의 말에 의하면 자신이 구매자가 되어 도매꾹에서 상품을 직접 구입해 보는 것이 가장 효과적으로 구매자의 마음을 알고 이해하는 방법이라고 합니다. 물 건을 구입해보면 구매자들이 어떤 것들을 원하는지 어떤 점을 중요하게 생각하는지 감을 잡을 수 있기 때문입니다. 도매꾹의 상품공급사 중 소위 잘 파는 상품공급사들의 특징 중 한 가지가 '나는 도매꾹에서 상품공급사이자 구매자이다'입니다. 이런 구매자의 마음을 이해하 는 상품공급사로부터 상품을 구입하는 구매자는 분명 만족스러움을 느끼게 될것입니다.

또한 도매꾹에서 상품을 잘 판매하려면 도매꾹의 다른 우수 상품공급사들을 유심히 파악하는 것이 중요합니다. 상품 리스트에서 우수 상품공급사 마크를 확인하고 판매 방법을 습득하는 요 령도 필요합니다.

도매꾹에서 상품을 판매하는 다른 상품공급사의 사연을 참고하는 것도 도움이 됩니다. 앤틱소 품의 김정호 대표는 G마켓, 옥션 등 오픈마켓에서 박리다매 소매 전략으로 사업을 시작했지만 현재는 도매 오픈마켓인 도매꾹으로 전환한 상태입니다. 김정호 사장의 사업전환 이유를 들어 보면 도매꾹에서 왜 상품을 판매하게 되었는지 일부라도 파악을 할 수 있습니다.

사업 기반은 G마켓, 옥션을 이용하였지만 현재는 도매꾹으로 판매 채널을 전환한 상태입니다. G마켓, 옥션 판매를 중단한 이유는 여러 가지가 있지만 그 중 고객 상담에 따른 리스크가 너무 크다는 점 때문이었습니 다. 마진이 적더라도 많이 판매하는 방식으로 판매했기 때문에 꾸준히 매출은 증가했습니다. 하지만 판매 증 가에 따른 고객 상담도 늘어났고, 직원 한두 명은 업무시간 내내 전화 상담에만 매달려야 했습니다.

하지만 도매꾹으로 전환하면서부터는 개당 판매마진이 적었지만 대량 판매가 가능하기 때문에 전체적인 수 익률도 높아졌습니다. 또한 G마켓, 옥션과 같이 일반인을 상대하는 것이 아니었기 때문에 고객 상담 시간에 따른 리스크도 크게 줄어들었습니다. 도매꾹 구매 회원들은 쇼핑몰 운영자, 매장 운영자 등 사업하시는 분들 이 많기 때문에 같은 사업자의 입장을 많이 이해해주시는 것 같습니다.

_앤틱소품 김정호 사장

도매꾹 CEO가 전하는 판매 요령 팁은 뭔가요?

 회원님들의 성공이 곧 도매꾹의 목표이고 기쁨입니다. 아래 공개한 팁을 그대로 적용하면 트랜드, 품질, 가격문제가 없는 한 당연히 많은 판매가 이루어지겠지요.

❶ 가격 정책

유통라인별로 제품을 틀리게 출시하세요.

오프라인용, 홈쇼핑용, 온라인 판매용은 각각 포장과 가격을 틀리게 준비하세요.

오프라인에서는 고가로, 홈쇼핑은 중가로, 온라인은 저가로 공략 하는 것이 좋습니다.

즉, 라인별로 마진율을 조절하고, 낮은 마진율은 수량을 많이 판매하는 것으로 만회하는 전략을 채택하세요.

오프라인과 온라인에서 가격과 상품을 동일하게 책정하면, 고가일 경우 온라인에서는 고가라서 안팔리고, 온라인에서 저가로 팔 경우는 오프라인 가격이 무너집니다.

❷ 도매 가격

도매꾹에서는 도매가격으로 판매해 주세요.

구매자들이 최소 30%이상~100%의 마진을 확보하고 팔 수 있는 가격으로 등록해 주세요. 가격 노출이 염려된다면 도매꾹에 상품등록 할때 사업자에게만 가격을 공개하는 옵션을 활용하세요.

❸ 고가 상품

타사의 유사 저가 상품들 때문에 포기하지 마세요.

저가 상품이 잘팔리는건 맞지만 가격불문하고 고품질의 상품을 찾는 구매자 회원도 많습니다.

❹ 그물 작업

다양한 상품군을 등록해서 진열하세요.

그물 치듯이 여러 가지 상이한 상품들을 등록해서 노출에 대한 노력을 해주세요.

마치 고기를 잡기 위해 그물을 치듯 구매자의 눈에 상품이 뜨일 수 있도록 해야겠죠.

❺ 단골 판매

단골 구매자가 만들어져야 합니다.

잘 팔려면 약간의 세월이 필요합니다. 도매꾹의 구매자 회원들은 장사를 하는 사업자들이 많습니다. 소매로 잘 팔리는 상품은 계속 구매하기 마련입니다. 친절하고 품질좋은 상품을 판매하면 고정 단골 구매자를 만들 수 있습니다.

❻ MD홍보대행

처음에 판매 능력이 부족할 때는 도매꾹의 MD에게 상품 판매를 의뢰하는 MD홍보대행 방식을 활용하세요. 도매꾹의 전문 MD의 판매 전략을 6개월 정도 유심히 지켜본 후 직접 판매를 시작하면 됩니다.

MD홍보대행 문의 연락처입니다. 02-2071-0717

❼ 상세 이미지

상세하고 훌륭한 상품 상세페이지가 판매 성패를 좌우 합니다.

돈이 좀 들더라도 실력있는 디자인 회사를 통해 상품 상세 페이지용 이미지를 만들어 주세요.

❽ 해외 판매

해외로 배송되는 상품은 다시 한번 주문내역과 불량여부를 확인해 주세요. 불량 발생 시 왕복배송비를 부담하거나 상품을 포기해야 할 수 도 있습니다. 도매꾹에 등록된 많은 상품들이 일본, 미국, 호주 등 해외로 판매가 되고 있습니다. 배송지 주소 말미에 GG숫자 형식의 도매꾹 집하지로 보내지는 상품은 모두 해외로 배송되는 상품들입니다.

최근 1년 동안 1,300만 상품이 도매꾹을 통해 해외로 배송이 되었고 점점 늘고 있는 상황이라 이제 글로벌 판매에 적응해야 합니다.

❾ 중국 판매

중국에 상품을 판매하기 위해서는 중국의 보세창고 등 몇곳에 상품을 입고시켜 두어야 합니다. 오프라인 전시장에 상품도 진열해야 합니다. 그래야 전시장 운영자나 온라인 소매판매자들이 상품을 팔아줍니다.

모델별로 몇박스씩 도매꾹에 위탁을 신청해 주세요.

❿ 포장과 가격

포장에 대한 부담을 줄이려면 박스 단위로 판매하는 것이 바람직합니다. 그러나 최소주문 가능수량의 합계금액이 되도록 10만원을 넘지 않아야 장사하는 분들이 부담 없이 구매가 가능합니다.

⓫ '묶음배송' 상품전에 등록

오프라인에서 점포를 운영하거나 온라인 쇼핑몰을 운영하는 상품공급사들은 많은 양의 상품을 구입하기 이전에 여러 종류의 다양한 상품을 구매하고 싶어하고 택배비를 절약하고 싶어 합니다.

이런 '맛보기 구매'에 있어 '묶음배송' 상품전은 매우 유용한 구매자 대상 서비스입니다. 도매매에서 활동하는 전문셀러들 중 일부는 '묶음배송' 상품전에 등록되어 있는 것들만 취급하는 사람들도 있을 만큼 묶음배송 상품은 품절관리도 잘된다고 믿는 경향이 있습니다.

도매꾹 초보 상품공급사 위한 지원 사항은 있나요?

 특히 초보 상품공급사에게는 도매꾹에서 MD가 상품 맞춤형 홍보를 진행해서, 상품 판매를 활성화해주는 MD홍보대행 서비스를 하고 있으므로 이를 잘 활용하면 초기에 쉽게 도매꾹에 잘 정착할 수 있습니다.

도매꾹에서는 그 외 초보(신규) 상품공급사를 위해서 아래와 같은 다양한 혜택을 제공하고 있습니다.

• 도매꾹 상품목록 페이지 최상단에 '신규상품공급사순'을 진열할 수 있는 옵션을 제공하고 있습니다.

• 도매꾹 서적 구매 등 다양한 이벤트를 통해 신규 상품공급사를 위한 쿠폰을 제공하고 있으며 해당 쿠폰은 상품 등록 시 유료옵션사용 등 상품 홍보 시 현금처럼 사용이 가능합니다.

• 도매꾹 초보 상품공급사를 위한 세미나를 매월 진행하고 있습니다. 'My페이지 〉 행사참여관리 〉 행사목록'에서 매월 다양한 세미나를 확인하세요.

• MD홍보대행을 의뢰 할 경우 도매꾹 MD홍보대행 전문 MD와 1:1상담(전화 혹은 1:1게시판)을 통해 앞으로의 판매 계획이나 전략을 수립할 수 있도록 도와드립니다.

[관련 세미나] Part 04 11 초보 상품공급사를 위한 도매꾹 지원 사항

Q 도매매를 활용하여 어떤 상품을 판매할 수 있나요?

 A 판매하려는 상품들이 아래와 같은 경우에는 도매매를 활용하여 판매하기에 적절합니다.

❶ 상품이 대리점이나 매장 등 기존 유통망에 공급되고 있어서 공급가격이 공개되면 문제가 된다.

❷ 소비자들에게 유통가격을 노출시키지 않으면서 새로운 유통망 개척이 필요한 상품이다.

❸ 사정에 의하여 대량으로 처분이 필요한 상품, 그러나 덤핑처리는 하고 싶지 않은 상품이다.

도매매에서 판매를 하면 일반인들에게는 노출을 하지 않으면서도 도소매사업자로 볼 수 있는 사업자회원 구매자들만이 가격을 볼 수 있도록 되어 있어서 유통가격이 무너지는 것을 방지할 수 있습니다. 물론 도매꾹에 상품을 등록할 때 '사업자회원만 구매가능'을 선택하면 일반인에게 가격이 노출되지 않게 판매를 할 수 있습니다.

도매매에 상품을 등록하면 도매꾹의 100만 위탁판매자 회원을 활용하여 상품을 홍보하고 판매할 수 있습니다.

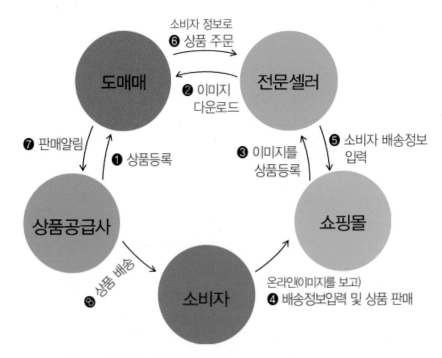

▲ B2B배송대행 서비스 도매매의 판매 흐름(선사입 후 판매)

Q 도매매를 통한 상품 판매 시 유의해야 할 점은 뭔가요?

A 도매매는 상품을 직접 보유하고 있는 제조업체나 수입 및 유통업체들이 쇼핑몰 운영자나 오픈마켓 판매자, 공동구매 진행자 등 전문셀러들에게 상품이미지를 무료로 제공하여 진열할 수 있게 하고, 상품이 판매되었을 경우 소비자에게 직접 배송을 해주도록 판매를 연결해주는 장터입니다.

도매꾹의 구매회원들은 소비자들에게 소매로 상품을 판매하거나 특판 등 납품을 하는 업체가 많습니다. 매일 6만명 이상의 도소매사업자들이 방문하므로 상품공급사 입장에서는 무료로 상품을 홍보 및 판매를 할 수 있는 장점이 있습니다.

도매꾹에서는 보통 배송이 편리한 박스단위 묶음으로 거래가 되고 있고 도매매에서는 낱개단위로 상품이 거래되고 있습니다. 도매꾹에 상품을 등록하면 약 270 만명에 달하는 많은 회원들이 상품을 구매하여 재판매를 합니다. 특히 도매매에 등록된 상품은 전문셀러들이 상품 이미지를 인터넷 구석구석까지 등록하여 판매를 시도하므로 상품이 저절로 홍보되는 마케팅 효과를 누릴 수 있습니다.

도매매에 등록할 상품은 낱개로도 판매가 가능한 상품이어야 하고, 낱개로 판매된 경우 택배 등을 이용하여 낱개배송을 해 줄 수 있어야 합니다.

도매매에 상품을 등록하여 판매할 때는 아래 내용을 지켜 주세요!

- 실제로 보유하고 있는 상품만 등록합니다.
- 재고(품절)관리를 철저히 합니다.
- 등록한 상품의 이미지를 무상으로 제공합니다.
- 낱개판매 및 낱개배송이 가능한 제품만 등록합니다.(저가상품의 경우 묶음단위로도 등록 가능)
- 도매가격으로 가격경쟁력이 있음을 확인합니다.
- 즉시 발송이 가능하도록 관리 합니다.
- 도매매는 유통시장의 가격보호를 위해 사업자회원만 이용이 가능합니다.

Q 파워멤버에 가입하면 어떤 혜택이 있나요?

A 도매꾹 상품공급사로서 파워멤버에 가입하면 아래와 같은 다양한 혜택이 있습니다.

- 1년 인증 시 상품홍보쿠폰 550,000원 무상 지급(사용기한 1년)
- 6개월 인증 시 상품홍보쿠폰 330,000원 무상 지급(사용기한 6개월)
- 나의 상품리스트에 '파워멤버' 인증마크 표시
- 1년 인증 파워멤버 재가입 시 10% 추가 할인 (단, 1년 인증에 한함)
- 효과 : 기업 및 회원 신용도 향상, 상품홍보의 용이 (경제적 지출)

휴대폰, e메일 인증을 받은 후 파워멤버 회비를 납부한 회원은 파워멤버로 인증을 받게 됩니다. 파워멤버는 회원등급 6등급이상으로 담당자의 심사 후 승인이 됩니다. 파워멤버 가입비는 1년에 55만원 이지만 납부한 회비는 전액 쿠폰으로 지급되어 각종 광고등록 및 상품등록 시 사용할 수 있으며, 판매상품 제목에 인증마크 표시, 1년 인증 파워멤버재가입시 10% 추가 할인 등 다양한 혜택이 제공됩니다. 'My 페이지>개인정보>인증관리'에서 파워멤버 아이콘을 클릭하여 인증 신청을 할 수 있습니다.

Q 도매꾹 랭킹순 비밀을 알면 상품을 상위에 노출시킬 수 있나요?

 A 우선, 랭킹지수를 알아봅시다.

1. 랭킹지수

❶ 상품상세페이지 내 오른쪽 상단에 노출되는 랭킹지수

❷ 도매꾹 랭킹지수 산정 방식

❸ 상품기준 노출지수 산정방식

- 판매지수 : 최근 15일간 상품이 판매된 정도를 상대적으로 평가한 지수
- 공헌지수 : 최근 15일간의 광고 또는 부가서비스 이용시 추가되는 지수
- 품질지수 : 상품정보의 도매꾹 가이드 준수 여부에 따른 추가 지수
- 고객만족지수 : 고객만족도를 수치화한 지수
- 무료배송지수 : 무료배송 여부에 따른 가점

❹ 상품기준 노출지수 산정방식

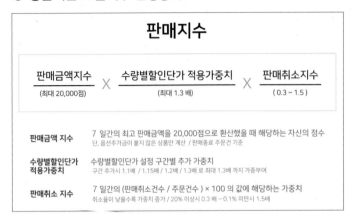

판매지수

판매금액지수	X	수량별할인단가 적용가중치	X	판매취소지수
(최대 20,000점)		(최대 1.3 배)		(0.3 ~ 1.5)

판매금액 지수	7 일간의 최고 판매금액을 20,000점으로 환산했을 때 해당하는 자신의 점수 단, 옵션추가금이 붙지 않은 상품만 계산 / 판매종료 주문건 기준
수량별할인단가 적용가중치	수량별할인단가 설정 구간별 추가 가중치 구간 추가시 1.1배 / 1.15배 / 1.2배 / 1.3배 로 최대 1.3배 까지 가중부여
판매취소 지수	7 일간의 (판매취소건수 / 주문건수) × 100 의 값에 해당하는 가중치 취소율이 낮을수록 가중치 증가 / 20% 이상시 0.3 배 ~ 0.1% 미만시 1.5배

❺ 상품기준 노출지수 산정방식

공헌지수

배너광고비를 포함한 7 일간의 광고 및 부가서비스 구매비용을 근거로 산출한 가중치

최소 1배, 최대 2배 까지 부여

품질지수

등록한 상품정보가 상품등록 가이드를 준수하였는지에 따라서 부여되는 차등 지수

최소 1배, 최대 2배 까지 부여

❻ 상품기준 노출지수 산정방식

고객만족 지수

상품만족지수	+	신속고객응대지수	+	신속발송처리지수
(최대 700점)		(최대 600점)		(최대 700점)

상품만족지수	7 일간의 등록된 구매후기 별점에 따라 점수 부여
신속고객응대지수	7 일간의 등록된 상품문의 처리에 따라 점수 부여
신속발송처리지수	7 일간의 발송처리에 소요된 시일에 따라 점수 부여

무료배송 지수

상품 배송비가 무료배송일 경우 추가 가점 (+20)

수량별 차등 배송비 일 경우 구간중 1개의 구간이라도 무료구간이 있으면 가점

❼ 상품공급사기준 노출지수 산정방식

판매자기준 노출지수 = 판매지수 X 공헌지수 + 고객만족 지수

- 판매지수 : 최근 7일간 상품공급사의 모든 상품이 판매된 정도를 상대적으로 평가한 지수

- 공헌지수 : 최근 7일간의 상품공급사가 광고 또는 부가서비스 이용시 추가되는 지수

- 고객만족지수 : 상품공급사의 모든 상품의 고객만족도를 수치화한 지수

※ 공헌지수와 고객만족지수의 계산공식은 상품기준 노출지수와 동일 (단, 상품공급사의 모든 상품을 대상으로 함)

❽ 상품공급사기준 노출지수 산정방식

❾ 최종, 도매꾹 랭킹지수 산정 공식

❿ 랭킹지수가 적용된 영역은?

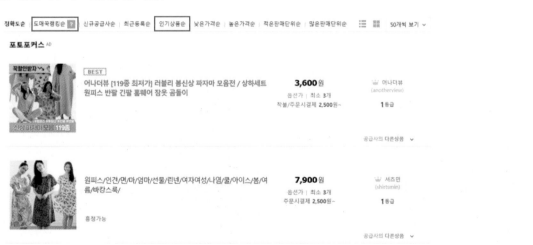

※ 도매꾹 랭킹순 : 유료옵션 사용여부 및 랭킹지수 순 / 인기상품순 : 랭킹지수 중 [상품기준 노출점수] 순

인기상품 100 코너는 인기상품순과 동일하게 [상품기준 노출점수] 순으로 상품을 나열합니다.(24 시간마다 갱신)

2. 공헌지수와 매출상승

❶ 도매꾹 광고배너

가장 많은 상품공급사가 선택한 곳은 어디일까요?

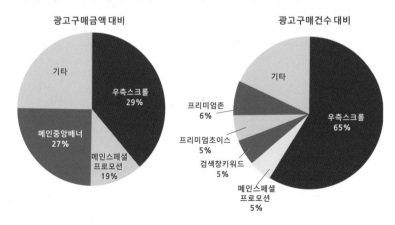

• 가장 많은 선택을 받은 [우측 스크롤] 배너

페이지가 변경되어도 오른쪽 위치에 계속 따라다니면서 노출되는 배너입니다. (일부페이지 제외)
광고비도 저렴한 편에 속하여처음 광고를 시작하는 상품공급사나, 지속적으로 상품을 노출하고 싶
은 상품공급사들이 애용합니다.
다른 광고들과 혼합으로 사용하면효과가 더욱 극대화 됩니다.

❷ 도매꾹 부가서비스

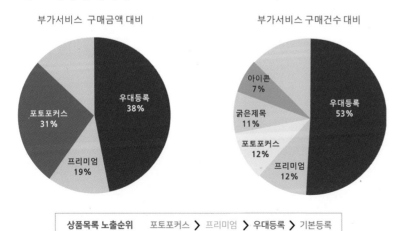

❸ 왜 우대등록의 이용률이 가장 높을까요?

• 부담이 없는 적은 가격으로, 상위노출을 노려볼 수 있고상품이 적은 카테고리에서는 우대등
  록으로도 충분한 효과를 누릴 수 있기 때문입니다.

• 비인기 키워드 or 카테고리에서는 우대등록!

• 인기 키워드 or 카테고리에서는 포토포커스 or 프리미엄!

• 유연한 부가서비스 광고노출은 내 상품을 더 잘 보일 수 있도록 도와줍니다.

❹ 도매꾹 랭킹지수 가이드 공식 페이지

도매꾹 노출지수와 관련된 내용은 랭킹지수 가이드 공식 페이지를 참조합니다. 단, 도매꾹 랭킹
지수와 관련된 내용이나 공식식은 사선 안내없이 변경될 수 있습니다.

• http://domeggook.com/main/item/domeRankInfo.php

Q 인기상품 100 코너에 상품이 진열되게 하려면 어떻게 하나요?

A 누구나 노력여하에 따라 인기상품 100 코너에 상품이 진열되게 할 수 있습니다. 인기상품 100 코너에는 도매꾹에서 가장 인기가 많은 상품 100종류가 진열됩니다. 전체, 국산, 국외산, 그룹별(카테고리별)(❶)로 확인이 가능합니다.

인기상품 100 코너는 신청으로 참여되는 곳이 아니며, 랭킹지수중 상품기준 노출지수(전 페이지의 '상품기준 노출지수 산출표' 참고)를 기준으로 매일 자동 업데이트 되어 진열이 되는 영역입니다. 메인화면 중앙에 인기상품을 랜덤으로 노출하기 때문에 노출 효과가 매우 높을 뿐만 아니라 구매자들이 코너를 방문하여 클릭하는 비율도 높습니다. 판매횟수(금액), 구매만족지수, 판매취소 관리만 잘 한다면 인기상품 100 코너에 노출되는 것은 어렵지 않습니다.

- 인기상품 순위는 랭킹지수 중 상품기준 노출지수를 기준으로 매일 자정 업데이트 됩니다.(등락폭은 전일 자정기준)
- 공급사가 상품 등록시 지정한 원산지에 따라 '국산'인 상품은 국내산/국산 상품으로 '수입산'인 상품은 국외산 상품으로 노출됩니다.

도매꾹에 상품 판매를 홍보대행할 수 있나요?

예, 도매꾹에는 상당히 높은 수준의 MD홍보대행 서비스를 제공하고 있습니다.

도매꾹 사이트내에서 "일반판매" 방식과 다르게 초보 상품공급사의 의뢰를 받은 도매꾹 MD가 상품의 홍보와 판매 등을 진행하는 상품판매 지원 서비스를 하고 있습니다. MD홍보대행과 관련된 자세한 내용은 'Part 04 07의 도매꾹 MD홍보대행 서비스' 세미나를 통해서 자세히 알 수 있습니다.

 면세상품의 범위는 어떻게 되나요?

면세상품의 범위는 부가가치세법 제2절 제26조, 조세특례제한법의 제106조를 참고하여 확인할 수 있습니다.

도매꾹에도 상품을 등록할 때 부가가치세 과세/면세 여부를 선택하도록 되어 있습니다. 면세상품의 범위는 부가가치세법에서 정하고 있습니다.

- 기저귀와 분유 : 조세특례제한법에 따라 2017년까지 면세 대상입니다.
- 반찬류 일부 : 기획재정부령으로 미가공식료품에 예외적으로 포함시킵니다. 데친 채소류, 김치, 단무지, 장아찌, 젓갈, 게장, 두부, 간장, 된장, 고추장 등

> **TIP**
>
> 도매꾹에서는 3가지만 알아두면 됩니다.
> 농축림수산물 + 생리용품 + 책

부가가치세법

제26조(재화 또는 용역의 공급에 대한 면세)

❶ 다음 각 호의 재화 또는 용역의 공급에 대하여는 부가가치세를 면제한다.

1. 가공되지 아니한 식료품[식용(食用)으로 제공되는 농산물, 축산물, 수산물과 임산물을 포함한다] 및 우리나라에서 생산되어 식용으로 제공되지 아니하는 농산물, 축산물, 수산물과 임산물로서 대통령령으로 정하는 것
2. 수돗물
3. 연탄과 무연탄
4. 여성용 생리 처리 위생용품
5. 의료보건 용역(수의사의 용역을 포함한다)으로서 대통령령으로 정하는 것과 혈액

6. 교육 용역으로서 대통령령으로 정하는 것

7. 여객운송 용역. 다만, 항공기, 고속버스, 전세버스, 택시, 특수자동차, 특종선박(特種船舶) 또는 고속철도에 의한 여객운송 용역으로서 대통령령으로 정하는 것은 제외한다.

8. 도서(도서대여 용역을 포함한다), 신문, 잡지, 관보(官報), 「뉴스통신 진흥에 관한 법률」에 따른 뉴스통신 및 방송으로서 대통령령으로 정하는 것. 다만, 광고는 제외한다.

9. 우표(수집용 우표는 제외한다), 인지(印紙), 증지(證紙), 복권 및 공중전화

10. 「담배사업법」 제2조에 따른 담배로서 다음 각 목의 어느 하나에 해당하는 것

　가. 「담배사업법」 제18조제1항에 따른 판매가격이 대통령령으로 정하는 금액 이하인 것

　나. 「담배사업법」 제19조에 따른 특수용담배로서 대통령령으로 정하는 것

11. 금융 · 보험 용역으로서 대통령령으로 정하는 것

12. 주택과 이에 부수되는 토지의 임대 용역으로서 대통령령으로 정하는 것

13. 「주택법」 제44조제2항에 따른 관리규약에 따라 같은 법 제2조제14호에 따른 관리주체 또는 같은 법 제43조 제3항에 따른 입주자대표회의가 제공하는 같은 법 제2조제9호에 따른 복리시설인 공동주택 어린이집의 임대 용역

14. 토지

15. 저술가 · 작곡가나 그 밖의 자가 직업상 제공하는 인적(人的) 용역으로서 대통령령으로 정하는 것

16. 예술창작품, 예술행사, 문화행사 또는 아마추어 운동경기로서 대통령령으로 정하는 것

17. 도서관, 과학관, 박물관, 미술관, 동물원, 식물원, 그 밖에 대통령령으로 정하는 곳에 입장하게 하는 것

18. 종교, 자선, 학술, 구호(救護), 그 밖의 공익을 목적으로 하는 단체가 공급하는 재화 또는 용역으로서 대통령령으로 정하는 것

19. 국가, 지방자치단체 또는 지방자치단체조합이 공급하는 재화 또는 용역으로서 대통령령으로 정하는 것

20. 국가, 지방자치단체, 지방자치단체조합 또는 대통령령으로 정하는 공익단체에 무상(無償)으로 공급하는 재화 또는 용역

❷ 제1항에 따라 면세되는 재화 또는 용역의 공급에 통상적으로 부수되는 재화 또는 용역의 공급은 그 면세되는 재화 또는 용역의 공급에 포함되는 것으로 본다.

조세특례제한법

제106조(부가가치세의 면제 등)

❶ 다음 각 호의 어느 하나에 해당하는 재화 또는 용역의 공급에 대해서는 부가가치세를 면제한다. 이 경우 제1호부터 제3호까지, 제4호의5, 제9호, 제9호의3 및 제12호는 2015년 12월 31일까지 공급한 것에만 적용하고, 제4호의2, 제9호의2 및 제11호는 2017년 12월 31일까지 공급한 것에만 적용하며, 제8호 및 제8호의2는 2014년 12월 31일까지 실시협약이 체결된 것에만 적용한다.

　11. 영유아용 기저귀와 분유(「부가가치세법」 제26조에 따라 부가가치세가 면제되는 것은 제외한다)

Q 상품을 등록할 때 사용한 이미지나 문구 등이 저작권 보호의 대상이 되나요?

A 예, 상품을 등록할 때 사용한 사진이나 이미지 또는 문구 등은 저작권 보호의 대상이 될 수 있습니다.

도매꾹에서 상품 등록 및 이미지 업로드 시 주의사항을 숙지해서 관계기관에 의해 법적 처벌을 받지 않도록 아래와 같은 주의가 필요합니다.

❶ 상품등록 시 타인이 창작/제작한 사진이나 이미지 또는 문구 등을 무단으로 복제하여 게재하거나 허가 없이 링크를 해서는 안 됩니다.(제조사의 카탈로그, 홈페이지 내 이미지 무단 게재 또는 임의수정 등 포함)

❷ 타인이 제작한 이미지 및 문구 등을 이용하고자 할 경우 해당 소유자 또는 상품공급사로부터 허가나 동의를 받은 후 사용해야 합니다.

❸ 신문에 게재된 기사를 게재할 경우 그 출처를 반드시 밝혀야 하고, 허가없이 기사의 일부분을 편집하여 판매상품의 홍보에 사용할 수 없습니다.

❹ 제조사 등과 제품판매 등에 있어 공식대리점 계약을 체결한 상품공급사라 하더라도 이미지 저작권 사용허가는 별개의 계약사항이므로 반드시 사용허가를 필하여야 이용이 가능합니다.

만일 이미지 저작권자로부터 침해신고가 접수되었을 경우, 도매꾹 관리자가 확인하여 상품승인이 거부되며 아웃벌점이 부과됩니다. 해당 상품공급사가 관련 사항을 자진 수정 또는 판매중지 조치하더라도 벌점은 누적되어 상품공급사 이용이 제한 될 수 있습니다.

해당 상품공급사는 판매법령 위반에 대한 면책을 주장할 수 없으며, 이와 관련한 일체의 위험과 책임은 해당 이용자가 전적으로 부담하게 되는 만큼 많은 주의가 필요합니다.

LESSON

02

알아두어야 할 도매꾹 활용 방법과 제도

Q 알아두면 좋은 도매꾹 활용 방법은 무엇인가요?

A 1. 구매자/상품공급사 매뉴얼을 이용하라

도매꾹의 기본적인 이용 가이드북을 제공합니다. 도매꾹 고객센터에서 '매뉴얼'을 검색하면 구매자 매뉴얼 혹은 상품공급사 매뉴얼 다운로드 경로를 통해 다운로드 받을 수 있습니다. 가이드북을 살펴보면 판매 또는 구매 절차에 관한 기본적인 내용을 확인할 수 있습니다.

2. 나의 벌점을 확인하자

도매꾹 아웃벌점 제도는 건전한 거래 문화 정착과 사고 방지를 위하여 만들어진 제도입니다. 구매자가 아웃벌점을 받는 이유는 상품 주문 후에 결제를 하지 않는 경우가 거의 대부분입니다. 예로, 한 상품공급사의 상품에 대해 전체수량을 주문하게 되면 상품공급사가 다른 구매자들에게 상품을 더 이상 판매할 수 가 없습니다. 그런 후에 결제를 하지 않고 구매취소를 하면 상품공급사가 판매기회를 놓치는 결과를 초래할 수 있습니다. 이러한 이유로 구매자가 구매취소를 할 경우에 벌점이 부과되고 있습니다.

상품공급사가 아웃벌점을 받는 경우는 판매취소, 직거래, 상품중복등록 등 여러 가지 사유에 의하여 발생합니다. 21회 이상 누적 되면 회원 자격을 상실하기 때문에 아웃벌점관리에도 신경을 써야 합니다. 'My페이지 〉 개인정보관리 〉 나의아웃벌점현황' 메뉴를 선택하면 사신의 현재 벌점 현황을 확인할 수 있습니다.

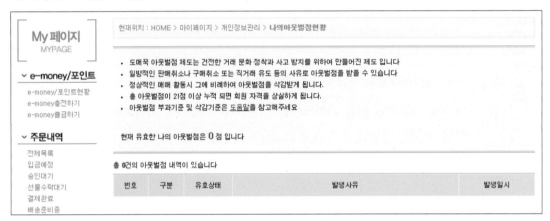

3. 나의 인증 내역을 확인하자

정회원 가입 시 실명확인과 휴대폰 인증이 있으며, 그 외 추가적으로 이메일, 파워멤버, 사업자 인증, 휴대폰 인증이 있으니 인증을 통해 보다 신뢰받는 회원으로 업그레이드 할 수 있습니다. 인증 신청 및 확인은 '도매꾹홈 〉 My페이지 〉 개인정보관리 〉 나의인증관리'에서 할 수 있습니다.

4. 1:1 상담 게시판을 적극 활용하자

전화통화로 설명이 어려울 경우 도매꾹 메인 페
이지 우측날개배너에 있는 1:1상담을 통해 필요한
내용을 등록하면 도매꾹 직원들로부터 친절하게
답변을 받을 수 있습니다. 파일첨부 기능을 통해
이미지 등의 첨부도 가능합니다. 업무시간에는
15분 이내에 거의 답변을 받을 수 있습니다. 친절
한 상담원에게는 1:1문의 게시판을 통해 칭찬을
해주면 다음에 도움을 받을 수 도 있을 겁니다.

5. 회원지원센터

회원지원센터(❶)를 통해 도매꾹에서의 구매나 판매에 필요한 도움을 지원받을 수 있을 뿐만 아니
라 세무회계, 법률자문, 중국진출자문 등의 서비스까지도 저렴한 비용으로 지원 받을 수 있습니다.

6. 한눈에 살펴보는 My페이지

'My페이지'는 회원등급, 인증내역, e-money 관리, 정보수정 등 회원 개인의 현황과 환경을 관리할 수 있습니다.

Q 알아두면 도움 되는 도매꾹 제도는 무엇인가요?

A

1. 포인트 제도란?

도매꾹 활동 여부에 따라 일정률로 적립되는 점수입니다. 포인트를 모아서 상품구매 및 배송비에 현금처럼 사용할 수 있으며 판매회원은 상품 판매 시 판촉용으로도 사용 할 수 있습니다. 'My페이지 〉 포인트 〉 포인트 적립/사용내역'에서 포인트를 확인 할 수 있습니다. 회원가입, 상품구매, 행사참가, 운영자지급, 상품권사용, 이벤트 등 포인트를 적립 할 수 있는 방법은 많습니다.

2. e-money란?

도매꾹 내에서 현금처럼 사용되는 사이버 머니로 최소 10,000원 이상 적립이 가능 합니다. 'My페이지 〉 e-money 통장 〉 충전하기'를 통하여 적립 할 수 있으며, 상품을 구매하거나 상품등록, 각종 유료옵션 광고결제 등 사이트 내에서 현금과 동일하게 사용할 수 있습니다.

3. 베로 프로그램이란?

VeRO program(Verified Rights Owner program)은 지적 재산권 소유자의 권리 보호를 위해 도매꾹에서 운영하는 권리 침해 신고 프로그램입니다. 도매꾹에 등록되는 상품에 대하여 상표권, 특허권, 의장권 등 지적 재산권에 대한 권리 보호를 위해 해당 권리소유자가 특정 상품에 대하여 권리침해 여부를 판단 후 직접 도매꾹에 권리침해 상품을 신고함으로써 보다 적극적인 권리 행사 및 권리 보호를 할 수 있도록 하는 프로그램입니다.

4. 회원등급제도

회원 등급은 회원 점수로 순위를 매겨, 비율에 따라 정해집니다. 1등급은 상위 500위까지 이며 그 이하는 상위 몇 프로에 속하는지를 기준으로 구분합니다. 회원 점수의 갱신은 실시간으로 이루어지지만, 회원 등급의 갱신은 매주 일요일 오전 8시에 이루어집니다. 회원 등급이 결정 되는 조건은 아래와 같습니다.

회원등급	비율
1 등급	상위 500위 까지
2 등급	상위 20% 까지
3 등급	상위 30% 까지
4 등급	상위 40% 까지
5 등급	상위 50% 까지
6 등급	상위 60% 까지
7 등급	상위 70% 까지
8 등급	상위 70% 까지
9 등급	가입 후 활동이 없는 회원

회원등급을 결정짓는 회원점수의 부여기준은 아래와 같습니다.

회원등급	사유	+점수	-점수
판매점수	판매완료	1점/10,000원	
	판매취소		-50점/회
구매점수	구매완료	2점/10,000원	
	구매취소		-30점/회
활동점수	상품등록 승인		
	상품등록 대기		
활동점수평가점수	상품등록 거부		-2점/회
	추천인 입력	1점/회	
	추천인 선정	1점/회	
기여점수	유료 옵션 사용	1점/회1점/1,000원	
평가점수	구매평가 만족	1/회	
	구매평가 보통		
	구매평가 불만족		-1/회

유료옵션사용 시 1,000원 당 1점을 부여 하며, 1,000원 미만 시에는 기본적으로 1점이 부여 됩니다. 각 항목별 점수는 좌측 그래프의 비율에 맞게 합산되어 종합 점수를 산출 합니다.

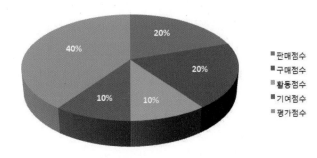

Q 도매꾹에서 너무 많은 문자나 메일이 오는데 막을 수 있나요?

A

'My페이지 〉 환경설정'에서 도매꾹에서 필요한 거의 모든 설정을 할 수 있습니다. '상황별 알림 설정'을 통해서 이메일, 쪽지, 문자메세지 수신여부를 설정할 수 있습니다.

Q 일반회원, 정회원, 사업자회원의 차이는 뭔가요?

 A 도매꾹 회원은 크게 일반회원과 정회원으로 나뉘어지며, 정회원은 다시 개인정회원
과 사업자회원으로 나뉘어집니다.

- 일반회원 : 4가지의 기본정보만 입력하면 가입이 가능하나 사이트 내용만 열람할 수 있고 구매나
  판매는 불가능한 회원
- 정회원 : 구매뿐만 아니라 판매까지 가능한 개인이나 사업자 회원
- 개인정회원 : 사업자등록증 없이 상품을 판매하거나 구매하려는 회원
- 사업자회원 : 사업자등록증을 가지고 상품을 판매하거나 구매하려는 회원

정회원은 일반회원 가입 후에 나타나는 가이드에 따라 가입하면 됩니다.

TIP 사업자회원 되기는 쉬운가요? 무료인가요?
도매꾹에서 개인정회원가입 후 사업자회원으로 가입합니다. 사업자등록증 사본을 첨부하면 영업일 기준 1~2일내로 사업자회원 인증이 완료됩니다.

Q 도매꾹 상품 목록은 어떻게 정렬이 되나요?

A 도매꾹 상품목록은 상단 부의 아래 UI를 통해 정렬방식을 변경할 수 있습니다. 아래 내용을 통해 정렬방식별로 상품을 정렬하는 구체적인 기준이 무엇인지 알 수 있습니다.

• 대원칙(유료옵션)
❶ 무조건 유료옵션(포토포커스, 프리미엄, 우대등록, 기본등록)이 상위로 올라오는 것이 원칙입니다.
❷ 같은 유료옵션 안에서는 포토갤러리를 사용한 상품이 상위로 올라옵니다.

• 정확도순
검색어를 사용한 검색시에만 등장하는 정렬방식입니다.
❶ 검색어 포함여부 : 검색어 포함여부에 따라 아래의 순서대로 정렬순서를 정합니다.
   1. 모든 검색어가 제목에 모두 들어있으며, 서로 인접한 경우
   2. 모든 검색어가 제목에 모두 들어있는 경우
   3. 1개 이상의 검색어가 제목에 들어있고, 나머지는 키워드에 들어있는 경우
   4. 모든 검색어가 키워드에 들어있는 경우
❷ 상품정보 수정일 : ❶을 따라 계산한 결과 같은 순서에 있는 상품끼리는, 상품정보를 마지막으로 수정한 날짜가 최근인 것이 상위로 올라옵니다.

• 도매꾹 랭킹순
❶ 도매꾹 랭킹지수가 높은 상품이 상위로 올라옵니다.
❷ 도매꾹 랭킹지수가 같은 상품끼리는, 상품정보를 마지막으로 수정한 날짜가 최근인 것이 상위로 올라옵니다.

• **인기상품순**

❶ 도매꾹 랭킹지수의 상품기준노출지수가 높은 것이 상위로 올라옵니다.

❷ ❶에서 같은 순서에 있는 상품끼리는, 상품정보를 마지막으로 수정한 날짜가 최근인 것이 상
위로 올라옵니다.

참고로 상품기준노출지수는 상품 상세화면에서 확인할 수 있습니다.

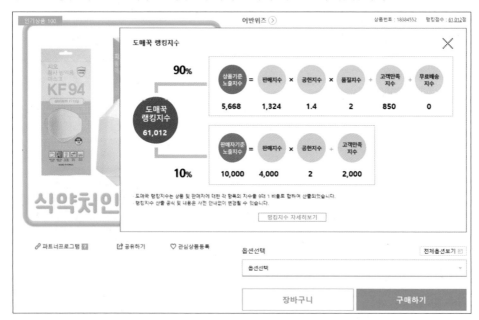

• **최근등록순**

상품정보를 마지막으로 수정한 날짜가 최근인 것이 상위로 올라옵니다.

• **낮은가격순 / 높은가격순**

❶ 가격이 낮거나 높은 가격인 순서로 정렬됩니다. 사업자회원 할인이 적용된 상품의 경우에는,
할인후의 가격이 기준이 됩니다.

❷ 같은 가격의 상품끼리는, 상품정보를 마지막으로 수정한 날짜가 최근인 것이 상위로 올라옵니다.

• **적은판매단위순 / 많은판매단위순**

❶ 판매단위 개수가 적거나 많은 순서로 정렬됩니다. 단, 도매매에서는 묶음개수가 기준이 됩니다.

❷ 판매개수가 같은 순서에 있는 상품끼리는, 상품정보를 마지막으로 수정한 날짜가 최근인 것
이 상위로 올라옵니다.

※ 최초는 도매꾹 랭킹순으로 진열됩니다.

악의적인 로그인 방지를 위한 로그인관리 기능이 있나요?

 네, 있습니다.

로그인관리란?

로그인 기록이나 현황을 파악하여 로그인을 차단 및 허용할 수 있는 맞춤형 서비스입니다.

특정 IP 차단 및 특정 국가에서만 로그인을 할 수 있도록 설정하는 기능을 가지고 있습니다.

01 도매꾹 메인화면 상단의 'My페이지 〉 개인정보 〉 로그인관리' 메뉴를 클릭합니다. (개인정회원 이상만 보여 지며 일반회원에게는 제공되지 않습니다.)

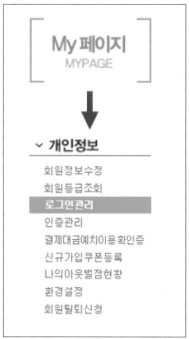

▲ PC 화면   ▲ 모바일 화면

02 로그인 현황보기, 로그인 기록보기, 로그인 차단설정, 국가별 로그인 허용설정 등 크게 4가 지의 기능이 있습니다.

❶ 로그인 현황보기

현재 자신의 아이디로 로그인이 되어 있는 디바이스들 정보입니다. '연결끊기'를 통해 다른 기기 에서 로그인되어 있는 것을 로그아웃 시킬 수 있습니다.

로그인현황보기	로그인기록보기	로그인차단설정	국가별로그인허용설정

- 현재 로그인 중인 기기 또는 PC의 목록을 확인할 수 있으며, [연결끊기]를 클릭하면 로그아웃됩니다
- 활동 및 로그인 일시 정보는 시스템 상황에 따라 일부 오차가 있을 수 있습니다

총 1건의 로그인 현황이 있습니다

운영체제	브러우저/앱	로그인IP	최근 활동일시	최초 로그인일시	관리
PC (Windows NT 10.0)	Chrome 98.0.4758.102	115.93.103.93	22-03-07 15:49	22-03-07 10:04	이용중

로그인 현황 메뉴는 현재 로그인이 되어 있는 디바이스들의 정보를 보여주는 그런 페이지 입니다. 로그인 리뉴얼에 내부적인 개발도 있다고 말씀을 드렸는데, 그중에 가장 대표적인 부분이 바로 다중로그인 입니다. 그래서 로그인 현황에 들어오게 되면 현재 로그인이 되어 있는 디바이스들의 정보를 볼 수 있습니다.

현재 이용 중인 디바이스를 제외한 나머지 디바이스를 강제로 로그아웃 시킬 수도 있습니다. 내가 로그인 한 적이 없는 디바이스에서 로그인이 되어 있을 경우 사용 할 수 있는 기능입니다.

❷ 로그인 기록보기

로그인을 시도했던 기록들을 볼 수 있는 페이지입니다. 통신비밀보호법에 의거해 최대 3개월까지의 로그인 기록을 제공하고 있습니다. 일시, 접속IP, 접속국가 등을 확인 할 수 있으며 의심로그인이 발견될 경우, 'IP차단'버튼을 통해 해당 IP를 차단 할 수 있습니다.

❸ 로그인 차단설정

직접 IP를 입력하여 차단시킬 수 있는 페이지입니다. 차단된 IP 목록을 볼 수 있으며 차단해제 또한 가능합니다.

❹ 국가별 로그인 허용설정

국가별로 로그인을 허용할 수 있도록 설정하는 페이지 입니다. 초기엔 모든 국가가 허용으로 되어 있으며 한곳이라도 허용(체크)을 하면 체크된 국가 외에는 로그인이 차단됩니다.

※ 로그인 차단 시 로그인 화면 : 로그인이 차단되면 로그인할 때마다 아이디, 패스워드 외에 이름과 생년월일을 입력해야 로그인이 가능합니다.

Q 질문이나 상담은 어떻게 하나요?

A

도매꾹 운영진과는 전화, 1:1상담, 이메일, 팩스 등을 통해 가능합니다. 고객센터 안내는 우측 날개의 '고객센터(❶)'을 클릭하면 나타납니다. 상품에 관한 문의는 상품 상세 페이지의 '상품문의게시판'을 활용하여야 상품공급사로부터 빠른 답변을 얻을 수 있습니다.

도매꾹과의 1:1상담은 우측 상단의 '1:1문의하기(❷)'를 클릭한 후 '문의유형(❸)'을 선택하고, 문의내용을 작성한 후 [등록하기(❹)] 버튼을 클릭한다. 평일 업무시간중의 1:1상담에 대한 답변은 5분에서 1시간 이내에 받을 수 있습니다.

Q 도매꾹의 신용제도는 얼마나 신뢰할 수 있나요?

 A 도매꾹의 회원은 판매등급, 구매등급으로 구분하여 1~9등급까지 점수가 매겨지고 2개의 등급을 각 비율로 계산하여 전체등급이 결정됩니다.

판매점수(얼마나 많은 상품을 판매 하였는가를 알 수 있는 점수)

특히 공급사정보의 아이디 아래 공급사의 등급이 표시되고 만족도가 별(★)과 %로 표시됩니다. 구매자는 판매1등급이고 만족도가 높은 공급사의 상품을 선호하는 경향이 많습니다. 특히 도매꾹 구매자 중 상당수는 사업자들이 많기 때문에 공급사정보에 표기된 만족도와 판매등급은 중요한 구매 설성 요인으로 작용됩니다. 도매꾹의 공급사는 개인정회원, 사업자회원으로 구분되며 공급사정보에 표기됩니다. 특히 판매등급 바로 옆에 사업자로 인증을 완료했다는 사업자 인증받은 공급사의 상품을 선호합니다. 이는 여러 이유가 있지만 그중 하나는 사업자회원으로부터 상품을 구입할 경우 부가세를 환급 받을 수 있다는 점도 있습니다.

LESSON

03

자세히 알면 도움되는
도매꾹 운영 정책

  도매꾹 운영 정책의 초점은 어디에 맞춰져 있나요?

  도매꾹의 운영 정책을 보면 공급사에게는 빠른 판매대금 정산처리가 될 수 있도록 하고, 구매회원에게는 공급사의 일방적인 판매취소를 방지하고, 빠르게 배송을 받을 수 있도록 하는데 정책의 초점이 맞춰져 있다고 볼 수 있습니다.

그동안 일부 공급사들이 상품을 보유하고 있지 않으면서도 상품을 등록하여 판매하는 중에 많은 구매회원들이 상품을 배송 받지 못하여 납품이나 재판매에 있어 큰 불이익을 받는 경우도 있었을 것입니다. 도매꾹은 2014년부터 구매회원들의 권리를 보호하고 모두가 신뢰할 수 있는 사이트로 거듭나게 하기 위하여 판매취소 외에도 그 동안 문제점으로 대두되었던 사안들에 대하여 아웃벌점 규정을 강화하였습니다.

또한 이 규정 신설로 인해 공급사는 판매대금 적립기간 단축으로 자금회전에 큰 도움을 받을 수 있게 되었으며, 특히 배송 우수 공급사는 여러 가지 측면에서 더 많은 혜택을 받을 수 있게 되었습니다.

상품 미배송에 대한 판매 아웃벌점이 있나요?

 예, 3업무일 이상 미배송, 가송장 입력 등에 대하여 아래와 같은 아웃벌점이 부과됩니다.

❶ 3업무일 이상 미배송으로 주문서가 자동 판매취소 된 경우
- 판매취소에 대해 구매자가 불만족 신고시, 아웃벌점 1점 부여(신고 없을 경우는 부여 안함)
- 판매취소시 판매점수 −50점 차감 (판매등급에 영향을 미침, 원래 10,000원 판매당 판매점수 1점 증가)

❷ 가송장 입력이 적발된 경우
실제 배송을 하지 않았으면서 임의로 송장번호를 입력했을 경우 관리자 확인 과정을 거쳐 아웃벌점 부여

❸ 필요시 발송기한 연장 가능
아래와 같은 경우 상품공급사는 배송기한을 연장할 수 있으며, 이를 반드시 사전에 구매자에게 안내해야 합니다.
- 주문제작인 경우
- 구매자가 상품에 인쇄 등 추가 작업을 요청한 경우
- 주문 3업무일 이내에 구매자와 협의한 경우

도매꾹 구매회원은 도매꾹에서 상품을 구매하여 다른 오픈마켓이나 쇼핑몰, 오프라인 점포 등을 통해 재판매를 하는 회원이 대다수입니다. 구매한 상품이 제때 도착하지 않을 경우 판매 기회 손실, 신용도 추락, 오픈마켓 퇴출 등 상당한 피해를 하소연 하고 있습니다.

상품 미배송 외 어떤 사유의 아웃벌점이 있나요?

 도매꾹에서는 상품 미배송 외 아래와 같은 다양한 사유의 아웃벌점을 부여하여 건전한 사이트 운영을 꾀하고 있습니다.

다음은 기타 사유에 의한 아웃벌점 부여 항목을 구분한 표입니다.

No	항목	내용	상품공급사	구매자
1	직거래	직거래를 요구하거나 진행한 경우 즉시 탈퇴 처리 가능	○	○
2	가장 거래	본인이 소유한 2개 이상의 아이디로 자신의 상품 구입	○	
3	부당이익	사이트 허점을 이용하여 부당이익을 취득하거나 거래상대자 및 도매꾹 피해를 입힌 경우	○	○
4	연락두절	관리자의 필요에 따라 연락을 취하였으나, 장기간 연락이 두절된 경우	○	○
5	클레임건 통화 불가시	회원 클레임과 관련하여 통화를 시도하였는데 통화가 되지 않을 경우, 일시적으로 아웃벌점 3점을 부과하여 등록상품을 모두 숨김 처리함. 연락이 되면 바로 복구 처리됨	○	○
6	반품환불거부	적법한 이유 없이 반품 또는 환불을 거부한 경우	○	
7	판매가격문제	도매꾹의 상품판매가를 본인이 직접 운영하는 사이트 또는 타 마켓보다 비싸게 등록하거나 가격 경쟁력이 없는 경우(가격수정이 완료될 때까지 즉시 전체 상품 숨김처리)	○	
8	상품중복등록	동일한 상품을 2개 이상 등록한 경우(여러 아이디를 사용한 경우 포함)	○	
9	악성구매자	빈번한 반품, 악의적인 항의로 인해 피해자로부터 피해신고가 접수된 경우		○
10	기타	기타 관리자의 판단에 따라 심각성이 높은 경우	○	○

※ 관리자가 상기 사유 확인 시 아웃벌점 부여, 전체상품 숨김처리 또는 회원 탈퇴 처리 가능합니다.
※ 직거래로 인한 구매자의 피해가 매우 큽니다. 직거래 피해는 절대 도매꾹에서 책임지지 않습니다.

Q 판매 아웃벌점 누적 시 불이익은 뭔가요? 차감 기회는 부여하나요?

A 판매 아웃벌점에 따른 불이익

아래와 같은 사유에 의해 아웃벌점이 부과되어 판매가 금지되는 동안, 상품공급사센터에서 상품관리를 할 수 없고, 상품은 목록에 노출되지 않습니다.

❶ 하루 3점 이상의 아웃벌점을 받은 경우, 익일 하루간 전체 상품 숨김 처리 어떤 상품공급사가 하루 3개 이상의 아웃벌점을 한꺼번에 받은 경우, 익일부터 아웃벌점 3개마다 1일씩 상품공급사의 판매가 금지됩니다.

❷ 총 11점 이상의 아웃벌점을 받은 경우 1점 추가시마다 익일 하루간 전체 상품 숨김 처리
총 아웃벌점이 10개를 넘어선 상품공급사가 추가로 하루 3개 이상의 아웃벌점을 받은 경우, 위 2개 규칙(❶, ❷)을 따로따로 계산해서 합산합니다.

❸ 총 21점 이상은 아이디 탈퇴 처리(해당 아이디 영구 사용불가)

❹ 로그인 불가능 상태로 전환되고, 잔여 e-money나 거래 미완료건 등이 해결된 후 탈퇴 처리

❺ 기타
 • 도매꾹 관리자의 판단에 따라 아웃벌점 21점 이하더라도 회원탈퇴 처리 등이 가능합니다.
 • 아웃벌점으로 상품 진열 및 관리가 금지되어도 유료옵션 환불은 불가합니다.
 • 상품 숨김처리 시 상품정보 변경 등 관리기능이 불가하며, 진열승인 거부로 처리됩니다.
 • 회원정보나 상품 상세 페이지에 평균 배송일과 아웃벌점 횟수가 표시됩니다.

❻ 판매취소 비율이 높은 회원에 대한 제재 신설
 • 주문일 기준 최근 1개월 판매취소 비율이 10% 이상인 경우 우수회원 제외
 • 주문일 기준 최근 1개월 판매취소 비율이 20% 이상인 경우 우수회원 제외 + 모든 상품 도매꾹랭킹지수 0점으로 삭감
 • 주문일 기준 최근 1개월 판매취소 비율이 30% 이상인 경우 7일간 판매중지

❼ 자동판매취소 발생 시 벌점 부여 프로세스 변경
기존에는 구매자 신고 시에만 아웃벌점 1점이 부여되었는데 이제는 무조건 자동으로 아웃벌점 1점이 부여되며 삭감이 되지 않습니다.

판매 아웃벌점 차감(삭제 기회 부여)

❶ 매월 말일 기준으로 해당 월 총 판매종료액 3천만원당 익월 1일 1점씩 차감 : 매월 1일에 이전 월에 적립이 완료된 주문서 기준으로 판매액을 계산하여, 판매액 3천만원마다 1점씩 삭제합니다.

❷ 총 판매액이 3천만원 미만일 경우의 아웃벌점 차감 조건 : 판매액이 3천만원이 넘지 않는 경우에는 아래 2가지 조건에 해당하면 아웃벌점 1점을 차감해줍니다.
 • 이전 월에 아웃벌점을 전혀 받지 않아야 합니다.
 • 이전 월에 판매종료된 주문서가 20건 이상이어야 합니다.

Q 우수 상품공급사 선정기준 및 혜택은 무엇인가요?

A 우수 상품공급사 선정기준

위의 다섯 가지 사항이 모두 충족되어야 하고 운영 정책에 위배되는 사항이 없을 경우에만 우수 상품공급사 대상에 포함됩니다.

❶ 전월 판매 건수 10건 이상이며 거래금액이 100만원 이상인 상품공급사

❷ 전월 1개월간 판매 아웃 벌점이 없는 상품공급사

❸ 전월 1개월 동안 판매 마이너스 점수가 없는 상품공급사

❹ 전월 판매 취소 건수가 판매 건수 대비 10% 미만인 상품공급사

❺ 전월에 미배송 기간초과로 판매취소된 주문서가 없는 상품공급사

우수 상품공급사 제외사항

위 우수 상품공급사 선정기준 항목이 모두 충족되더라도 아래 항목에 해당될 경우 우수 상품공급사에서 제외됩니다.

❶ 가송장 입력: 송장이 전혀 조회되지 않는 임의 송장

❷ 회원주소나 반품주소지가 국내가 아니거나 이상한 곳으로 되어 있는 회원

❸ 개인판매자, 중국판매자 등 회원정보나 신분이 확실하지 않은 업체

❹ 정당한 반품이나 교환을 거부한 적이 있는 회원

❺ 반품이 많이 발생하는 회원

❻ 전월 부분 환불 요청 건수가 판매건수 대비 15% 이상인 회원

❼ 당일내 3회 이상 전화 통화가 되지 않는 회원

❽ 배송지연 회원: 구매자의 동의나 협의 없이 배송을 늦게 보내는 회원

우수 상품공급사 혜택

당월 우수 상품공급사에게는 다음과 같은 혜택이 주어집니다

❶ 유료 옵션 사용 쿠폰 추가 지급 : 매월 1일, 전월에 적립된 주문서 기준으로 거래액 100만원 당 10,000원(최대 30만원)이 지급됩니다. 단, 추가 지급된 쿠폰은 발급일로부터 30일간 유효합니다. 전월에 판매취소가 0건인 경우 유료 옵션 사용 쿠폰 지급 금액을 10% 증액

❷ 상품 상세 페이지에 우수[우수판매] 마크가 노출되어 구매자들에게 상품공급사 및 배송에 대한 신뢰도 기여

❸ 빠른 석립 처리

Q 판매 후 언제쯤 판매대금을 정산 받을 수 있나요?

A 도매꾹은 판매회원들이 최대한 빠른 기간안에 판매대금을 적립 받을 수 있도록 정책을 운영하고 있습니다. 구매자가 상품 구매시 사용한 결제방법, 상품공급사의 배송방법 등에 따라 차이가 있으나 적립기간에 가장 영향을 미치는 것은 구매자의 수령확인 여부입니다.

아래에서 보듯이 구매자가 수령확인을 한 경우 적립 처리 기간과 구매자가 수령확인을 하지 않은 경우의 적립 처리 기간이 각기 상이 합니다. 우수 상품공급사의 경우 아래 표에서 보듯이 적립기간에 있어 상당한 혜택을 받고 있습니다.

결재방법	택배, 우체국 배송 등 배송추적조회가 가능한 경우	직접, 화물, 고속버스, 퀵 배송 등 배송조회가 불가능한 경우
신용카드(수령확인일 기준)	익일(우수판매자) 주문일+7일(일반상품공급사)	주문일+7일(우수상품공급사) 주문일+15일(일반상품공급사) (업체신용도, 금액에 따라 상이)
	선별적으로 배송추적 확인 후 처리 선별적으로 주문자, 수령인 일치 여부 확인 후 처리	개별거래금액이 100만원 이상 건이거나 외국 국적을 둔 상품공급사의 경우, 배송확인서(서명필) 및 상품공급사 신분증 확인 후 처리(구매자 신분증은 필요시에 요청)

▲ 구매자가 수령확인을 한 경우 적립 처리 기간

결재방법	택배, 우체국 배송 등 배송추적조회가 가능한 경우	직접, 화물, 고속버스, 퀵 배송 등 배송조회가 불가능한 경우
무통장(수령확인일 기준)	발송일+10일 자동조회가 안될 때 발송일+12일	주문일+15일(우수상품공급사) 주문일+1개월(일반상품공급사) (업체신용도, 금액에 따라 상이)
	배송추적 확인 후 처리	구매자에게 사전통보 후 관리자 직권 처리
신용카드(수령확인일 기준)	발송일 +10일(우수상품공급사) 자동조회가 안될 때 발송일+12일 발송일 +15일(일반상품공급사) (업체신용도, 금액에 따라 상이)	발송일 +15일(우수상품공급사) 발송일 +1개월(일반상품공급사) (업체신용도, 금액에 따라 상이)
	배송추적 확인 후 처리 주문자, 수령인 일치 여부 확인 후 처리	개별거래금액이 100만원 이상 건이거나 외국 국적을 둔 상품공급사의 경우, 배송확인서(서명필) 및 상품공급사 신분증 확인 후 처리
적립처리 통보	적립처리 2업무일 전	적립처리 5업무일 전
	구매자는 문자와 메일 등을 통해서 자동적립에 대한 통보를 받게 되며, 적립처리 연기 요청을 할 수 있습니다.	

▲ 구매자가 수령확인을 하지 않은 경우 적립 처리 기간

LESSON

04

공급사 지원책,
공급사 회원님을 섬깁니다!

Q 도매꾹 운영자와 어떻게 소통을 할 수 있나요?

A 도매꾹 사이트의 모든 공지사항이나 정보 글 등에는 회원들이 댓글을 달 수 있도록 배려를 하고 있으며 쓴 소리나 불만의 소리 까지도 삭제하지 않고 그대로 유지하면서 전부 공개하고 있습니다. 정책을 결정할 때는 설문 조사 등을 통하여 회원들의 의견을 적극 반영하고 있습니다. 페이스북, 블로그, 유튜브, 인스타그램 등을 운영하며 도매꾹 회원들과의 소통을 위하여 많은 노력을 기울이고 있다는 점을 쉽게 알 수 있습니다.

[관련세미나] Part 02 05 도매꾹의 SNS 소통과 바이럴 마케팅

▲ SNS 링크 확인 : gng.ggook.com

고객센터는 토요일 오전에 근무를 하나요?

도매꾹 회원들중 상당수가 토요일에도 근무를 하고 있습니다. 특히 오프라인 매장을 운영하는 회원들의 전화나 1:1문의에 적극 대처하기 위하여 토요일 09시~12시까지 3시간동안 업무를 하고 상담업무를 진행하고 있습니다.

- 고객센터 전화상담 : 1588-0628
- 평일 : 9~18시(점심시간 12시~13시)
- 토요일 : 9~12시 일요일 휴무
- 서류접수
  FAX : 02-6209-7628
  E-mail : domeggookinfo@ggook.com

 1:1문의를 통해 의견을 말하고 궁금증을 풀 수 있나요?

도매꾹에서는 '1:1문의하기'를 통해 다양한 질문과 의견을 받고 있습니다. 업무 시간 중에는 거의 보통 20분~1시간 이내에 답변을 받을 수 있습니다. 도매꾹 발전에 도움이 되는 좋은 아이디어 제안에 대해서는 상품 구매시 활용할 수 있는 쿠폰을 지급하여 보상을 하고 있습니다.

Q 도매꾹에서 상품 판매를 위한 홍보하는 것이 어려운데 홍보대행도 해주나요?

A 초보 상품공급사의 경우 온라인 판매 혹은 도매꾹에서 판매가 처음이면 상품 판매를 위한 홍보하는 것이 어려울 수 있습니다. 이와 같은 상품공급사를 위해서 도매꾹에서는 도매꾹 내 상품 홍보를 대행하는 MD홍보대행 서비스를 하고 있습니다. MD홍보대행 상품은 도매꾹 MD가 상품 맞춤형 홍보를 진행해서, 상품판매를 활성화해주는 서비스입니다. 상품을 등록했는데 도매꾹에서 어떻게 프로모션을 해야할지 모르는 회원, 유료 옵션 및 유료 광고를 하고 싶은데 비용이 부담되는 회원, 도매꾹에서 판매중이지만 매출을 높이고 싶은 회원들을 대상으로 도매꾹에서 진행되고 있는 각종 광고나 옵션들을 개별로 신청하지 않아도 MD가 유연하게 적용하고 홍보를 활성화해줍니다. 이용 요금은 프로모션(유료옵션,유료광고등) 진행시 도매꾹에서 비용을 부담하므로 별도의 비용이 발생하지 않습니다. 단, 홍보대행으로 진행되는 상품에 주문이 들어오면 기존 도매꾹 기본 수수료가 아닌 홍보대행 수수료 (카테고리 무관 10% VAT별도) 로 적용됩니다.

진행 방식은 아래와 같습니다.

❶ 홍보대행 공급사 인증(상품공급사센터 〉 광고관리 〉 MD홍보대행공급사인증)
• 홍보대행에 적합한 공급사인지 인증하는 과정으로, 본인이 보유한 상품을 최소 1개 이상은 미리 등록해야 인증신청이 가능합니다.

❷ 상품등록시 판매방식으로 [MD홍보대행 선택]
• 홍보대행 공급사 인증을 마친 후에는, 판매방식 중 [MD홍보대행] 선택이 가능해집니다.
• 홍보대행을 원하는 상품은 해당 방식으로 판매방식을 변경해주세요.

[관련세미나] Part 04 Lesson02 Seminar 06 도매꾹 MD홍보대행 서비스

Q 이미지 교정 서비스란 무엇인가요?

A 도매꾹(도매매)에 상품을 등록, 판매하는 회원들에게 상품상세이미지의 시각적인 품질 향상을 위해 기존 상품상세이미지 및 썸네일 이미지를 무료로 교정해드리는 서비스입니다.

• 서비스 대상 : 도매꾹 및 도매매에 등록된 판매단가가 타 온라인 쇼핑몰 대비 최저가로 등록된 상품
• 서비스 내용 : 시각적인 품질 향상을 위한 기존 상품상세이미지 및 썸네일 이미지 무료 교정서비스

대상 선정 방법

❶ 도매꾹/도매매 판매중 또는 승인대기 상품 중 동일상품을 지식쇼핑, 에누리 닷컴에서 가격 검색

❷ 동일상품 최저가 1차 확인 및 선별

❸ 담당자 2차 검수

❹ 최저가 검증 마크 부여 및 혜택 적용

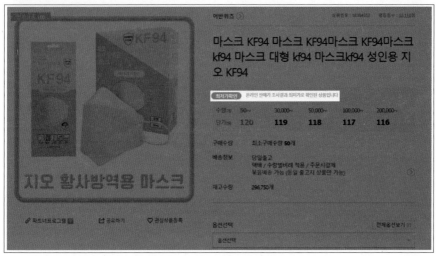

도매꾹(도매매) 사이트에 신청하기만 하면 이미지 교정 서비스를 받을 수 있는 건가요?

 아닙니다. 도매꾹 및 도매매에 등록된 판매단가가 타 온라인 쇼핑몰 대비 최저가이어야만 합니다 도매꾹 자체 시스템에 의해 온라인 최저가로 검수된 상품은 이미지 교정 작업이 진행됩니다.

 이미지 교정 서비스는 유료인가요? 무료인가요?

 무료입니다. 수수료나 부가서비스 이용료가 부과되지 않습니다.

 교정된 이미지를 상품공급사가 다운로드 받을 수 있나요?

가능합니다. 도매꾹의 경우 마우스 우클릭 〉 다른이름으로 저장하여 상품공급사만 다운로드 할 수 있습니다.

도매매의 경우 추후 상품상세페이지 썸네일 이미지 하단 '이미지 무료 다운로드' 팝업 내에서 다운 가능합니다.(교정된 썸네일 이미지 및 상품상세이미지는 상품공급사, 구매자 모두 다운로드 할 수 있습니다)

 제 상품에 이미지 교정 서비스가 적용되었으나 더 이상 서비스를 받고 싶지 않습니다. 어떻게 해야 하나요?

 서비스 중단이 가능합니다. 고객센터 1588-0628 또는 1:1 문의하기 〉 판매관련 〉 상품판매로 문의해주시기 바랍니다.

 이미지 교정 서비스 적용 후 판매단가를 변경하는 것이 가능한가요?

 가능합니다. 단, 기존 이미지로만 노출되며 서비스 부가 혜택(최저가확인상품전 노출 등)은 적용되지 않을 수 있습니다.

Q 최저가검증 요청은 어떻게 하나요?

A 도매꾹(도매매) 사이트에 등록한 상품의 판매 단가가 타 온라인 쇼핑몰 대비 '최저가'로 인증되는 것입니다

최저가로 인증된 상품은 최저가 확인 상품전에 상시 노출되며 무료 이미지 교정서비스를 제공받을 수 있습니다

최저가 검증은 상품공급사센터 〉 상품등록관리 〉 판매중 페이지에서 [최저가검증요청] 버튼을 클릭하여 신청할 수 있습니다

❶ 판매중 상품들의 [섹션] 부분에 [최저가검증요청] 버튼을 클릭하면 신청할 수 있습니다.

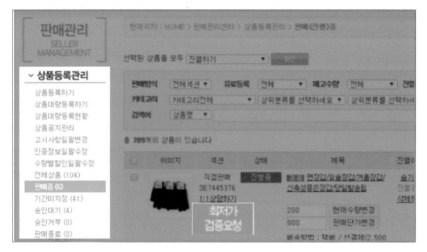

❷ 신청완료시 [최저가확인중] 표시가 노출됩니다.

❸ 가격모니터링 팀이 최저가를 조사하여, 최저가 인 경우 인증마크가 노출됩니다.(도매꾹, 도매매 모두 최저가인 경우 [전체최저가]로, 대표사이트에서만 최저가인 경우 [사이트명]이 노출)

최저가검증 인증 혜택

❶ 도매꾹/도매매 메인 상단 '최저가확인상품' 기획전에 상품이 상시 노출되어 무료 상품 홍보 및 광고 효과

❷ 상품 리스팅 및 상품 상세 페이지에 아이콘이 노출되어 구매 회원의 상품 신뢰도 상승

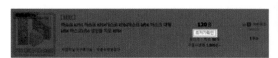

❸ 상품 상세 페이지에 상품공급사 제작 이미지 외 교정된 상품 상세 이미지를 추가 노출해 이미지 품질 향상 및 비용 절감(도매꾹 : 교정 전 이미지 우선 노출 / 도매매 : 교정 후 이미지 우선 노출)

Q 상품 상세 페이지 제작 서비스도 해주나요?

 A 도매꾹에서는 판매회원들을 위한 협업 차원에서 상세페이지 제작, 중국어용 상세페이지 제작, 중국어 사이트 제작, 웹사이트 제작 등을 매우 저렴하게 서비스 하고 있습니다. 좌측 날개의 롤링배너를 통해 제작 신청 할 수 있습니다.

서비스안내 – 상세페이지 디자인

❶ 기본형 안내

기본형은 사진배열과 설명위주로 들어갑니다. 사진이 잘 준비되어 있고 사진만으로 제품설명이 가능하거나 디자인보다는 설명이 필요한 제품에 적합합니다

※ 모든작업은 기본적인 사진과 자료를 제공해주셔야 합니다. (촬영필요시 별도요청, 촬영 비용 추가)

상품명	특징	서비스 가격
기본형	5,000px 미만에 심플하게 작업	제품당 30,000원
추가	100px 추가시 마다	5,000원

▲ 서비스 가격

❷ 일반형 안내

일반형은 자체기획이 있거나 사진의 합성, 편집, 인트로컷등의 디자인이 필요할때 적합합니다

※ 모든작업은 기본적인 사진과 자료를 제공해주셔야 합니다. (촬영필요시 별도요청, 촬영 비용 추가)

상품명	특징	서비스 가격
기본형	12,000px 이내로 제품에 특화된 디자인 작업	제품당 50,000원

▲ 서비스 가격

❸ 전문가기획형/프리미엄형

전문가기획형/프리미엄형은 전문기획자가 상품 특장점을 활용하여 세일즈포인트를 살려 기획서를 작성하고 전문 디자이너의 이미지 편집/배열 등을 통해 고객의 시선을 끌 수 있는 완성도 높은 상세페이지 제작을 원하는 경우 적합합니다.

※ 모든작업은 기본적인 사진과 자료를 제공해주셔야 합니다. (촬영필요시 별도요청, 촬영 비용 추가)

- 전문가기획형/ 12,000px이내 상품에 맞춘 전문가 기획이 추가된 맞춤형 디자인/ 150,000원
- 프리미엄형/ 30,000px이내 전문가 기획과 옵션에 따른 추가 프리미엄디자인/ 300,000원

❹ 서비스 단가표 ※ 모든작업은 기본적인 사진과 자료를 제공해주셔야 합니다. (촬영필요시 별도요청, 촬영 비용 추가)

제작 옵션	상세 내용	비용
기본형	5,000px미만 가이드에 맞춰 심플하게 작업(100px 추가할 때 마다 5,000원 추가)	30,000원
일반형	12,000px 이내의 상품에 특화된 디자인 작업	50,000원
전문가 기획형	12,000px 이내 상품에 맞춘 전문가 기획이 추가된 맞춤형 디자인	150,000원
프리미엄형	30,000px 이내 전문가 기획과 옵션에 따른 추가 프리미엄 디자인	300,000원
중국어번역	1page 또는 700wkdlso(5,000px 미만의 상세페이지 번역)	30,000원
이미지교정	제공된 페이지 재정렬 및 인트로 디자인	20,000원
중국어번역작업+이미지교정	5,000px 미만의 상세페이지 번역 및 재정렬	50,000원
동영상 상세페이지	12,000px 이내의 디자인 완료된 상세페이지를 동영상으로 편집 작업	50,000원
일반형+동영상 상세페이지	12,000px 이내의 상세페이지 디자인 및 동영상으로 편집 작업	80,000원
전문가 기획형+동영상 상세페이지	12,000px 이내의 전문가 기획이 추가된 디자인 작업 및 동영상으로 편집 작업	180,000원

※ 상기 가격은 부가세가 포함되지 않은 가격으로 결제 시 부가세가 포함되어 결제됩니다.

중국어 사이트 제작

❶ A Type : 기존에 국문사이트가 있고 psd등 디자인, 개발소스를 보유하신경우

기존에 사이트를 운영중이시고 원본을 가지고 계신경우 번역비용과 외국어추가세작비용을 지불하고 제작하시면 됩니다.

작업명	작업내용	견적
기획	기획문서 작성(화면설계서, 스토리보드)	0
디자인 psd	서브페이지 디자인 1page 기준	8,000원
퍼블리싱	웹표준코딩 1page 기준	8,000원
개발	신규개발이 없고 국문기준으로 중문작업만 추가할 경우	200,000원
번역	1page 또는 700자	20,000원

예 30page기준 중문사이트 추가시 디자인+퍼블리싱(480,000), 개발(200,000) 번역 5page분량(100,000) = 780,000원

※ 제작문의 : 02-2071-0670 담당자 : 최용석차장 e-mail : fanta@domeme.com

❷ B Type : 기존에 국문사이트가 있지만 원본소스를 여러가지 사유로 분실하신 경우

기존에 사이트를 운영중이시고 원본이 없을경우에는 별도의 디자인작업이 필요합니다. 따라서 번역비용과 디자인 추가제작 비용을 지불하고 제작하시면 됩니다.

01 운영 사이트 파악	02 번역 및 원고 검수	03 중국어 사이트 제작	04 검수 및 오픈
번역할 내용 등을 파악하고 원본 및 개발상태에 따라 견적을 책정합니다.	번역할 내용 등을 파악하고 번역하여 전문가 검수를 진행합니다.	검수된 원고에 따라 이미지 작업 및 개발 작업을 진행합니다.	고객확인을 거쳐 최종수정을 진행하고 사이트를 연결하여 오픈합니다.

작업명	작업내용	견적
기획	기획문서 작성(화면설계서, 스토리보드)	0
디자인 psd	서브페이지 디자인 1page 기준 국문기준으로 새로 제작할 경우	15,000원
퍼블리싱	웹표준코딩 1page 기준	10,000원
개발	신규개발이 없고 국문기준으로 중문작업만 추갈ㄹ 경우	200,000원
번역	1page 또는 700자	20,000원

예 30page기준 중문사이트 추가시 디자인+퍼블리싱(750,000), 개발(200,000) 번역 5page분량(100,000) = 1,050,000원

※ 제작문의 : 02-2071-0670 담당자 : 최용석차장 e-mail : fanta@domeme.com

❸ C Type : 기존에 운영중인 사이트가 없고 신규로 중국어사이트를 제작하실 경우

기존에 운영중인 사이트가 없을시에는 신규로 기획작업이 들어가야 합니다. 전문가 기획을 통해서 작업범위를 확정하고 필요한 기간 및 견적을 산출합니다.

01 운영 사이트 파악	02 번역 및 원고 검수	03 중국어 사이트 제작	04 검수 및 오픈
번역할 내용 등을 파악하고 원본 및 개발상태에 따라 견적을 책정합니다.	번역할 내용 등을 파악하고 번역하여 전문가 검수를 진행합니다.	검수된 원고에 따라 이미지 작업 및 개발 작업을 진행합니다.	고객확인을 거쳐 최종수정을 진행하고 사이트를 연결하여 오픈합니다.

작업명	작업내용	견적
기획	기획문서 작성(화면설계서, 스토리보드)	300,000원
디자인 psd	서브페이지 디자인 1page 기준 국문기준으로 새로 제작할 경우	15,000원
퍼블리싱	웹표준코딩 1page 기준	10,000원
개발	신규개발이 없고 국문기준으로 중문작업만 추갈ㄹ 경우	200,000원
번역	1page 또는 700자	20,000원

예 30page기준 중문사이트 추가시 디자인+퍼블리싱(750,000), 개발(200,000) 번역 5page분량(100,000) = 1,350,000원

※ 제직문의 : 02-2071-0670 담당자 : 최용석차장 e-mail : fanta@domeme.com

오프라인 협업매장 전용 서비스 'K*goods'은 무엇인가요?

'K*goods'은 도매꾹이 지난 20년간 쌓아온 방대한 양의 정보를 기반으로, 각 매장에 맞게 지역별, 시즌별, 카테고리별맞춤 상품을 추천하는 서비스입니다.

특히, 상품을배송받은 즉시 매장에서 소비자에게 바로 판매할 수 있도록 포장, 품질, 재고, 배송, 가격 등이 우수한 상품만을 선별·추천하고 있습니다.

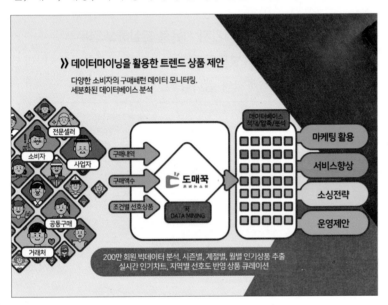

'K*goods'은 최근 다이소, 대형할인매장 등 브랜드 가맹점들의 급격한 증가로 인해,어려움을 겪고 있는 생활용품/문구점/할인매장을 육성하기 위해 만들어졌습니다.

따라서 기존 브랜드 가맹점들처럼 전체 상품을 공급받고 가맹비, 로열티를 별도 지불해야 하는 구조가 아닌, 매장에 따라 상품 공급의 정도(일부 또는 전체)를 선택하실 수 있도록 운영하고 있습니다.또한, 소정의 연회비만으로 도매꾹 850만개의 상품 가운데, 포장, 품질, 재고, 배송, 가격 등이 모두 검증된 매장전용 상품만을 제공받을 수 있습니다.

상품명	브랜드 가맹점	K*goods
비용	전체상품	일부 or 전체 상품 (선택)
추가	상품비, 가맹비, 브랜드 로열티	상품비, 소정의 연회비
간판	해당 브랜드 간판 필수	기존 간판 그대로 사용(원하는 경우 돌출간판 추가 가능)

▲ 기본 브랜드 가맹점과 꾹의 비교표

'K*goods' 혜택

도매꾹 프리미엄 서비스인 'K*goods'은 6가지+∝의 혜택을 제공합니다.

❶ 저렴한 가격

11만 도매꾹 협력사를 통한 상품 직거래, 대량구매, 체계화된 물류 시스템으로 가격절감을 실현하고 있습니다.

❷ 우수한 품질

도매꾹 상품을 주력으로, 10년 이상 대형할인매장을 운영해온 전문인력이 직접 검증합니다.
철저한 샘플 검수를 통해 '포장상태, 품질, 공급가' 등이 우수한 상품만을 선별하였습니다.
선별된 제품에는 중소기업 공동브랜드 k*goods 인증마크가 부착됩니다.

> **TIP** K*goods 인증마크
>
> K*goods는 우수한 품질, 저렴한 가격의 상품에만 부여되는 '인증마크'로, 오프라인에서도 믿고 구매할 수 있는 대한민국 우수 중소기업 공동브랜드입니다. 어떤 상품을 구매해야 할지 고민된다면, 먼저 K*goods 마크를 확인하십시오!
>
>

❸ 최적의 큐레이션

도매꾹에서 20년간 축적된 방대한 양의 정보를 통해 매장별 맞춤상품을 추천합니다.

- 카테고리별, 월별, 시즌별, 판매량별 인기 100선/ 월 1~2회 정기 추천
- 향후, 매장에서 이용중인 POS시스템에 꾹 구매 프로그램을 연동하여
- 구매이력/재고를 고려한 맞춤추천서비스가 추가될 예정

❹ 골라담아, K*goods 매대!

'디지털상품 골라담아! 3종 9900원', '휴대폰 액세서리 · 양말 · 속옷 전용 매대' 등 시즌별, 트랜드별 매대 상품을 제공합니다. '꾹 매대'는 재고, 품질, 포장 상태 등이 철저하게 검수된 상품으로만 제공되며, 합배송 상품으로 판매 시 마진이 구매가의 2~3배수가 평균입니다.

뿐만 아니라, 독특한 매대 디자인으로 오픈행사, 땡처리, 특별할인행사 등에 다양하게 이용하실 수 있습니다.

▲ K*goods 매대 이미지

> **알려드립니다 !**
>
> K*goods 서비스는 2022년 하반기에 오프라인 소매점을 위한 중개플랫폼 K*굿즈" 서비스로 오픈 준비중입니다.
>
> * K*굿즈" 오프라인 소매점 및 상품공급사 입점 신청(오프라인 전용 상품 공급 희망 업체)
> [support@kgoods.com]

K*goods는 현재 준비중인 서비스로 지역의 상점들이 온라인과 경쟁 할 수 있도록 도와 브랜드 공급사와 연결해주는 오프라인 소매점을 위한 중개플랫폼 입니다. B2B 최초로 소매점에게 최대 60일 외상구매 BNPL(Buy Now Pay Later 지금 사고 나중에 결제하세요. 선구매 후 결제) 서비스를 도입하여 제품 사입 비용에 대한 부담 없이 다양한 상품을 운영 할 수 있습니다. 또한, 소매점 전용 상품 개발과 상품이 돋보일 수 있는 진열대 제작, 판매량을 분석하여 맞춤 상품 추천, 샘플 구매, 다수의 소매점이 모여 시즌 상품을 공동구매 등오프라인 점포는 판매에만 집중할 수 있도록 여러가지 혜택과 서비스를 준비중입니다.

• K*굿즈 전용몰 주소: http://kgoods.com

※ 서비스 내용 및 오픈 예정 시기는 변경될 수 있습니다.

Q 도매꾹을 통해 알리바바에 입점하고 수출도 할 수 있나요?

A service partner)로써, 알리바바 본사와 직접 계약을 맺어 한국 국내 업체의 알리바바를 통한 수출을 도와주는 업무를 합니다.

현재 알리바바닷컴에는 190개 이상 국가의, 2백만 개 이상의 온라인 샵이 운영되고 있으며, 2억 6천만 이상의 바이어가 있습니다. 서비스 언어로는 영어, 불어, 스페인어 등 총 16개 언어를 지원하고 있으며, 한국어로도 사이트 전환이 가능합니다. 물론, 대부분의 거래가 상품공급사와 바이어의 소통을 통해 이루어지는 만큼, 유저간의 공용어로는 주로 영어가 사용되고 있습니다. 또한, 알리바바닷컴에는 일반적으로 온라인을 통해 구매하는 소비재를 비롯해 산업재, 설비 등 40개 이상의 산업군에 해당하는 상품이 업로드 되고 있습니다. 알리바바닷컴은 이렇게 다양한 상품과 해외 바이어들에게 최적화된 서비스를 통해 전세계 트래픽량 1위를 고수하고 있습니다.

도매꾹은 알리바바 파트너사로서 아래 업무를 진행하고 있습니다.

- 도매꾹 회원기업"의 알리바바닷컴 입점 및 회원가입 컨설팅, 인콰이어리 대응 등 각종 서비스 제공
- 알리바바 입점기업"의 현장 방문 등을 통해 알리바바닷컴 상품등록, B2B 플랫폼 활용 방안 교육
- 바이어가 등록한 구매의향서를 필터링하여 "입점기업"에 RFQ 정보 제공
- 해외 수출에 관심이 있는 기업의 경우 도매꾹에서 매월 진행하는 알리바바 입점을 추천합니다.

Q 해외로 수출 가능한 상품들의 DB를 구축하고 있는 것이 맞나요?

A 기업과 상품 정보 표준화 및 DB 구축은 수출추진을 필수불가결한 작업입니다.
우리와 같은 B2B 수출 중개자에게 수출 데이터 베이스(DB)는 목숨과도 맞바꿀 수 없이 귀중한 것입니다. 수출DB란 생산자인 공급자와 구매자인 바이어 쌍방이 가진 기업DB, 상품 DB 등을 말합니다. 이런 기업 및 상품 DB를 어떻게 효율적으로 수집, 등록, 관리하느냐에 따라 거래 매칭률이나 수출성과는 확연히 다른 결과를 가져오게 됩니다. 이제 바이어, 중개자, 공급자 3자간의 역할을 살펴보겠습니다.

도매꾹은 어떤 역할을 하나요?

도매꾹은 중개자로서 바이어와 공급자사이에서 주로 다음과 같은 전반적인 수출진행에서 윤활유처럼 유기적인 역할을 수행합니다. 국제간 전자상거래는 크게 △거래협상 △결제 △배송 △간이수출신고(KCNET)등의 4가지 단계로 분류할 수 있습니다.

• 우선, 바이어와 상담을 진행합니다. 상담에는 구매오퍼에 대한 유무선 및 이메일 대응이 포함됩니다.
• 시스템을 통한 오퍼 유효성 검증과 바이어 신용조사를 진행합니다(T/A)
• 다양한 온라인 결제방식을 소개 제공하고 (안심결제), 거래의 안전성을 확인합니다.
• 원할한 매칭을 위해 [바이어 구매요청 원문]을 아래와 같은 간략한 양식으로 상품 공급사에게 제공합니다.

```
국가 : 한글(자동번역)/ 영문
회사명 :
문의내용 :
```

공급자는 무엇을 제공해야 할까요?

제일 중요한 것은 공급자는 유효한 기업정보를 제공하고, 보유한 상품을 도매꾹에서 제공하는 플랫폼(Kgoods 등)에서 요청하는 등록 프로세스에 따라 기재합니다. 즉, 하기의 정보가 기재된 신청서 양식의 공란을 채우고, [신청하기]버튼을 누르고 개인정보활용동의서(양식다운후 작성)을 이메일로 발송합니다. (도매꾹에서 바이어에게 의사타진후 연락드립니다.)

```
                          [ 매칭 신청서 양식 ]
❶ 담당자 성함 / 직함/ 이메일주소 / 연락처
❷ 대표자 성함 / 이메일주소/ 연락처  [비고란]
❸ 제품 소개자료( 웹사이트 주소 및 바이어 제안용 영문자료) / 첨부회일참조기능(제품사진 확인하기 다운로드)
❹ 신청 제품명(국문 /영문)
❺ 직전년도(2017년) 수출유무( 2017년 수출신고필증 발행 유무), 금년도(2018년) 수출유무( 2018년 수출신고필증 발행 유무)
❻ 회원은 메일회원 / 기업회원으로 구분합니다.
```

구매/공급처 매칭 결과 보이기

[일/주/월간 베스트]

번호	제목	날짜	추천	신고	조회	매칭여부

글쓰기

제목		000000				추천 ; 0 신고 0회
등록자	000	이메일 문의	등록일 1 00000		조회	000

[기본정보]

1. 기업
   영문명함 정보
   웹싸이트
   첨부화일

회사명:　　　　　　　　　　사업자 등록번호
대표자명　　　　　　　　　　업종
전　화　　　　　　　　　　　팩스
주　소
홈페이지

2. 상품

도매꾹은 공급자께서 제공하는 위의 기업정보와 아래 상품정보를 수령하여 2가지 이슈를 일괄 해결하고자 합니다. 배송비 1회 산출과 자동수출신고입니다.

1 NO(상품번호)

2 Product Title(상품명)

3 Domeggook's Product Link(도매꾹 상품 링크)

4 Retail price(소매가)

5 MOQ(최소구매수량): = 9.Packing Box Quantity(수량)

6 Wholesale Policy (도매정책)

　❶ Quantity(수량)/ Price (가격: won)

　❷ Quantity(수량)/ Price (가격: won)

　❸ Quantity(수량)/ Price (가격: won)

7. Specification Format(상품규격

8. Cartoon Box (단박스) : ❶ Volume(부피) ❷ Gross weight(중량)

9. Packing Box(포장박스) : ❶ Quantity(수량) ❷Box Volume(부피) ❸ Gross weight(중량)

10. Notes

[사례] 베트남 수출상품 기획전

베트남에 판로개척 GoGo~!
〈베트남 수출 상품 기획전〉입점모집
베트남 판로개척을 원하는 분들의 경쟁력있는 상품을 제안받습니다!
[상담/문의] 베트남 수출 상품 기획전 (02-2071-0705 / g2@ggook.com)

현재 도매꾹은 금년에 이미 베트남 하노이 법인 절차에 착수했고, 중소기업의 베트남 수출을 지원하고자 기획전을 확정 시행하고 있습니다.

기획의도는 아래와 같습니다.

베트남 하노이(본사) 호치민(협력사)법인에서 각기 한국상품 수입관을 만들어 바이어 들에게 오픈한다. 베트남업체들은 직접 견적 요청상품을 실시간 업데이트하면 베트남 법인에서는 구글 스프레드 시트 또는 스크레핑하여 구글번역한후 해당 상품 정보를 도매꾹에 전달한다. 이런 바이어 견적요청은 도매꾹에서 정리하여 해당 기획전에 게시하여 입찰을 받도록 한다. 이런 작업은 베트남 2개 법인과 국내 2개 법인에서 해당 파일이나 게시물을 상호 공유해서 실시간으로 볼 수 있게 개발하여 시행합니다.

1. 해외판매를 원하는 상품공급사는 상품 섬네일 상세페이지의 사용 동의를 부탁드립니다. (상품공급사에게 안내메일 발송)
2. 해외 거주 판매자, 또는 국내거주 해외판매자로 인증받은 사람에게만 가격을 노출하겠습니다.
3. 수출상품은 배송비가 사전 정산되어 상품값과 동시에 일괄 청구되도록 하겠습니다.
4. 도매꾹 상품등록시 상품의 중량(KG)이나 MOQ 수량, Hs code, 부피(mm)로 통일된 방안을 제시하여 시행하겠습니다. 현행 주관식으로 임의 기록하도록 해당 단위를 구분하겠습니다. 새로 입점되는 상품은 이를 기재하지 않으면 수출 진행이 어렵습니다. (수출원함, 수출불원함을 선택한 항목과 연동예정)

[참고]

• 운송(배송)비 계산 필수 항목
  1. 항공 운송시
     ❶ 상품 개별 무게 – Net – 상품 자체 무게(Kg), Gross – 박스 포함 무게(kg)
     (사실 포장없이 운송할 경우가 없음, 포장재 포함 상품 총중량값이 더 중요합니다)
  2. 1 Carton box Gross 무게 (이 항목이 제일 중요)
     ❶ Carton내에 들어가는 상품 수량

- 해운운송 시 (드라이 컨테이너의 경우로 한정. 냉동 냉장은 별도)
  1. ❶ Carton box Gross 무게 (공통 중요 항목), Carton에 들어가는 상품 수량
  2. ❶ Carton Box CBM (해상운송 시 제일 중요한 항목.), CBM 을 알면 1 콘테이너당 화물 적재 부피 계산 가능.

※ CBM 간단 계산법.

길이의 단위를 1M 로 변경후 가로X세로X높이로 계산하면 끝.

예 가로 300cm 세로 700 cm 높이 1200 cm =〉

　　0.3 × 0.7 × 1.2 = 0.252CBM

20피트 콘테이너에는 약 27 ~ 29 CBM이 들어감.

따라서 위상품은 20피트 콘테이너에 약 108 Carton 박스가 들어 감

실제 적재시는 적재조건 파레트 유무 박스 형태에 따라 차이가 날수 있음

전자상거래 간이수출신고

간이수출제도를 이용하려면 먼저 세관에 전자상거래업체로 신고를 하여야 합니다. 대상물품은 전자상거래물품으로 200만원이하(FOB기준)의 물품입니다. 간이수출제도로 수출신고를 한 경우 수출실적으로 인정되고 관세환급, 부가세 영세율, 무역금융 등 수출지원제도의 수혜를 받을 수 있습니다

베트남, 중국 등에 수출도 지원해 주나요?

많은 중소기업들이 글로벌 판로개척을 위해 해외 전자상거래 시장 진출을 고려하고 있지만, 시장에 대한 이해 부족이나 수출기반 부족으로 어려움을 겪고 있습니다. 이에 도매꾹은 회원들의 해외시장 이해를 돕고 수출을 지원하기 위해 현지 별도 법인을 설립하여 다양한 서비스를 제공하고 있습니다.

중국 진출의 교두보, 중국 연길 법인

중국 시장 이해하기

❶ 한국 수출규모의 25%를 차지하는 나라

▲ 중국 연길 법인

외교 갈등으로 인한 대중수출 둔화에도 불구하고, 중국은 한국 전체 수출의 약 25%를 차지하고 있습니다. 특히, 이 수치는 대홍콩 수출의 80% 이상이 대중국 우회수출임을 고려한다면 실질적으로는 30%이상으로 추산됩니다.

❷ 성장하는 온라인 역직구 시장

중국 소비시장은 1선, 2선 도시를 중심으로 한 경제발달에 따라 꾸준한 성장세를 보이고 있으며, 이는 자연스럽게 해외 상품에 대한 수입수요 확대로 이어지고 있습니다. 특히, 최근 샤오홍슈(小红书) 등 SNS와 이커머스를 결합한 형태의 온라인 서비스가 인기를 끌면서, 온라인 채널을 통한 해외 상품 구입이 용이해지고 있습니다. 해외 상품에 대한 선호도가 높은 젊은 층을 중심으로 하는 해외 상품 역직구 시장은 해마다 증가하는 추세입니다.

도매꾹은 중국 연길에 별도 법인을 설립하여 꾸준히 시장동향을 파악하고, 변화하는 소비시장에 적합한 서비스를 제공하고자 노력하고 있습니다. 현재 전문 R&D인력과 디자이너, 현지 마케팅 인력을 통해 회원사들의 성공적인 해외진출을 위해 시장조사부터 상세페이지 제작, 번역 등 다양한 서비스를 지원하고 있습니다.

동남아 시장 진출의 선발기지, 베트남 하노이 법인

베트남 시장 이해하기

❶ 성장하는 젊은 국가, 거대한 소비허브

베트남은 9천만 명 규모의 내수시장과 젊고 똑똑한 인구로 많은 글로벌 기업들이 주목하고 있는 신흥 소비 시장입니다. 특히, 인구 30억의 거대 시장인 아세안, 중국, 인도를 연결하는 지정학적 위치로 국제 무역 허브로서 발전 가능성을 가지고 있으며, TPP, AEC 등 시장확대를 위한 다양한 경제통합을 시도하고 있어 미국, 중국, EU 등의 우회수출기지로도 각광받고 있습니다.

▲ 베트남 하노이 법인

❷ 온라인으로 주문하고, 지폐로 결제하는 나라

베트남은 모바일 사용인구의 증가로 매년 폭발적인 성장을 이룩하고 있는 전자상거래 시장과는 달리, COD(Cash On Delivery)라는 이름의 오프라인 결제 시스템이 일반화되어 있습니다. 이 결제 시스템은 말 그대로 소비자가 상품을 수령하는 동시에 결제를 진행하는 형식으로, 온라인 결제에 대한 신뢰도가 낮은 현지 문화가 그대로 반영되어 있습니다. 현재 거대한 모바일 사용인구와 글로벌 핀테크 기업들의 베트남 진출로 전자결제가 빠르게 보급되고 있다는 점을 고려하면 폭발적인 성장 잠재력을 가지고 있는 소비 시장입니다.

❸ 한국에 대한 호감과 신뢰도

베트남은 동남아지역 중에서도 한류 컨텐츠에 대한 호감도가 높은 국가로, 많은 사람들이 이미 다양한 한류 문화를 일상적으로 소비하고 있습니다. 이에 따라, 한국산 식품, 소비재 등에 대한 호기심과 소비욕구 또한 강한 것이 특징입니다. 한국 제품과 서비스에 대한 선호현상으로 한국 제품의 현지 마케팅에 우호적인 여건이 형성되어 있기 때문에, 한류의 전략적 활용을 통해 새로운 비즈니스 기회를 창출할 수 있습니다.

베트남은 탄탄한 내수시장과 아세안 시장을 동시에 공략할 수 있는 매력적인 국가입니다. 그러나, 앞서 언급한 COD라는 특유의 결제 시스템처럼, 문화적, 제도적 차이로 인해 수출에 난항을 겪고 있는 기업들이 많습니다. 도매꾹은 베트남 현지 법인을 설립하여, 회원사들의 현지 결제/물류 시스템에 대한 이해를 돕고, 현지 기업과의 커뮤니케이션을 지원하고 있습니다.

현재 베트남 하노이에 법인을 설립하여 전문 R&D 인력과 마케팅 인력을 보유하고 있으며, 현지 소비자들의 소비심리를 파악하고 그들이 원하는 서비스를 제공하기 위해 현지 기업과 협업하여 현지 맞춤형 APP을 런칭하는 등 다양한 온/오프라인 유통망을 구축하고 있습니다.

Q 상품공급사를 위해 외부에 광고나 SNS 등의 홍보 활동을 하나요?

A 도매꾹에서는 상품공급사 회원들의 상품 판매에 도움이 되고자 네이버/다음/구글 등 광고, 카카오톡 추천 홍보, 메일진 홍보, 신기한 쇼핑 콘텐츠 제작과 유포, SNS 홍보, 블로그 홍보, DQ 잡지 제작, 유튜브에 세미나 업로드, 전국의 전문셀러 교육 센터 유치 등을 다양한 마케팅 활동을 하고 있습니다.

❶ 네이버, 다음 등 광고 지원

❷ 카카오 추천 홍보 지원

❸ 메일진 홍보 지원

❹ 신기한 쇼핑 홍보 지원

❺ SNS 홍보 지원

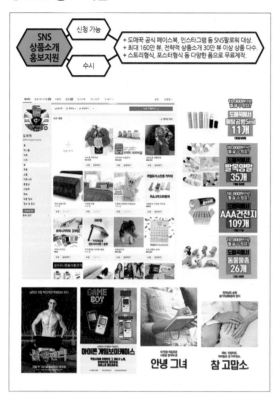

❻ 블로그 홍보 지원

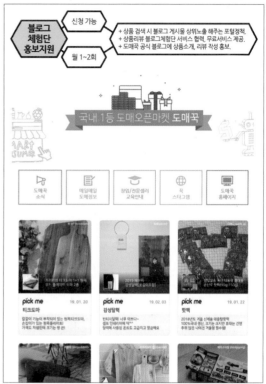

❼ 잡지 DQ를 통한 홍보 지원

❻ 꾹 스튜디오를 통한 상품 이미지 제작 지원

Q '도매꾹도매매교육센터'의 교육 커리큘럼은 어디서 볼 수 있나요?

 A 모든 강의는 유튜브에서 "도매꾹" 또는 "도매매"로 검색하여 영상으로 확인할 수 있습니다.

'도매꾹도매매교육센터' 교육 커리큘럼

도매꾹의 다양한 서비스를 보다 효율적으로 이용하기 위하여 도매꾹은 평생교육원을 설립하고 '도매꾹도매매교육센터'를 운영하고 있습니다. 서울시 교육청의 정식인가를 받아 운영하고 있는 '도매꾹도매매교육센터'는 도매꾹 상품공급사와 해외상품공급사, 도매매 전문셀러를 위한 다양한 교육과정을 개발하여 운영하고 있습니다. 도매꾹에 접속하면 좌측 상단에 도매꾹도매매교육센터 링크가 있으며 이 곳으로 접속하면 현재 신청 가능한 교육과정들으 살펴볼 수 있습니다.

'도매꾹도매매교육센터'의 교육과정은 크게 '도매꾹 상품공급사 교육', '해외 상품공급사 교육', '도매매 전문셀러 교육'으로 나누어 볼 수 있습니다. 도매꾹 상품공급사 교육에서는 상품등록을 효율적으로 하는 방법과 위탁판매, 광고를 통해 매출을 극대화 할 수 있는 방법을 교육합니다. 또한 도매꾹의 인기순위 및 노출은 어떤 형태로 이루어지는지 전달하여 상품공급사들이 보다 높은 매출을 올릴 수 있도록 지원합니다.

초보자 세미나

우수판매자 세미나

판매 토크쇼 EC콘서트

'도매꾹도매매교육센터'에서 가장 많은 비중을 차지하는 교육은 도매매 전문셀러에 대한 부분입니다. 도매매를 활용하여 각종 오픈마켓에 무재고/무사입으로 물건을 판매하는 교육과정을 진행하고 있습니다. 도매매가 어떤 사이트인지, 어떻게 활용할 수 있는지 소개하는 입문교육에서부터 초보상품공급사-중급상품공급사-고급상품공급사에 따라 난이도별 교육을 제공하고 있습니다.

상품을 대량으로 등록하여 관리하는 방법에서부터 매출을 어떻게 올릴 수 있는지를 고민하는 과정, 전문셀러 양성센터에 입주하여 집중적으로 컨설팅을 받는 인큐베이팅과정까지 교육이 준비되어 있습니다. 도매매를 통하여 상품을 구입하고 재판매 하는 방법 등을 교육과정을 통해 판매의 기초에서부터 실제적인 전략까지 습득할 수 있도록 운영중입니다.

Q 전문셀러를 위한 가이드 서적이 있나요?

A 도매매 상품을 기반으로 타 오픈마켓 판매나 쇼핑몰 창업을 돕기 위하여 도매꾹에서는 'B2B 배송대행 전문셀러 완벽분석_4판'이라는 책을 발간하였습니다. 해당 서적에서는 전체적인 오픈마켓에 대한 이해에서 부터 도매매에서 어떤 상품을 선택해서 판매할 것는지, 판매는 어디에서 이루어지는 것이 좋은지를 전반적으로 다루고 있습니다. 어디서부터 온라인 판매를 시작해야 할 지 모르는 초심자들이 어떻게 성장해 나가야 하는지를 자세히 다루고 있습니다.

해당 서적에서는 스마트스토어를 기초로 하여 도매매의 상품을 기반으로 샵플링 등의 통합관리 솔루션을 활용하여 쉽고 빠르게 온라인 판매를 할 수 있는 방법이 수록되어 있습니다. 또한 개인 쇼핑몰을 구축하는데 있어서 가장 저렴한 방법으로 다양한 디자인과 이벤트를 진행할 수 있는 방법에 대해서도 알려 주고 있습니다. 더불어 '도매꾹도매매육센터'가 교육과정을 운영하면서 경험한 다양한 노하우들 역시 제공하고 있어서 온라인 판매에 관심이 있다면 매우 유용하게 읽을 수 있을 것입니다.

LESSON

도매 판매 성공 이야기

01 고객 유치를 위한 최적화된 노하우로 150억 매출을 달성한 이야기

'마이도매' 정영주 대표

Q 자기소개 및 마이도매에 대한 회사소개 부탁드립니다.

안녕하세요. 마이도매 대표 정영주입니다. 재고는 마이도매에서 보유하고 있으며, 전문셀러들은 재고 걱정 없이 판매 활동에 치중할 수 있도록 다양한 아이템을 연구 개발해서 확장성 있게 진행하는 회사입니다. 도매꾹에서 공급사로 활동한지는 약 10년 정도 활동한 것 같은데 하루의 스케줄을 말씀드리자면, 오전에는 팀장 회의, 위험 재고 체크 및 각 공급처의 스케줄을 확인해서 조율하고 있구요. 오후에는 신규아이템에 대한 회의, 대량 발주건 스케줄 확인 및 조율, 당일 매입 건 확인 및 결제 등이 기본루틴으로 자리 잡고 있습니다.

Q 현재 매출은 어느정도 이신가요?

매출을 따지자면, 월간으로는 현재 10억 ~ 12억 정도의 매출을 내고 있구요. 연간으로는 약 150억 정도 매출이 나올 거라 예상하고 있습니다. 해당 매출을 내기 위해서 지속적으로 지켰던 생활양식? 노하우를 조금 정리해보자면 제품의 품절 최소화, 판매가인상 최소화, 단종제품 최소화 등이 있습니다.

제품의 품절 최소화는 제품의 품절로 인해 판매취소를 하게 되면, 이중으로 손실이 발생되기 때문에 제품의 재고를 철저하게 관리하도록 노력하는 것입니다.

판매가 인상 최소화는 첫 판매 시 설정한 단가에서 단가변동을 최소한으로 해서 판매 활동에 혼선이 발생하지 않도록 단가인상을 최대한 본사에서 흡수하여 판매가 지속성을 최대한 유지하게끔 노력하는 것입니다. 단종제품 최소화는 A라는 제품을 전체적인 판매량에서 단종시키는 것이 회사에 유리하게 작용이 되더라도 그 누군가가 하루에 1개라도 A라는 제품을 발주한다면, 공장 단종 외에는 자체적으로 마이도매에서 단종시키지는 않으려고 노력하고 있습니다.

Q 올해 목표는 어떻게 되실까요?

불확실성이 팽배한 지금 시대에 매출에 대한 욕심은 특별하게 없습니다. 다만 건강이 허락한다면 지금처럼 오늘 하루를 최선을 다하고 싶습니다.

Q 도매꾹에 바라는 한 마디가 있다면요?

도매꾹 덕분에 저희도 많은 성장을 이룰 수 있었고 앞으로도 많은 도움을 받아서 서로 지속적으로 윈윈할 수 있는 관계가 되기를 희망합니다. 다만, 현재 도매꾹 문턱이 너무 낮다 보니 무분별한 복사등록으로 인해 상품을 찾는 것이 너무 힘이 듭니다. 과도한 옵션가로 막상 들어가면 다른 상품을 볼 수밖에 없는데 시스템적으로 보완이 필요할 것 같습니다. 어차피 도매꾹은 주 고객층이 사업체나 전문셀러일텐데 원하는 상품정보를 최대한 빨리 검색할 수 있다면 판매 활동에도 많은 도움이 될 것 같습니다.

수도권, 광역시 외에 소외된 지방에도 전문셀러양성을 위한 교육의 기회와 서비스가 많이 이뤄졌으면 좋겠습니다.

도매꾹, 도매매, 마이도매 파이팅!

판매 제품군

패션침구패브릭	캠필물놀이	주방용품
자전거자동차오토바이	음료식품	위생마스크휴지
원예해충안전	운동	욕실세제

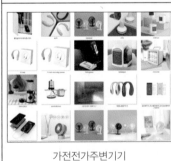

가전전가주변기기

02 브랜드 제품 소싱을 통해 연 매출 100억을 달성한 이야기

선스카이 김선자 대표님

Q 자기소개 부탁드립니다.

안녕하세요. (주)선스카이 대표 김선자입니다. 이렇게 인사드릴 수 있어서 영광입니다. 저희 ㈜선스카이는 2018년 7월 19일 설립되어 생활용품, 가공식품, 소형전자제품 및 생활·패션, 잡화 등 300여 가지의 다양한 상품군을 판매하고 있습니다. ㈜샤인의 국내사업 총괄과 엘지생활건강, 애경, 미래 생활, 농심, 삼양, 오뚜기 등 다양한 본사 직거래코드 업체로 각종 기획상품의 소분업에 특화된 기업으로 도매꾹과 함께 성장해온 업체입니다. 앞으로도 정직을 최고의 가치관으로 고객 만족에 최선의 노력을 다하도록 하겠습니다.

Q 선스카이는 어떤 회사인가요?

생활용품, 가공식품, 소형전자제품, 위생용품 등 자사 브랜드 제품을 기반으로 기획제작이 특화된 기업으로 온/오프라인 및 무역업을 하는 업체입니다. 도매꾹에서 공급사로 활동한지는 3년 정도 되었구요. 매일 새벽 4시에 기상해서 각 상품에 대한 매출 체크와 제작 상품을 준비하는 것으로 시작하고 출근 전에 항상 긍정적 마인드를 장착하여 오늘도 열심히 노력할 것을 마인드셋 하고 있습니다. 직원 출근 전에는 업무 세팅과 그 날의 일정을 살피며 시작하고 있습니다. 계획대로 잘 마무리된다면, 그 날 하루는 완벽했다고 볼 수 있을 것 같습니다.

Q 현재 매출은 어느 정도이신가요?

현재 매출이 월 기준으로 따지면 8~9억 정도 되는 것 같고, 연 매출은 약 100억 정도 됩니다. 해당 매출이 나오기 위해서 판매했던 노하우로는 절박한 심정으로 끊임없이 노력하고 언제나 할 수 있다는 긍정의 에너지를 가지고, 항상 정직을 모티브 삼아 고객이 만족할 수 있는 제품을 개발했던 것이 가장 큰 노하우라 생각됩니다.

Q 올해 목표는 어떻게 되실까요?

도매꾹에서의 매출향상과 더불어 수입확대를 위해 해외 자사설립을 통하여, 이전에 저희가 포커싱 했던 부분인 고객 만족이 높은 기업이 되는 것이 올해 목표입니다. 올 한해는 소비자분들의 기대에 부응할 수 있도록 더욱 열심히 노력하겠습니다. 아울러 언제나 정직한 상품으로 더욱 좋은 평가를 받는 기업이 될 수 있도록 최선의 노력을 다하겠습니다. 감사합니다.

Q 도매꾹에 바라는 한 마디가 있다면요?

항상 파트너로서 열심히 할 수 있게 도움 주셔서 감사드리며, 더욱 열심히 할 수 있도록 부단히 발전하는 플랫폼이 되어 주시길 바랍니다.

도매꾹, 도매매, 선스카이 화이팅!

다사와닷컴 문봉성 대표님

Q 자기소개 및 마이도매에 대한 회사소개 부탁드립니다.

안녕하세요. (주)다사와닷컴 대표이사 문봉성입니다. 인사드리게 돼서 영광입니다. 다사와닷컴은 주방, 욕실, 생활잡화 등의 제품들을 중국으로부터 직접 소싱하고 사입하여 온라인, 오프라인 유통까지 일련의 과정을 하나의 프로세스로 운영하는 회사입니다. 도매꾹 공급사로 활동한 지는 개인사업자 시절까지 포함하면 약 10년 내외 정도 된 것 같습니다.

Q 하루 루틴이 어떻게 되시나요?

매일 오전 당일 주문집계 현황을 확인합니다. 확인된 주문들 중 판매량이 높은 제품들은 재공급을 위해 중국 현지 직원에게 공장 발주 오더를 진행하며, 늘 신제품 출시를 위해 아마존, 1688, 알리바바, 현지시장 등의 판매상품들을 수시로 검색하며 단가를 확인하고 있습니다. 이를 위해 주 2회의 상의 부서장 미팅을 진행하고 있으며, 이슈가 있는 소비자들의 문의 사항 및 불편사항들을 청취하여 제품의 품질과 문제점들을 수정해 나가기 위해 노력하고 있습니다.

Q 현재 매출은 어느 정도이신가요?

마스크 매출로 인해 2020년도 매출은 54억 정도였으나, 2021년도는 27억 정도이며, 2022년도는 40억 정도로 예상하고 있습니다. 현재는 월평균 3억 원 내외의 매출을 기록하고 있습니다. 비수기는 2.5억 내외, 성수기 4억 원 내외로 보면 될 것 같습니다.

Q 해당 매출이 나오기 위해서 판매했던 노하우를 살짝만 공유해주실 수 있으실까요?

가장 중요한 것은 트렌드와 구매자의 니즈 파악이라고 생각합니다. 저희가 아무리 좋은 제품이라고 생각하더라도 구매를 하는 것은 소비자이기 때문입니다. 내게 좋은 제품이 꼭 성공적으로 포텐을 터트리는 것은 아니였습니다. 트렌드와 니즈에 맞춰져 소비자가 필요로 하는 제품을 합리적인 가격으로 공급하는 것이 중요하다고 생각합니다. 일을 하다보면 점점 전문셀러 위주의 생각 중심이 되는데, 늘 소비자님들의 시각에서 접근하려고 하는 것이 중요하다고 생각합니다.

Q 올해 목표는 어떻게 되실까요?

올해는 COVID-19가 끝나감에 따라 사업부를 조금 더 고도화시키는 것이 기본적인 목표입니다. COVID-19 이후 모든 것이 변화했습니다. 이 추이를 선도한다는 마음보다는 흐름에 따라 유기적으로 융화될 수 있는 회사 운영을 지향합니다. 일단 우리 회사는 어떠한 특이점이 발생하더라도 생존이 목표입니다.

Q 도매꾹에 바라는 한 마디가 있다면요?

도매꾹은 저의 사업 시작과 단 한 번도 떨어지지 않았던 협력사입니다. 아마 도매꾹이 없었다면, 사업이라는 부분에서 추진력을 유지하기에 쉽지 않았을 것입니다. 매번 신경 쓰시는 부분이겠지만, 상품공급사와 소비자 모두가 좀 더 쉽게 사용하고 접근할 수 있도록 접근성을 고려해주시면 더 좋지 않을까 생각합니다.

Q 마지막으로 하고 싶은 이야기가 있으실까요?

판매를 시작한 지 참 많은 시간이 지났습니다. 저희도 많은 상품공급사님들과 똑같습니다. 하루하루 판매량에 울고 웃으며 그러한 날들이 아직도 비슷합니다. 강한 자가 살아남는 것이 아니라, 살아남아야 강한 것이라고 봅니다. 많은 일들이 앞으로 저와 다른 모든 분들에게 있겠지만, 그 끝에선 웃으며 행복하시길 기원합니다. 감사합니다.

도매꾹, 도매매, 다사와닷컴 화이팅!

삶을 더욱 야무지게
야무진 라텍스 도트 고무장갑
숏와이드형

SMILE FLEECE SLIPPER
스마일 또굴이 슬리퍼

Rotation Tray

공간을 더 효율적으로
360°
다용도 회전트레이

심플한 디자인	360도 회전	손쉬운 접근성
다용도 정리	미끄럼 방지 패드	간편한 세척

조이월드 김현섭 대표님

Q 자기소개 부탁드립니다.

저희 회사는 조이월드이고, 저는 대표 김현섭이라고 합니다. 저희는 학교, 학원, 유치원과 관련된 소완구 위주의 상품을 판매하고 있습니다. 주로 문방구점에서 흔히 볼 수 있는 완구를 취급하고 있는데, 완구 중에서도 손오공, 영실업보다 조금 더 가격이 저렴하게 유통이 되고있는 물건들, 문구 제품들은 저희가 판매하고 있습니다. 문구세트 같은 물품들도 취급하고 있습니다. 이런 카테고리를 20년 정도 운영하고 있습니다. 2002년 4월부터 시작했으니깐, 다음 달이 되면 20년이네요. 조금씩 하다 보니깐 오래 한 것 같습니다.

Q 도매꾹을 접하게 되신 계기가 어떻게 되실까요?

처음에는 오프라인으로 제품만 공급하는 도매점이었어요. 중국에서 사업을 해서 전국 도매점으로 납품을 했었고 주로 문구점과 같은 소매 오프라인 사장님들께 물품을 납입하고 있었습니다. 처음 도매꾹을 접하게 된 건 20년 전쯤 당시 도매꾹에 오준호 수석님과 컨택을 하게 되어서 도매꾹을 시작하게 되었습니다. 원래 해당 카테고리의 상품을 취급하고 있다가, 도매꾹에 입점을 하게 되었습니다. 2006년부터 시작했으니까, 약 16년 정도 된 것 같습니다.

Q 도사업을 운영하시면서 힘드셨던 경우는 없으셨을까요?

항상 있었던 것 같습니다. 글로벌 위기나 재래시장의 입지가 줄어든다는 점, 힘든 부분이라고 하면 수입일이니깐 지금 같은 경우에도 마찬가지로 환차손 때문에 부담감을 느끼고 있습니다. 예를 들면 물건 들어올 때는 백 원이 원가였는데, 지금처럼 환율이 갑자기 오르니깐 갑자기 120원이 되는 거에요. 100원에 들어왔다고 생각하고 120원에 팔아서 20원의 마진을 남겼는데, 나중에 물건값을 줄 때 120원을 주면 남는 게 없습니다. 이건 저희는 환차손이라고 부르고 있습니다.

또, 신상품들이 예전에는 백 가지 정도 취급을 했다고 하면 지금은 천 가지 정도 돼요. 물건 종류가 10배 정도 늘어나면서 재고 관리도 당연히 힘들었던 것 같습니다. 아이들 수가 많이 줄었지만 소비 수준이 늘어남에 따라 취급하는 물품의 종류가 많아졌습니다. 사업을 운영하고 약 20년이 흐르는 사이에 시장이 반으로 줄어들어서 현재는 경쟁자들이 없어지기도 했지만, 남아 있는 경쟁자들끼리의 경쟁은 점점 더 치열해지고 있습니다. 요즘은 저와 같은 카테고리를 취급하는 경쟁사와의 가격 경쟁도 많이 심해진 추세입니다.

Q 요즘엔 하루 루틴이 어떻게 되실까요? 스케줄 관리는 어떻게 하실까요?

거의 하루 일정은 비슷합니다. 아침에 오면 그 전날 주문한 수입했던 물건들이 아침에 입고가 되고, 화물 택배를 통해서 물건이 들어오면 그 물건들을 정리하면서, 밤새 주문이 들어와 있는 주문 건을 확인합니다. 그리곤 송장 출력을 해서 포장팀에서는 포장을 시작하고, 사무실에서는 기존 상품 재입고된 상품들, 신상품들을 파악해서 신상품 같은 경우에는 사전 작업을 해야 또 올리니깐 작업을 해서 인터넷 페이지를 관리하고 있습니다.

Q 다른 카테고리 상품군을 취급하시고 있으시거나 취급할 계획은 있으신가요?

저 같은 경우에는 거의 한 길만 가고 있습니다. 인터넷 판매라고 그러면 보통 여러 카테고리를 응용하려고 하는데 저는 인터넷을 위해서 사업을 시작한 게 아니라 원래 소완구나 문구 쪽에서 사업을 진행 해왔어서 지금도 아동용품 쪽에만 90% 이상 치중이 되어있습니다.

다른 카테고리 상품군을 취급하는 계획은 늘 가지고는 있지만, 아동용품 카테고리를 관리하는 것 자체도 끝이 없는 상황입니다. 이왕이면 사업 성공이나 실패를 줄이려고 한다면, 잘하는 것을 하려고 할 뿐이고, 오랫동안 해왔던 것이기 때문에 계속 관리하고 있지만 다른 카테고리에 대한 어떤 계획은 항상 가지고 있습니다. 기회가 된다면 캠핑 용품 시장에 도전은 해보고 싶습니다. 현재는 아동용품 위주로만 투자하고 있습니다.

Q 현재 매출이 어느정도 되실까요?

정확하게는 안 뽑아봤는데, 연 매출 12억 정도 되는 것 같습니다. 순수하게 상품 마진으로만 봤을 때는 약 20% 정도 되는 것 같고, 여기에서 창고세, 인건비, 이자 비용 등과 같은 기본적으로 나가는 경비를 제외하면 그냥 먹고 사는 정도라고 보시면 될 것 같습니다. 이윤이 많이 남는 것 같아도 저희에게 남는 건 현금이 아니라 재고 물품입니다. 시간이 지날수록 많은 제품을 취급하다 보니, 현금보다는 재고가 많이 남고 있는 실정입니다.

Q 판매 노하우를 공유해주실 수 있으실까요?

특별한 노하우는 잘 모르겠습니다. 평소에 여유가 많이 없고, 사업 욕심이 있어서 새로운 제품에 지속적으로 투자한 것이 노하우라고 꼽을 수 있을지는 모르겠습니다. 개별적인 목적으로 저축을 했다거나, 다른 이익을 창출한 것도 아니고 신제품을 계속해서 투자했습니다. 아이들 관련 제품은 유행을 많이 타는 편이고, 저의 주 고객분들은 새로운 제품들을 원해요. 운도 따라서 매출이 늘어나긴 했는데, 가만히 있으면 잘될 때는 잘 되고, 안될 때는 제품이 쌓이겠죠. 지속적으로 매출을 잘 내려면 신제품에 계속해서 투자하는 것, 그게 제가 배운 점이고 노하우가 되지 않을까 싶습니다.

Q 올해 목표는 어떻게 되실까요?

신제품이 100개에서 천 개로 늘어났지만, 천 개에서 천이백 개, 천삼백 개로 늘리는 사이에 같이 매상이 늘 수도 있기 때문에 결국은 신제품이라던가 구색을 갖춰 놓는 것이 목표입니다. 자본적인 한계 때문에 못 갖춰 놓은 것들이 많아요. 올해도 코로나라던가 환율이라던가 전쟁이라던가 이런 변수가 많다 보니깐, 목표를 세우기가 참 쉽지가 않습니다. 그러다 보니까 여유가 있다면 그동안 판매를 위해서 준비를 못 했던 아이템들을 더 확보해서 물건을 사는 사람들이 좋은 물건을 하나라도 더 살 수 있게 하는 것이 올해 목표입니다. 추가적으로 도매꾹도 더 신장이 될 것 같고, 매출을 더 늘려서 저도 신장을 하고 싶습니다.

Q 도매꾹에 바라는 한 마디가 있으시다면요?

예전에는 인터넷 도매가 크게 활성화가 되어있지 않았습니다. 도매꾹이 활성화 되면서 B2B가 많이 활성화 되었는데 결과적으로 도매꾹을 포함한 온라인 시장이 성장하면서 저도 똑같이 성장한 거라 보고 있습니다. 도매꾹이 10배 커졌으면 저도 10배가 커지게 된 거죠. 점점 인터넷 시장이 커지니깐 그렇게 된 거라 생각하고 운이 좋아서 덕분에 인터넷 매출이 많이 늘어났어요. 앞으로도 꾸준히 성장했으면 좋겠고, 기능을 사용하는 사람들의 말에 귀를 기울여서 기능적인 부분도 많은 부분 개선이 된다면 더욱 활성화될 것 같습니다. 감사드리고, 좋은하루 되세요!

도매꾹, 도매매, 조이월드 파이팅!

'월드온' 도매꾹 상품공급사 김연수 대표 인터뷰

200만 회원이 밀집해 있는 국내 최대 도매 사이트, '도매꾹'에서 유명 키워드를 뽑으라면, 단연 이 것일 것입니다. 계절과 상관없이 인기100 차트 1위를 석권하며, 판매 5년 만에 연 매출 1억에서 30억으로 성장한 도매꾹 대표 상품공급사인 '월드온' 김연수 대표의 이야기를 들어보겠습니다.

경기도 용인시 수지구 월드일렉콤 물류 창고는 120평 규모의 공간에서 물류창고와 사무실을 함께 사용하고 있습니다. 상품 소싱부터 주문관리, 디자인, 배송업무까지 직원은 총 9명입니다.

Q 월드온은 어떤 회사인가요?

저희 월드일렉콤은 휴대폰 액세서리를 전문으로 취급하는 수입/유통 회사입니다. 90년대 휴대폰 액세서리 무역 회사에 다니다가 '내 사업을 하고 싶다'는 생각 하나로, 10년 직장을 그만두고 월드일렉콤을 설립했습니다. 처음에는 무역 관련 일만 하다가 우연히 도매꾹 사이트를 접하게 되어, 재고 처리 용으로 가볍게 이용했었는데, 생각보다 반응이 뜨거워서 다른 사업은 접고 도매꾹에만 올인하게 되었습니다. 휴대폰 액세서리가 유행도 잘 안타고, 물량 확보도 쉽다 보니 도매꾹이랑 잘 맞아떨어졌다고 생각합니다. 현재는 약 630개 정도의 상품을 취급하면서 연 매출은 30억 정도됩니다.

Q 본격 성장의 계기가 있다면요?

2012년도에 매출이 비약적으로 성장하기 시작했습니다. 당시, 아이폰 4세대가 출시되면서 범퍼 케이스 수요가 폭발적으로 늘었습니다. 아이폰 초기 모델들이 굉장히 약해서 아이폰 유저들은 전부 범퍼케이스를 사용했었는데, 그 때 범퍼 케이스를 주력으로 삼아 매출을 끌어올렸던 기억이 납니다. 처음으로, 도매꾹에서 연 매출 1억을 넘긴 기념적인 한 해였습니다. 당시, 경기 불황과 자영업자의 증가로 도매꾹이 비약적으로 성장하면서 이룰 수 있었던 성과라고 생각합니다. 그럼에도 불구하고, 2014년까지는 참 힘들었습니다. 자금이 없어 사무실도 구하지 못하고, 자택에서 물건을 받아가면서 일을 했기 때문에 주민들 눈치가 엄청 보였습니다. 그 때 우리 집사람이 참 애를 많이 먹었습니다. 그래도 차곡차곡 수익을 쌓아, 2014년 지금의 창고인 용인시 수지에 사무실을 얻고 편하게 일을 할 수 있게 되었습니다.

Q 상품 소싱 및 판매 노하우는 무엇인가요?

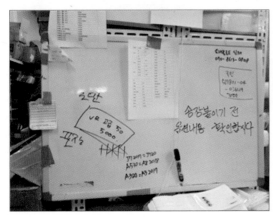 

가장 중요한 건 도매꾹 특별관중 하나인 '인기100'인 것 같습니다. 저는 최소 1시간에 1번은 '인기100'을 확인합니다.

우리 상품과 경쟁자들의 상품에 어떤 것이 올라와 있는지를 꼭 확인합니다. 간혹, 상위 노출이 잘 안 되는 상품은 상품명 키워드도 확인하는데, 예를 들어 '셀카봉'으로 검색 시 가장 상위에 올라와 있는 키워드를 모방하여 검색이 용이하게 되도록 수시로 점검합니다.

상품 소싱 같은 경우는 1년에 3~4번, 최소 1~3개월은 중국에 직접 나가 상품을 소싱을 합니다. 이우시장에 많이 나와있는 상품 가운데, 품질이 괜찮고 가격이 저렴한 상품을 소싱 하는데, 요즘에는 워낙 경쟁이 치열하다 보니 '차별화된 아이디어 상품'을 주로 소싱 합니다. 또, 수 년째 관계를 쌓아온 중국 거래처에서 신상품이 나오면 가장 먼저 샘플을 보내주어 이를 활용하고 있습니다. 이렇다 보니 판매 건이 많이 증가하여, 하루 평균 250~330건 정도 판매가 이루어집니다.

Q 도매꾹 상품공급사들에게 전하고 싶은 팁이 있나면요?

KC인증 받기, 옵션 분리 등 도매꾹 정책을 빠르게 따라가는 것이 판매 랭킹지수나 상품 노출에 굉장히 유리합니다. 이 섬을 유의해야 매출도 크게 오를 것이라고 생각합니다. 더불어, 최근 캐릭터 상품이 크게 인기를 끌고 있는데, 캐릭터 상품은 저작권 없이 판매할 경우 법적 처벌을 받게 되므로 소싱해 올 때 주의하여야 합니다. 저희도 이런 사전 지식 없이, 원피스 캐릭터 케이스를 들고 왔다가 판매를 전부 취소해야 했던 경험이 있습니다. 지금은 특정 캐릭터의 라이센스를 가지고 있는 업체와 미팅을 거쳐 정식으로 캐릭터 상품을 판매하고 있습니다.

Q 도매꾹에 바라는 한 마디가 있나면요?

제가 자녀가 3명이 있습니다. 큰 아들은 군대에, 하나뿐인 딸은 고2, 작은 아들은 중학생입니다. 지금껏 도매꾹과 같이 성장해 오면서 가정도 잘 꾸리고, 무엇보다 다양한 물건을 취급할 수 있는 공간과 우리 직원들이 생겼습니다. 정말 감사합니다. 저는 도매꾹이 다른 사이트와는 차별화된 도매꾹만의 개성과 강점이 확실하다고 생각합니다. 도매꾹이 이 점을 잃지 않고, 앞으로 더욱 많은 상품공급사와 상품을 길러냈으면 합니다. 도매꾹이 성장하는 것이 저의 성장이기도 하니까요.

'대훈종합유통(DC아울렛)'의 이종민 점장

DC아울렛 본점과 직영점을 포함해 4개의 매장과 수십개의 거래처에 납품을 하면서 판매하는 상품 중 10% 정도를 도매꾹에서 매입하고 있었습니다. 도매꾹의 제품은 가맹점이나 프랜차이즈와 다르게 브랜드 로열티가 따로 없어 가맹비를 지불하지 않아도 되고, 가격 정책이 정해져있지 않아 상품의 마진폭을 자유롭게 설정할 수 있는 점이 굉장한 메리트였습니다. 이따금씩 덤핑 상품으로 올라오는 양말이나 휴대폰 악세서리는 직접 중국에서 제조하는 것보다도 저렴할 정도로 가격 경쟁력까지 좋습니다. 그렇게 월 평균 600만원 이상을 구매하다가 도매꾹 하병록 수석을 만나 오프라인 협업 매장 제휴에 대해 제안을 받았습니다. 저희 DC아울렛과 같은 오프라인 소매 점주들의 전체 구매량을 모아서 대량 구매 시 할인 가격으로 구매가 가능한 구조였습니다. 또한 도매꾹에서 상품의 제조 원청사와 직접 컨텍하여 PB상품을 제작하고 K*굿즈(도매꾹이 검증한 상품이라는 의미) 마크를 달아 온/오프라인 총판 역할까지 지원한다는 내용이었습니다. 오프라인 매장 판매용이다 보니 OPP/PP 이상 패키지 상품으로 요청 했습니다.

처음 시도한 제품은 디퓨저로 결과는 매우 성공적이었습니다. 우선 30만원 정도로 소량 구매하여 평택 본점에서 판매 테스트를 했습니다. 홈쇼핑에 납품되는 제품이다 보니 값싼 중국산과 비교할 수 없을 만큼 퀄리티가 좋았고 고객들 반응 역시 좋았습니다. 제조사와 직접 협의해 다른 소매 매장들의 구매파워가 반영된 가격이다 보니 저희가 직접 거래하는 것보다도 훨씬 저렴한 가격에 구매할 수 있었습니다. 이후 3개의 직영매장과 거래처까지 약 500만원을 매입했고 현재 PB상품으로 제작하는 것을 검토중에 있습니다. 도매꾹에서의 구매액이 기존 월평균 600만원 정도에서 1,000만원씩으로 늘어 2018년에 약 1억원을 구매했고 DC아

울렛의 매출 또한 당연히 상승했습니다. 2019년 상반기 내 완공을 목표로 1,000평 부지의 창고를 만드는 중입니다. 도매꾹이 제공하는 오프라인 협업 매장을 위한 상품을 많이 구매하고, 샘플을 진열하여 다른 협업매장에게 쇼룸의 역할을 제공하기 위함입니다. 매출 상승을 위해 많은 오프라인 소매 점주들이 협력해야 높은 퀄리티의 상품들을 저렴한 가격으로 구매할 수 있을 것입니다. 앞으로 도매꾹과 함께 유통 시장이 다시 호황기를 맞을 수 있도록 더욱 협업하겠습니다.

'엘엔에스' 김병기 대표

2017년 판매를 시작으로 도매꾹 판매방식을 모르던 저는 무작정 도매꾹 본사로 찾아가야겠다는 생각을 갖게 되어 2017년 4월 21일에 도매꾹 업무담당자인 오준호 책임을 만나 MD홍보대행에 대한 설명을 듣게 되었습니다. 일반수수료 6.3% 정도에 비해 MD홍보대행은 10%로 약간의 부담을 느꼈으나 판매에 도움이 된다면 뭐든 해야만 했습니다. MD 홍보대행 협의를 마치고 상품 전환 작업 후 4월 27일부터 MD홍보대행방식으로 판매가 시작되었습니다. 첫 달의 13건을 시작으로 지속적으로 판매가 되었고 약 8개월간 1억 정도의 매출이 발생되었습니다. 매우 행복한 일이었지만 회사를 살리기 위해서는 새로운 아이템이 절실한 때였습니다.

오준호 책임과 상담을 하던 끝에 황사가 많아지고 있다는 정보를 접하고 미세먼지 마스크를 진행하기로 하였습니다. 2018년 2월 정도에 사전 조사를 마치고 제조사와 협의하여 OEM 생산 후 3월 중순부터 판매를 시작했습니다. 결과는 대박이었습니다. 3, 4, 5월 동안 모든 재고를 소진하며 심지어 도매꾹에 없었던 예약발송까지 진행을 하며 지속 판매를 이어 나갔습니다. 그 이후에도 쿠션 커버, 여행용 상품 등 도매꾹에서 판매될 상품들을 소싱하여 매출을 올려나가고 있습니다. 이러한 상품들을 추가하면서 2018년에는 7억 정도의 매출달성을 이뤘습니다. 평생파트너로써 도매꾹 MD홍보대행을 진행할 예정이며 도매꾹에 무한한 감사를 드리며 앞으로도 회사의 발전과 도매꾹 발전을 위해 꾸준히 노력하겠습니다.

▲ 도매꾹에서 판매한 엘엔에스의 대박 상품들

08 제조업체의 판매를 대행하는 '온라인 유통전문MD' 이야기

'더큐브컴퍼니'의 정재득 대표

저는 도매매에 있는 상품을 쿠팡 등 다른 B2C 쇼핑몰에 등록하여 판매하는 전문셀러 역할과 제조업체나 유통업체들이 보유하고 있는 상품을 도매꾹과 도매매에 등록하여 판매를 대행하는 '유통전문MD'를 병행하는 1인 사업자 입니다. 2017년 6월, 도매꾹에서 모집하는 도매매 전문셀러 교육을 통해 무재고/무사입 B2B배송대행을 처음 알게 되었고, 전문셀러 교육을 수강하면서 첫 달에 약 500만원의 판매매출을 올렸습니다. 전문셀러 방식이 재고 부담 없는 매력적인 사업임을 깨닫고, 지금까지도 도매매 상품을 판매하는 활동을 하고 있는 중입니다.

2018년 도매꾹 판매자교육에서 B2B전문셀러 외에도 제조/유통 기반의 오프라인 유통집적단지의 다양한 오프라인 상품들을 도매꾹 도매매에 등록하여 판매하는 '온라인 유통전문MD'라는 역할을 누구나 할 수 있다는 것을 알게 되었습니다. 상품 등록 후 매일 판매된 상품을 구매하고 포장하여 배송해주는 유통전문MD에 맞는 지역과 아이템을 정하고, 바로 상품 판매를 시작했습니다.

▲ 도매꾹에서 판매한 더큐브컴퍼니의 대박 상품들

이 역시 전문셀러와 마찬가지로 무재고/무사입으로 진행하며, 도매꾹 도매매만으로도 월 평균 약 1,500만원 매출이 나옵니다. 아이템 특성상 수제/장인 핸드메이드 제품이라 평균 마진율이 약 30%이상으로 매우 높은 편입니다. 특히 500종 이상의 상품을 등록한 유통전문MD의 상품은 도매꾹 도매매의 '묶음배송상품전'에 들어갈 수 있습니다. 전문셀러들은 품절 관리를 잘하는 창고를 보유하고 있는 묶음배송상품전의 상품공급사를 매우 선호하고 있습니다.

▲ 묶음배송 상품전

불과 10년 전만 하더라도 내 상품이 아닌 것을 판다는 것 자체를 상상도 할 수 없었는데, 도매 꾹, 도매매를 통해 많은 것을 알게 되었고, 전문셀러와 유통전문MD를 병행하며, 무재고/무사 입으로 1인 기업으로 자리 잡았다는 것이 신기할 따름입니다.

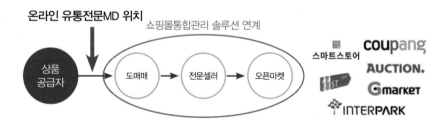

'스타일도매'의 김현철 사장

온라인 판매의 비전을 보다

토목을 전공한 공학도인 김현철 사장은 자신의 전공이 적성과 맞지 않음을 뒤늦게 깨닫고 새로운 직업을 선택하려 했지만 취업의 기회는 쉽게 찾아오지 않았습니다. 마땅한 직업을 찾지 못했던 그는 본인의 의지와는 관계없이 자연스럽게 백수 생활의 길로 접어들게 되었습니다. 그 후 의류매장을 운영하던 매형에게 의탁하여 의류 유통에 눈을 뜨게 되었습니다. 그 당시 인터넷 판매 초창기, 더군다나 옷을 인

터넷으로 판매한다는 것은 상품공급사나 구매자 모두 쉽게 납득할 수 없었던 시기였습니다. 하지만 오프라인 의류매장보다는 온라인 의류판매의 성장 가능성이 있다고 판단한 김현철 사장은 옥션, 공동구매 쇼핑몰 등을 통해 온라인 판매를 시도했습니다.

허접한 이미지, 텍스트 몇 줄의 상품 설명 등 지금 생각해 보면 말도 안 되는 상품 정보로 판매했지만 구매가 꾸준히 발생하는 것을 보고 앞으로 자신이 해야 될 일이 무엇인지를 분명히 결정할 수 있었습니다. 동대문 도매시장에 취직하여 의류 제작 및 의류 유통을 배우기 시작했고 틈틈이 컴퓨터 기술도 습득하면서 자신만의 내공을 쌓기 시작했습니다. 그리고 마침내 동대문 도매시장 근무 경험을 토대로 2009년 봄 '스타일도매' 온라인 의류 도매 쇼핑몰을 창업했습니다. 스타일도매는 "패션은 스타일로 시작되고 스타일로 끝난다."는 김현철 사장의 마인드가 그대로 반영된 쇼핑몰입니다.

▲ 스타일 도매사이트

도매꾹을 노크하다

스타일도매 사이트의 의류는 자체생산이 60%, 동대문 도매시장과 의류 유통업체 등을 통한 사입은 40% 정도 입니다. 자체 생산하는 상품들은 중국과 국내 공장에서 생산하며 원단 선택부터 생산까지 모든 과정을 직접 핸들링하기 때문에 품질과 가격에서 만큼은 자신 있었습니다.

동대문 도매시장에 일할 때 알고 지내던 선배로부터 들은 "동대문 상인중에 도매꾹이란 곳에서 엄청나게 판매하는 사람들이 있다."는 정보는 도매 판로를 모색 중이던 김 사장에게 가뭄속 단비와도 같았습니다. 사실 도매꾹은 온라인을 처음 접했을 때부터 알고 있었기 때문에 어렵지 않게 판매를 시도할 수 있었습니다. 판매 단가와 품질만큼은 자신 있었기 때문에 스타일도매 신상품은 항상 도매꾹의 인기상품이 되었고 이제 도매꾹은 안정된 판매채널로 자리매김하였습니다.

"도매꾹에서 아이템 구입 시 가장 중요하게 생각하는 부분은 '품질'과 '단가'입니다. 상품공급사와 구매자 모두 이 두 가지 항목의 경쟁력만 갖춘다면 도매꾹이 도매업자들을 위한 빅 판매채널로, 소매업자들을 위한 빅 구매채널이 될 것입니다."

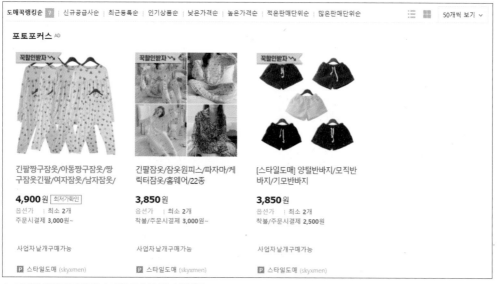

▲ 도매꾹에서 판매중인 스타일도매의 인기상품들

수입업자를 100% 믿지는 말라

스타일도매 전체 물량 중 중국에서 수입하는 물량은 30% 정도 차지합니다. 동대문 의류 도매시장의 원도매업체나 수입업체 중 광저우, 심양 등 중국에서 수입하는 분들이 많으며, 그 중 상당수의 의류 상품공급사들은 중국, 특히 광저우의 쓰산항루 의류 도매시장을 이용할 것입니다.

김현철 사장이 처음 중국에서 의류를 수입할 때는 수입 절차와 물류 시스템이 잘 발달되지 않았고 정보 공유도 잘 이루어지지 않았기 때문에 지인이나 수입업자들의 말만 믿고 거래하는 경우가 많았습니다. 김 사장도 예외는 아니었습니다. 사업 초창기에 수입업자의 말만 믿고 니트를 대량 수입했었는데 오히려 동대문 도매시장에서 사입하는 것보다 비싼 경우도 있었습니다. 이 니트는 가격 경쟁력이 없었기 때문에 정상 가격으로는 판매하기 쉽지 않았고, 결국 덤핑업자에 게 덤핑 가격으로 팔아야 했으며 앉은 자리에서 그대로 손해를 볼 수밖에 없었습니다.

대량 소품보다는 소량 다품 원칙 그리고 빠른 판단력

최근 의류 판매 트렌드는 한두 가지 품목을 대량 수입하는 것보다 다양한 품목을 소량 수입한 후 판매 추세에 따라 빠르게 리오더를 진행하는 것입니다. 인천항이나 평택항 등 배편을 이용하면 중국 쓰산항루에서 주문한 상품은 동대문 도매시장까지 4~5일 정도 소요되기 때문에 샘플로 소량 다품 판매가 가능합니다.

특히 쓰산항루는 동대문 청평화, 디오트, 디자이너클럽, 유어스 등 도매상가 내 상당수 원도매업체들이 이용하는 유명한 중국 의류 도매시장입니다. 동대문 상인들이 쓰산항루에서 사입하는 최소 수량은 겨울 아이템 기준으로 외투는 10~20장, 니트는 80~100장 정도이며, 판매 추이에 따라 추가 또는 대량 주문합니다.

잘 발달된 물류 시스템으로 인해 소품(몇 가지 디자인) 대량 구매에서 다품(여러가지 디자인) 소량 구매로 의류 유통 트렌드가 변해가고 있기 때문에 한 품목 당 5~10장 정도 샘플로 판매해 본 후 재주문하는 것이 리스크를 최소화시킬 수 있는 방법입니다.

의류 도매 초보자나 쇼핑몰 운영자가 중국 의류 도매시장을 이용하여 사입하는 경우에도 처음부터 한두 가지 품목을 대량 구매하는 것보다 여러 가지 품목을 소량 구매한 후 판매가 잘되는 품목들만 신속하게 리오더 작업을 하는 것이 좋습니다. 단 다른 상품공급사보다 빠르게 판단해야 성공 확률이 높습니다. 오래 고민하는 순간 그 아이템은 내 아이템이 아니라는 점을 기억해야 할 것입니다. 사입하고 싶은 의류의 샘플 사진이나 이미지 또는 웹사이트 주소만 있으면 식별하기 어려울 정도로 유사하게 만들수 있는 것이 의류 유통의 현 주소이기 때문에 빠른 판단은 무엇보다도 중요합니다.

10 오픈마켓에서 도매꾹으로 전환하여 성공한 이야기

'상상홀릭'의 한순욱 사장

하청업체에서 유통업체로

상상홀릭은 바른손, 모닝글로리, 미스터케이 등 국내 유명 팬시문구 유통업체에 OEM으로 납품을 하는 업체였습니다. 한순욱 사장은 OEM 납품만으로는 회사의 비전이 없다고 판단하여 축적된 기술을 바탕으로 자사의 상품을 유통시킬 총판과 대리점 등을 모집한 후 직접 유통을 시작하였습니다. 초창기에는 태국에서 아로마 관련 제품들을 수입하여 유통하였고, 한국과 중국에서 핸드폰액세서리를 직접 제조하여 유통하였습니다.

오픈마켓과 남대문 도매 매장 철수, 도매꾹 집중

오프라인에만 매진했던 한순욱 사장은 온라인 판매의 무한한 성장 가능성을 예측하고 G마켓, 옥션, 11번가 등 오픈마켓의 우수 상품공급사들부터 벤치마킹하였습니다. 상품공급사들의 상품 가격대를 조사한 결과 충분히 가능성이 있다고 판단되어 오픈마켓을 시작했습니다. 예상했던 대로 진입은 수월해지만 한순욱 사장이 판매하는 대부분의 품목들은 객단가가 낮은 초저가 상품들이었기 때문에 고객관리, 배송관리에 소요되는 시간 대비 마진율이 사무실을 운영하기에 턱없이 부족했고, 결국 오픈마켓 진입 1년 만에 채널 갈아타기를 할 수 밖에 없었습니다.

취급 품목이 늘어나면서 체계적인 관리와 오프라인 대리점주들이 손쉽게 주문할 수 있도록 상상홀릭 도매쇼핑몰(www.ssholic.com)을 오픈하였습니다. 또한 한순욱 사장이 갈아타기를 시도한 채널은 도매꾹 사이트였습니다. 여러 곳의 도매사이트가 있었지만 도매꾹을 선택한 이유에 대해 그는 이렇게 말합니다. "도매꾹은 순수하게 상품공급사와 구매자에게 장터를 서비스하는 마켓플레이스 본연에 충실한 것 같았습니다. 사실 많은 도매 마켓플레이스 서비스 업체들은 자신들도 도매업체를 운영하는 등 서비스 본연에 충실하지 않아 신뢰감이 들지 않았습니다."

오프라인 대리점으로 유통되는 품목 중 일부와 재고 상품을 중심으로 도매꾹에서 시험 판매한 결과 상품을 등록한지 불과 며칠 만에 완판, 이후에도 올리는 상품마다 완판 행진을 이어갔고 고객들의 구매평들도 대체적으로 만족도가 높았습니다.

사실 도매꾹은 2005년도부터 알고는 있었지만 그 당시에는 오프라인 유통에 대한 생각이 지배적이었고 '인터넷에 상품을 노출시키면 경쟁업체만 양산하는 것 아닌가?'라는 부정적인 선입견을 가지고 있었습니다. 그 후 상상홀릭에서 물건을 공급해주던 한 거래처로부터 도매꾹은 거래 단위가 크기 때문에 물량 대비 배송비를 절감할 수 있고, 오픈마켓에 비해 고객관리가 수월하여 오프라인 도매업체에게 인지도가 높은 곳이라는 이야기를 들은 이후 조심스럽게 도매꾹 접근을 시도했습니다. 큰 기대 없이 시작했지만 판매 반응이 예상보다 좋았고 오픈마켓 판매 중단의 주요 원인이었던 고객 응대에 따른 리스크와 배송비 부담과 마진율 저조 등의 문제점들은 발생하지 않았습니다. 이후 도매꾹을 집중적으로 공략하기로 마음먹고 운영 중이던 남대문 코코 상가 내 매장마저 폐쇄하였습니다. 현재 도매꾹에서만 연 15억 원 정도 매출이 발생하고 있고, 이는 상상홀릭의 전체 매출 중 75%정노 비중입니다.

▲ 오픈마켓 판매중지와 자체 도매 쇼핑몰 운영 중지 그리고 도매꾹 집중

▲ 상상홀릭의 남대문 매장 폐쇄와 도매꾹 입점

하루아침에 1등급에서 3등급으로 하락

상상홀릭에서 취급하는 품목은 900~1,000가지 정도입니다. 상품의 가짓수가 워낙 많다 보니 품절 상품을 100% 체크하기란 결코 쉽지 않았습니다. 또한 동일 품목이라도 디자인과 색상에 따라 50 여가지로 분류되는 상품들도 있었는데 이런 상품들은 재고관리에 문제점이 많았습니다.

재고관리의 어려움으로 인해 물류 창고에 재고가 없는 상태임에도 불구하고 도매꾹에 등록한 일부 상품은 주문 가능한 상태인 경우도 있었습니다. 문제는 전산과 실제 재고의 차이로 인해 주문 상품을 배송하지 못한 경우도 있었고, 이는 결국 미배송으로 처리되어 착실하게 쌓아올린 도매꾹 상품 공급사 등급이 1등급에서 3등급으로 급락하는 경우도 있었습니다. 등급이 하락하면 그만큼 고객의 구매율도 줄어든다는 것이 문제였습니다. 한 사장은 예비 상품공급사 뿐만 아니라 온라인 상품공급사들에게 "판매하는 품목의 가짓수가 아무리 많더라도 재고를 주기적으로 파악하여 미배송으로 인한 판매 등급 하락과 그에 따른 불이익을 당하지 않도록 해야 한다."고 당부합니다.

검품의 중요성

많은 수입업체들, 특히 소량 수입의 경우에는 제대로 검품을 하지 않는 경우가 많습니다. 한 사장도 예외는 아니었습니다. 5톤 트럭으로 입고가 될 정도로 많은 수량의 머그컵을 수입한 예가 있었는데 전체 수입 물량 중 90% 정도가 파손되어 큰 손실을 입은 경우도 있었고, 2005년 중국에서 이어폰을 1만 개 수입했었는데 그 중 1%인 100여 개 정도가 불량인 경우 등은 모두 제대로 검품하지 않아서 발생한 사례들입니다.

눈앞에 보이는 손실보다 더 큰 문제는 불량 제품을 구매한 고객과 소매업체들의 교환과 환불 요청이었습니다. 불량으로 인한 단골고객 이탈은 물론 업무에도 적지 않은 리스크가 발생했습니다. 불량 소동을 몇 번 겪은 이후부터는 불량률을 0.01% 이하로 낮추기 위해 중국 현지에서 1차 검품, 한국에서 2차 검품을 통해서 불량품을 최대한 걸러냈고 그러한 검품 작업으로 인해 현재는 불량을 0.01% 이하로 낮추는데 성공했습니다. 중국 현지와 국내 검품 등 2차 검품 시스템으로 인해 불량이 거의 발생하지 않는다는 입소문이 나기 시작하면서 국내에서 20년간 이어폰을 제작하신 업체에서도 상상홀릭에 OEM 방식으로 생산을 의뢰하는 경우도 있습니다.

03

도매꾹 도매매 상품등록, 상품공급관리, 광고관리

LESSON

01

상품공급관리

Q 도매꾹 상품공급관리 어렵지 않나요?

A 한눈에 살펴보는 도매꾹 상품공급사센터

상품공급사로서 활동을 하게 될 경우 상품공급사센터 페이지에서 상품 등록 이후 진행되는 상품 발송, 판매 대금 송금까지 도매꾹 판매 활동에 필요한 대부분의 일들을 관리할 수 있습니다. 상품공급사센터 기능을 알게 되면 상품등록 외 도매꾹 상품공급사에게 필요한 판매 관리 방법의 대부분을 이해할 수 있게 됩니다.

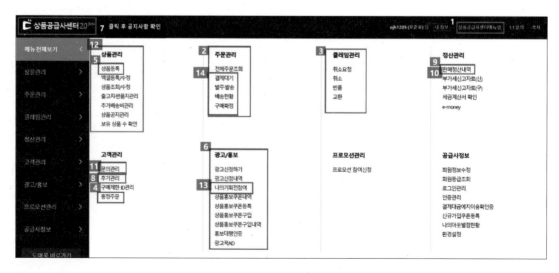

메뉴명	내용
❶ 상품공급사 메뉴얼	'상품공급사 매뉴얼'은 판매 활동에 필요한 상품등록, 수수료 등 기본적인 정보를 제공하며, '상품공급사센터 도움말'은 판매 활동에 필요한 내용을 특징별로 분류하여 제공합니다. 도매꾹에서 상품을 판매하기 전 '도매꾹 상품공급사 매뉴얼'을 통해서 기본 정보를 습득한 후 판매활동 중 필요한 내용은 '상품공급사센터 도움말'을 통해서 습득하는 것이 좋습니다.
❷ 상품 판매현황	입금예정 또는 승인대기부터 적립예정까지 상품 판매현황을 확인할 수 있습니다.
❸ 구매종료/취소현황	판매종료, 승인취소, 판매취소, 구매취소, 반품 상황을 확인할 수 있습니다.
❹ 흥정현황	구매자의 확인 및 주문 대기 흥정요청 내용을 확인할 수 있습니다. 구매자를 지정하여 새로운 흥정값을 입력하여 결제를 요청할 수 있습니다.
❺ 상품 등록 현황	등록된 상품을 단계별로 확인할 수 있습니다.
❻ 광고 현황	광고 결제 내역, 등록, 입금 상황을 확인 및 수정할 수 있고, [광고신청하기] 버튼을 클릭하여 광고를 신청할 수 있습니다.
❼ 상품공급사 공지사항	구매고객의 문의글에 대한 내용을 확인할 수 있습니다.
❽ 구매자권리신고/후기현황	구매고객의 신고 및 후기글을 확인할 수 있습니다.
❾ 매출내역 다운로드	년도별, 월별, 분기별 판매내역 파일을 다운로드 받을 수 있습니다.
❿ 대금 정산현황	금일, 금월 대금정산환황이 표시됩니다.
⓫ 상품문의현황/거래문의현황	구매고객의 문의글과 거래문의에 대한 내용을 확인할 수 있습니다.
⓬ 상품등록관리	상품등록 및 수정, 승인 등을 관리할 수 있습니다.
⓭ 나의기획전참여	도매꾹의 다양한 기획전에 참여하고 참여한 기획전들을 관리할 수 있습니다.
⓮ 상품공급관리	입금, 승인, 발송, 배송, 흥정 등 상품 판매에 관련된 일련의 사항들을 관리할 수 있습니다.

Q **판매한 상품의 주문현황은 어디서 확인하나요?**

 A '상품공급사센터〉 상품공급관리 〉 전체보기'의 판매상태 란에서 확인 가능합니다.
판매상태별 내용은 다음과 같습니다.

- 입금예정 : 구매자가 주문 후 아직 입금을 하지 않은 상태
- 승인대기 : 카드결제 시 카드사고를 예방하기 위하여 관리자가 정상 거래인지 확인하는 상태
- 결제완료 : 구매자가 입금을 완료한 상태
- 배송준비중 : 상품공급사가 주문을 확인하고 배송을 준비중인 상태
- 배송중 : 상품공급사가 물건을 배송하고 구매자가 아직 수령을 하지 않았거나 구매결정을 하지 않은 상태
- 적립예정 : 구매자가 상품을 수령하고 관리자가 상품공급사에게 상품대금을 적립하기 전 대기 상태
- 판매종료 : 관리자가 상품공급사에게 판매대금을 e—money로 적립 완료한 상태
- 승인취소 : 구매자가 주문 후 입금은 하였으나 불량거래로 파악되어 결제승인이 되지 않은 상태
- 판매취소 : 상품공급사의 사정으로 인하여 상품 판매를 취소한 상태
- 구매취소 : 주문 후 구매자의 사정으로 인하여 상품 구매를 취소한 상태
- 반품중 : 주문 후 구매자의 사정으로 반품 신청을 하고 상품공급사와 반품 협의가 된 상태

모바일의 경우

"마이페이지 〉 상품공급사센터 〉 상품주문현황"에서 확인할 수 있습니다.

안드로이드의 경우 "마이페이지 〉 상품공급사센터 〉 상품주문현황"에서 확인할 수 있습니다. iOS
와 모바일웹의 경우 "마이페이지 〉 상품공급사센터"에서 주문 상태 별로 확인할 수 있습니다.

기간별 판매내역을 확인하려면 어떻게 해야 하나요?

A '상품공급사센터 〉 상품공급관리 〉 전체보기'에서 확인할 수 있습니다.

전체보기에서 빠른 선택(이미지로 대체)을 통해 특정 기간의 판매 내역을 확인할 수 있습니다. '기간무시'를 선택할 경우 최대 3년까지의 판매내역 확인이 가능하며 주문일, 발송일, 적립일 기준으로도 선택할 수 있습니다.

〈 주문전체조회								
판매채널	⦿ 전체 ◯ 도매꾹 ◯ 도매매			**판매방식**	⦿ 전체 ◯ 직접판매 ◯ MD홍보대행			
기간	주문일기준 ▾	빠른선택 ▾	2022.06.24 📅 ~ 2022.07.08 📅					
주문상태	☑ 입금예정 ☑ 승인대기 ☑ 결제완료 ☑ 배송준비중 ☑ 배송중 ☑ 배송완료 ☑ 정산예정 ☑ 정산완료							

모바일의 경우

'마이페이지 〉 상품공급사센터 〉 상품주문현황'의 전체보기에서 개월 수 지정 후 확인 가능합니다.

> **TIP** 의류 유통업을 하는 Y사장이 들려주는 도매꾹 알짜배기 판매 기능
>
> **첫째, 샘플판매는 큰 거래로 이어질 수 있다.**
> 상품등록 시 샘플판매 여부는 상품공급사가 직접 설정할 수 있는데 샘플을 판매하면 큰 거래로 이어질 수 있기 때문에 되도록 샘플판매를 선택하는 것이 좋습니다. 샘플판매는 선택사항이므로 등록 시 직접 지정합니다.
>
> **둘째, 샘플할인판매를 허용하면 더 많은 거래를 이끌어 낼 수 있다.**
> 상품등록 시 샘플할인판매 가능 상품으로 선택된 상품은 별도 기획전에 노출되는 홍보효과와 구매자가 샘플 등을 직접 확인해 보고 대량구매로 연결되는 장점이 있습니다. 샘플할인판매란, 구매자가 내 상품들을 일정 금액 이상 한꺼번에 구매할 경우 추가로 구매하는 샘플의 가격을 최소구매수량 판매단가(도매가)로 구매할 수 있도록 하는 도매꾹 제도입니다.

Q 매출내역을 엑셀 파일로 손쉽게 확인할 수 있나요?

A 예, 매출내역을 엑셀 파일로 손쉽게 다운받아서 확인할 수 있습니다.

도매꾹에서는 월별 판매 내역과 분기별 판매 내역을 지정하여 손쉽게 확인할 수 있습니다. '상품공급사센터' 메뉴를 클릭한 후 '정산내역관리 〉 부가세신고자료'를 선택한 후 '매출내역 다운로드'에서 년도, 월, 분기 등을 선택한 후 [다운로드] 버튼을 클릭하면 엑셀 파일로 정리된 자신의 매출내역을 확인할 수 있습니다.

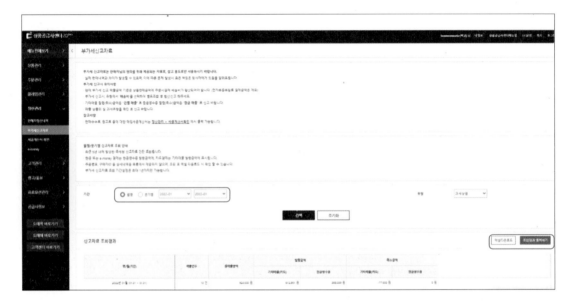

K사장이 들려주는 도매국 알짜배기 판매 기능

첫째, 상품페이지에 상품에 대한 정보를 정확히 입력한다.
도매꾹은 온라인상에서 거래되는 오픈마켓으로 상품의 사진과 내용이 판매에 큰 영향을 미치게 됩니다. 실제상품과 동일한 이미지를 올려주어야 하며 구매자가 궁금해 할 만한 상품의 정보를 자세하게 입력하는 것이 판매 증진에 도움이 됩니다.

둘째, 직거래는 하지 않는 것이 좋다.
도매꾹은 안전한 거래를 도와주는 중개업체로, 직거래가 금지되어 있습니다. 직거래 적발 시 판매벌점과 아웃벌점이 부과됩니다. 또한 등록한 상품이 모두 숨김 처리될 수도 있기 때문에 주의해야 합니다.

셋째, 도배등록은 본인뿐만 아니라 모든 회원들에게 피해를 끼친다.
한 가지 상품을 중복하여 여러 번 등록할 경우 상품을 검색하는 구매자들이 원하는 상품을 찾기 어렵게 만들어서 전체적인 거래 저하로 이어질 수 있습니다. 본인뿐 아니라 다른 상품공급사들이나 특히 구매자들을 위해서 무분별한 도배등록은 자제하는 것이 좋습니다. 도매꾹 운영진에서도 최근 돋배등록에 대한 모니터링을 강화하고 있는 것으로 알고 있습니다.

Q 상품발송처리는 어떻게 하나요?

상품이 판매되면 휴대폰 문자와 알림톡, 이메일 등을 통하여 판매된 내역에 관한 연락을 받게 됩니다. 도매꾹의 상품공급사센터 페이지(❶)에서 결제완료 또는 배송준비중(❷)의 건수를 클릭하여 주문받은 내역을 확인한 후 발송처리를 해 줍니다.

판매된 리스트의 상품명(❸)을 클릭하면 주문내역을 확인할 수 있습니다. 송장정보 입력을 위해 클릭합니다.

주문자이름(❺)과 주문자주소(❻) 등을 확인 후 그에 따라 배송송장을 작성하여 배송해 줍니다. 상품 발송 후 상세 주문내역 하단에서 운송장번호(❼)를 기재합니다. '상품을 발송하였습니다'(❽) 버튼을 클릭하면 주문상태가 '결제완료 또는 배송준비중'에서 '배송중' 상태로 변경됩니다.

정확한 송장번호를 기재하지 않으면 판매대금 적립(정산)기일이 늦어질 수 있습니다. 판매대금은 전문셀러나 수령자가 수령확인을 해 주는 시점에서 적립되며 수령확인이 없는 경우 적립까지 7일 이상의 기간이 소요됩니다.

주문확인서(❹)를 클릭하면 상품공급내역서를 볼 수 있습니다. 내용확인 후 프린트하여 상품과 함께 택배박스에 넣어서 구매자에게 배송해 줍니다. 그래야 반품 등의 사유가 발생할 경우에 내 주소로 상품을 반송 받을 수 있습니다.

판매채널	판매방식	주문서보기	주문번호	주문상태	주문일	결제일	상품번호	상품명
도매꾹	직접판매	**4** 주문서보기	34076648	정산완료	2021.12.21 13:30:41	2021.12.21 13:31:40	9428426	**3** 파스텔 단칼라 스마트톡 그립톡

배송정보

수령자이름	**5**		연락처	
수령지주소	**6**			
배송방법			송장번호	배송조회하기

기타정보

구매자평	구매 만족도 : 매우만족
주문상태확인	**7** 운송장정보입력
주문상태기록	2022/01/06 08:11:20 : 정상판매종료 2022/01/06 08:11:20 : 상품판매대금(18,830원) 적립완료 (자동처리) 2022/01/04 08:02:08 : 상품구매확정 (자동처리) 2021/12/27 11:01:12 : 상품배송완료 2021/12/27 09:39:11 : 상품배송시작 2021/12/27 09:37:42 : **판매취소 → 결제완료** 주문상태변경 2021/12/27 07:40:03 : 상품판매취소 처리 (3영업일 이상 주문미확인) 2021/12/21 13:31:43 : 카드결제 509,100원 2021/12/21 13:30:42 : 주문정보입력

Q 송장번호 입력은 어떻게 하나요?

A '상품공급사센터 〉 상품공급관리 〉 결제완료 또는 배송준비중'에서 송장번호 입력이 가능합니다. 입력할 송장이 많은 경우 '일괄발송처리하기'에서 엑셀파일을 다운로드하여 송장등록 후 파일을 업로드할 수 있습니다.

일괄 발송 처리 방법

01 도매꾹메인에서 '상품공급사센터'를 클릭합니다

02 상품공급관리 〉 결제완료 또는 발송준비중 에서 [일괄발송처리하기] 버튼을 클릭합니다.

03 [엑셀파일다운로드] 버튼을 클릭하여 엑셀에 등록할 발송정보(주문번호, 택배사코드명, 운송장번호)를 기재한 후 [파일업로드]로 엑셀파일을 업로드합니다. 개별적으로 송장등록을 할 경우 일괄발송처리하기에서 각 주문로 송장번호 등록한 후 [발송완료 처리하기] 버튼을 클릭합니다.

Q 운송장 수정은 어떻게 하나요?

A '판매공급사센터 〉 상품공급관리 〉 전체보기'에서 상품 제목을 클릭하여 주문서 내에서 수정 가능합니다.

01 도매꾹메인에서 '판매공급사센터'를 클릭합니다.
02 '상품공급관리 〉 전체보기' 메뉴를 클릭합니다.

◀ 상품공급사센터 (구버전)

03 해당 주문건의 상품 제목을 클릭하여 주문 상세 내역으로 이동하면 주문상태확인 란에서 운송장 수정이 가능합니다.

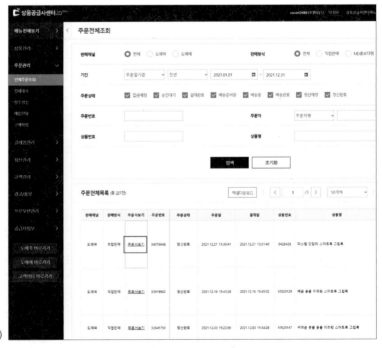

▶ 상품공급사센터 2.0 (신버전)

택배 이외의 배송처리는 어떻게 하나요?

 택배가 아닌 퀵/화물로 보낼 경우 혹은 상품을 구매자가 직접 가지고 간 경우 직접 배송으로 설정합니다.

직접 배송 처리 방법

01 '상품공급사센터 〉 상품공급관리 〉 결제완료 및 배송준비중'에서 상품 제목을 클릭합니다.

02 주문 상세 내역에서 배송 방법을 직접배송으로 선택한 후 송장 입력 부분에 배송 수단을 입력합니다. 이후 [상품을 발송하였습니다.] 버튼을 클릭하면 배송처리가 완료됩니다

'마이페이지 〉 상품공급사센터 〉 상품주문 현황'의 배송중에서 확인 가능합니다.
배송중인 상품 목록에서 [배송조회] 버튼을 누르면 배송 추적이 가능합니다.

Q 내가 배송한 상품의 배송 추적을 하고 싶어요, 어떻게 하나요?

 A 모바일의 경우

iOS와 모바일웹의 경우 '마이페이지 〉 상품공급사센터 〉 배송중'에서 확인 가능합니다.

 Q 상품 배송 후 주문 상태를 배송중으로 어떻게 변경하나요?

 A 가능합니다. 발송예정인 상품의 주문 내역으로 들어가면 배송정보 란이 있습니다. 배송방법과 택배사를 선택한 후 송장번호를 입력하고 상품발송을 누르면 주문상태가 배송중으로 변경됩니다.

모바일의 경우

OS와 모바일웹은 '마이페이지 〉 상품공급사센터 〉 결제완료 또는 배송준비중'에서 변경 가능합니다. 가송장 입력 시 패널티가 부과되니 입력하지 않도록 주의 바랍니다.

발송마감일 이내 상품발송이 안 될 경우 구매취소 가능한 상태가 되며, 30일 경과시 자동 판매취소

 Q 상품배송이 늦어지거나 배송이 안 될 경우 어떤 불이익이 있나요?

A 처리됩니다.

30 일 이상 장기미처리로 주문서가 자동 판매취소 된 경우, 발송마감일을 넘겨 발송지연 사유로 구매취소 된 경우

판매취소에 대해 구매자가 불만족 신고시, 아웃벌점 부여 및 판매점수 차감

가송장 입력이 적발된 경우

실제 배송을 하지 않았으나 임의로 송장번호를 입력한 후, 관리자에게 적발될 경우 송장 확인 후 즉시 아웃벌점 부여

예, 묶음배송시스템 이용을 위해 출고지를 설정할 수 있습니다.

Q 묶음배송을 위한 출고지 설정 기능이 있나요?

A 도매꾹은 상품등록 시(기존 등록된 상품이라면 '상품공급사센터 〉 상품등록관리 〉 전체상품 〉 해당상품의 정보수정') 배송조건란에 묶음배송 설정을 통해 출고지 추가 및 관리를 할 수 있습니다. 상품별 출고지를 등록하여 저장을 해놓으면 다시 입력할 필요 없이 저장된 출고지를 불러올 수 있습니다.

구매자가 상품을 여러개 구매할 때 같은 출고지 상품의 경우 묶음배송으로 택배비를 한번만 부담할 수 도 있다는 것을 알고 더 많은 구매를 시도할 수도 있습니다.

아래는 묶음배송 기능에 대한 오픈 공지입니다.

출고지 관리는 전체상품/정보수정의 배송조건 항목에서 설정하여 사용할 수 있습니다. 배송조건 항

묶음배송 기능 오픈!

내 상품을 여러 개 구매해주는 고마운 고객에게 더 이상 배송비를 일일이 환불할 필요가 없습니다!

안녕하세요. 도매꾹입니다
묶음배송 기능에 대해 안내해 드립니다

묶음배송이 무엇인가요?

동일 판매자의 상품을 한번에 묶어 배송비 결제 및 발송처리하는 기능입니다.
이전에는 구매자가 동일한 판매자의 상품을 여러 개 주문할 때, 선결제 배송비를 중복으로 결제해야 했습니다
하지만 묶음배송 기능 도입으로 출고지 정보가 동일한 상품은 자동으로 묶어 배송를 한 번만 결제해도 됩니다
(단, 묶음배송조건이 다르거나 상품출고지가 다를 경우 구매자가 장바구니에 한꺼번에 담아도 배송비가 각각 청구됩니다)

잠깐! 묶음배송 출고지부터 설정해주세요!

아직도 묶음배송 출고지 정보를 등록하지 않으셨나요?
출고지 정보를 등록해야 묶음배송이 가능해집니다
판매자님의 주문활성화를 위해 꼭 출고지 정보를 등록해주세요!

1. 상품공급센터〉전체상품〉정보수정 내 배송정보설정 영역에 묶음배송선택 부분이 있습니다.
   (신규 상품 등록시 상품공급관리 〉 상품등록하기를 클릭해주세요)
2. 묶음배송 조건부 가능 학은 가능을 선택하면 묶음배송 출고지 [관리] 버튼이 자동노출 됩니다.
3. 해당 팝업에서 출고지 정보를 입력 후 [저장] 버튼을 클릭합니다.

묶음배송 설정, 이것이 궁금해요!

Q1. 제가 판매중인 상품에는 무료배송 상품과 유료배송(선결제, 착불) 상품이 있어요
상품 출고지가 같은데, 묶음배송이 가능해지면 무조건 다 무료배송으로 처리되나요?

> 무료배송 상품과 유료배송 상품은 모두 무료배송으로 적용됩니다
> 무료배송이 불가할 경우, 묶음배송 '불가능'으로 선택해주세요

Q2. 선결제 배송비가 3,000원인 상품과 2,500원인 상품, 착불 5,000원인 상품을 구매자가 주문했어요
묶음배송시 구매자에게 청구되는 배송비는 얼마인가요?

> 유료배송 상품인 경우 선결제 상품이 우선되며, 선결제 배송비가 큰 값이 적용됩니다
> 구매자는 주문할 때 배송비 3,000원만 결제하면 됩니다

Q3. 조건부 묶음배송을 설정하고 싶은데요, 어떻게 하면 되나요?

묶음배송선택   ○불가능   ◉ 조건부가능   ○가능 (구매금액 [   ] 원 이상시 묶음배송가능)

> 묶음배송 선택시 '조건부 가능'으로 선택하면 특정 구매금액 이상을 구매자가 주문한
> 경우에만 묶음배송 할 수 있습니다
> 예를 들어, 100,000원 이상 주문시에만 묶음배송이 가능하게 하려면, 구매금액란에
> 100,000원을 입력하면 됩니다 (해당 상품 단품 주문시 적용)

묶음배송 출고지 일괄 등록도 가능합니다

상품이 많아 일일이 수정하기 어렵다면, 엑셀에 출고지명과 상품번호만 기재해 도매꾹 1:1 게시판에 수정요청을
해주세요. 확인 후 출고지를 일괄 적용 해드립니다

1. 상품정보수정에서 묶음배송 출고지를 설정합니다
2. 엑셀파일에 출고지 일괄등록을 원하는 상품번호와 출고지명을 기재합니다
3. 파일저장시 파일이름은 출고지명으로 저장해야 하며, 출고지명이 여러 개일 경우, 파일을 각각 저장해주세요
4. 도매꾹 1:1 게시판에 해당 엑셀파일을 업로드 해주세요   1:1 게시판 바로가기

항상 도매꾹을 이용해주시는 판매회원님들께 감사의 말씀 드리며,
앞으로도 보다 나은 서비스를 제공해드릴 수 있도록 노력하겠습니다

묶음배송 출고지 관리 기능은 어떻게 사용하나요?

 목을 보시면, 배송금액 설정 다음 그림처럼 묶음배송 설정 항목을 확인할 수 있습니다.

묶음배송을 하기 위해서는 [묶음배송 가능]을 선택하여 세부 설정을 해주시면 됩니다. 설정해야 할
항목은 두 가지로, 출고지설정과 조건설정이 있습니다.

❶ 출고지설정

묶음배송 출고지를 설정합니다. 동일한 출고지의 상품들만 묶음배송이 가능합니다. 출고지 설정란
의 펼침 메뉴를 클릭하면, 등록한 출고지 목록이 보입니다. 신규 출고지를 등록하거나 수정하려면,
펼침메뉴 오른쪽에 있는 [관리] 버튼을 클릭합니다.

위와 같은 출고지 반품지관리 팝업창이 나타납니다.

화면 위쪽에 있는 표가 현재 내가 등록해 놓은 출고지들의 목록입니다.

- 새로운 출고지를 등록하려 할 때, 정보란을 채운 후 [추가] 버튼을 누르면 됩니다. 화면 위에 있는 표에 해당 출고지가 표시될 것입니다.
- 기존에 등록한 출고지를 수정하려 할 때, 수정하고 싶은 출고지를 선택한 후 정보를 수정한 후 [저장] 버튼을 클릭합니다.
- 기존에 등록한 출고지를 삭제하려 할 때, 삭제하고 싶은 출고지를 선택한 후 [삭제] 버튼을 클릭합니다.

추가적으로 묶음배송의 금액 조건을 설정하려면, 조건설정 항목의 설정하기 부분을 체크하여 설정할 수 있습니다. 입력한 금액보다 큰 금액으로 구매했을 때만, 묶음배송이 가능하게 설정됩니다.

❷ 조건설정

조건설정의 설정하기를 체크하면, 금액조건을 입력할 수 있는 입력란이 표시됩니다. 구매자가 입력한 금액보다 큰 금액으로 구매했을 때만 묶음배송이 되도록 설정할 수 있습니다.

Q 구매자의 가격흥정 및 배송비견적 요청은 어디서 확인할 수 있나요?

A 구매자가 가격 흥정 요청 및 배송비 견적 요청을 하면 확인할 수 있습니다.
사이트 특성상 상품 주문 수량에 따라 판매 단가 및 배송비가 달라질 수 있고 상품공급사와
구매자의 협의에 의해 판매단가 및 배송비가 달라질 수 있습니다. 이런 경우 구매자는 흥정
하기 기능을 이용하여 가격을 협의할 수 있으며 배송비를 미리 결정하여 선결제 할 수 있습니다.

구매자의 흥정요청 및 배송비 견적 요청 확인 방법
구매자의 흥정 요청이 등록되면 메일, 쪽지, 문자메세지가 발송됩니다.

01 도매꾹 메인에서 '상품공급사센터'를 클릭합니다.
02 '상품공급관리 〉 흥정하기' 메뉴에서 다음과 같이 요청된 목록을 확인 할 수 있습니다.

03 해당 목록에서 흥청요청목록에서 확인을 클릭합니다.

04 흥정 내용에서 결제 금액과 선결제 가능 여부, 배송비를 입력 하고 [흥정요청 수락] 버튼을 클릭합니다.

공급사→구매회원 흥정하기 ✕

유의사항 안내

· 상품의 가격이나 배송비를 구매회원에게 제안할 수 있습니다.
· 3일 이내에 처리되지 않으면 자동으로 흥정 취소 처리됩니다.
· '기간종료' 상태인 취소 주문은 추후 판매등급 산정에 반영되어 불이익을 받을 수 있습니다.

상품번호 [17382312] 의 정보

TEST 상품	상품명		흥정하기 조합 수량단가 무배	
	판매단가	주문수량별할인	최소판매수량	1 개
	재고수량	총 499,995 개	배송비 결제방식	무료배송
	배송비		택배/ 추가배송비 제주지역 +0 원 / 도서산간 +0원	

구매회원 [testbuyercom]의 흥정 요청

흥정 요청 정보

선택한 상품 구매 옵션

가 [1] 개

흥정 제안 금액 [4,000] 원

배송비 결제 방식 [무료배송]

배송비 제안 금액 (도서산간 배송비는 포함되지 않은 금액입니다)

· 기본 배송비 [0] 원

흥정 요청 수락 정보

선택한 상품 구매 옵션

가 [1] 개

흥정 제안 금액 [4000] 원

배송비 결제 방식 [무료배송 ▾]

배송비 금액 [선택하세요 / 무료배송 / 주문시 결제(선불) / 착불]

· 전체 배송비 [ ] 원

흥정주문에서는 도서산간배송비가 적용되지 않습니다. 꼭, 도서산간배송비를 고려하여 배송비를 입력해주세요.

수령희망주소 [서울 영등포구 국제금융로 10 (여의도동, 서울 국제금융 센터)]

[흥정요청 수락] [취소]

05 완료 후 구매자에게 메일, 쪽지, 문자메세지로 결과가 발송됩니다.

내가 판매하는 상품의 구매후기에 답변 등록이 가능한가요?

 예, 구매자의 구매후기에 대해 상품 상품공급사가 답변을 입력할 수 있습니다.
구매 후기 답변은 해당 상품 상세 페이지 하단의 구매 후기 관리 버튼을 클릭하여 입력 가능합니다.

또는 '상품공급센터 > 문의/후기/신고관리 > 구매후기관리' 메뉴에서 입력할 수 있습니다.
구매 후기 관리 페이지에서 구매자가 입력한 구매 후기 하단의 [답변입력] 버튼을 클릭하면 답변 입력창이 표시됩니다.
이 곳에 답변을 입력한 후 답변입력 버튼을 클릭하면 답변이 등록됩니다.

답변이 입력되어 있는 상태에서 답변 입력 버튼을 다시 클릭하면 답변을 수정할 수 있으며 입력된 내용을 지운 후 저장하면 답변은 삭제됩니다.

Q 상품 구매 후기 삭제가 가능한가요?

아니요. 상품공급사는 구매후기 삭제 권한이 없습니다.

상품공급사는 구매후기 삭제권한이 없으며 관리자에게 요청하더라도 구매자 동의없이 임의로 처리해드릴 수 없습니다.

단, 욕설과 비속어가 기재가 되어 있는 경우 도매꾹 관리자에게 숨기기 및 삭제 처리를 요청하면 확인 후 처리해 드리고 있습니다.

상품 등록 후 한 달이 지나면 상품공급사가 직접 구매후기 숨기기가 가능합니다.

Q 상품문의에 대한 답변은 어떻게 등록하나요?

'마이페이지 〉 상품문의 접수내역'에서 가능합니다.

상품문의 접수내역에서 문의목록을 확인할 수 있으며 해당 문의로 들어가면 답변을 등록할 수 있습니다.

모바일의 경우

마이페이지 〉 상품공급사센터 〉 상품문의 접수내역에서 관리 가능합니다.

안드로이드의 경우 마이페이지 〉 상품공급사센터 〉 상품문의 접수내역에서 관리 가능합니다.

iOS와 모바일 웹의 경우 마이페이지 〉 상품공급사센터 〉 상품문의 접수내역에서 관리 가능합니다.

Q 판매수수료가 어떻게 되나요?

A 도매꾹의 판매수수료는 4.0~7.3%(VAT별도, 사업자 기준)로 차등되어 과금됩니다.

신용카드 결제의 경우 신용카드 수수료는 판매 수수료율에 포함되어 있습니다.

도매꾹은 배송비에 대하여 수수료를 부과하지 않으며 상품구매비와 배송비에 대한 영수증을 별도 발행합니다.

도매꾹의 실제 거래중개수수료는 비슷한 규모의 사이트 중 여전히 낮습니다.

LESSON

02

판매대금 정산

Q 상품이 품절되어 판매취소를 하고 싶어요

A 상태별 판매취소 방법이 다릅니다.

결제완료 또는 배송준비중 상태일 경우 판매취소 방법

01 도매꾹 메인에서 '상품공급센터'를 클릭합니다.

02 '상품공급관리 〉 결제완료 또는 배송준비중' 메뉴를 클릭한 후 해당 주문 건의 상품번호/상품제목을
클릭합니다.

03 주문 상세 내역의 '판매취소신청' 클릭합니다.

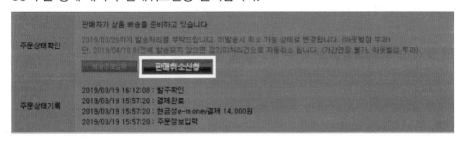

04 판매취소사유 입력 란에 고객 안내 여부 및 취소 사유를 입력한 후 [신청하기] 버튼을 클릭하면 판매 취소 신청이 완료됩니다.

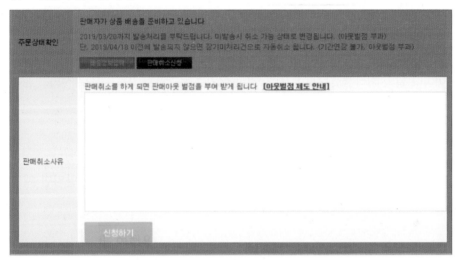

배송중 상태일 경우 판매취소 방법

상품공급사의 직접 취소가 불가능하므로 구매자에게 안내 후 '1:1 문의하기 〉 판매관련 〉 상품 판매취소, 또는 고객센터 1588-0628로 취소 요청 바랍니다.

판매 취소 처리와 동시에 취소된 수량만큼 재고가 다시 부활하므로 품절 상품은 사이트에 노출 되지 않도록 진열 제외 처리 바랍니다.

판매취소 시 불이익이 있나요?

 네. 미배송에 따른 자동판매취소로 발생된 건에 대해 패널티가 부과됩니다

3 업무일 이상 미배송으로 주문서가 자동 판매취소 된 경우 복구나 취소내용을 당일 중 도매꾹으로 알리지 않으면 익일 강제취소처리 됩니다

또한 아래와 같이 패널티가 부과됩니다

벌점 부과 방식은 아래와 같습니다.

❶ 상품공급사 아웃벌점 1점 부과, 판매점수 −50점 차감

❷ 해당 상품 승인취소 처리

❸ 누적 3점 이상의 아웃벌점을 받은 경우, 3점당 하루씩, 익일 하루간 숨김 처리

❹ 총 11점 이상의 아웃벌점을 받은 경우 1점 추가마다 익일 하루간 전체 상품 숨김 처리

❺ 총 21점 이상은 아이디 탈퇴 처리 (해당 아이디 영구 사용불가) : 로그인 불가능 상태로 전되고 잔여 e—money나 거래 미완료건 등이 해결된 후 탈퇴 처리됩니다.

미배송에 따른 자동판매취소는 매일 오전 쪽지를 통해 알려드립니다.

판매취소 당일 영업시간 내 구매자에게 안내 후 취소 또는 복구여부를 도매꾹으로 알리면 패널티가 부과되지 않습니다.

Q 구매자가 상품을 반품했는데 어떻게 처리해야 하나요?

A 구매자가 상품을 반품했는데 어떻게 처리해야 하나요?

상품공급사센터 〉 상품공급관리 〉 반품교환중에서 확인할 수 있습니다

구매자로부터 반품이 접수되면 문자메시지 및 알림을 통해 안내되며 반품 절차는 다음과 같습니다.

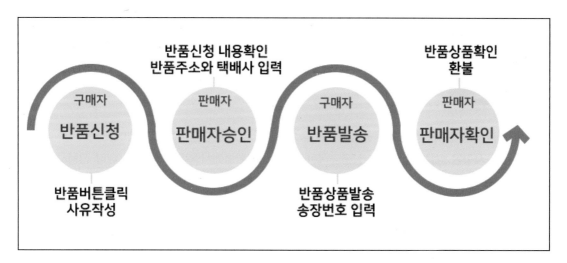

반품 접수 처리 방법

01 도매꾹 메인에서 '상품공급사센터'를 클릭합니다.

02 상품공급관리 〉 반품교환중에서 반품요청 상품을 확인할 수 있으며 해당 주문건의 '반품주문서'를 클릭합니다.

03 팝업이 생성되면 해당 상품과 구매자 연락처, 반품 요청 사유 등을 확인한 후 반송 주소와 희망 택배사를 확인합니다. 확인 후 [반품수령확인]버튼을 클릭합니다.

04 구매자가 배송을 하였다면 상품공급사가 반품수령하기 누르면 반품이 완료됩니다..

반품에 관한 사항은 상품공급센터 〉 상품공급관리 〉 반품교환중에서 확인 가능하며 해당 진행사항 버튼을 클릭 시 진행중인 주문서들을 확인 할 수 있습니다.

만약 구매자가 발송을 하지 않아 다음 단계로 진행이 어려운 경우 '1:1 문의하기 〉 판매관련 〉 상품교환/반품' 또는 고객센터 1588-0628로 문의 바랍니다.

해외 발송 상품의 국내 판매 시 국내 주문건으로 간주됩니다. 국내 반품주소와 국내 배송비만 기재 가능하며 해외 배송비는 인정되지 않습니다.

Q 구매자의 교환 요청에 대한 처리는 어떻게 하나요?

교환의 경우 구매자와 교환 방법 협의 후 교환이 완료된 다음 구매자에게 요청하여 주문 상세 내역의 반품 취하 버튼을 클릭하여 다시 정상 주문건으로 복구한 후 수령 확인을 해 달라고 요청해야 합니다.

메뉴 전체보기	>		교환							
상품관리	>		판매채널	⦿ 전체 ○ 도매꾹 ○ 도매매				판매방식		○
주문관리	>		기간	교환요청일기준 ∨	빠른선택 ∨	2022.06.24 📅	~			2022.07.08
클레임관리	∨		교환상태	☑ 교환접수 ☐ 교환재배송중 ☐ 교환완료 ☐ 교환보류				송장번호		
취소요청				☐ 교환취소						
취소			주문번호					주문자		
반품										
교환			상품번호					상품명		
정산관리	>									
고객관리	>					**검색**	**초기화**			

Q 구매자 변심으로 반품되었는데 운송비가 착불로 왔어요

구매자와 협의 후 고객센터로 문의 바랍니다.
협의된 내용과 다르게 도착하거나 금액이 달라질 경우 구매자와 재협의된 금액을 고객센터 1588-0628로 알려주세요.

협의 내용을 상호 확인하여 수동 처리하고 있습니다.

직접 배송비를 받은 후 전체 환불도 가능하며 구매자가 결제한 금액에서 제외 환불 처리도 가능합니다.

Q 구매자에게 배송비를 환불해주어야 하는데 가능한가요?

A 네, 상품공급사가 직접 배송비를 환불해줄 수 있습니다.

다음과 같은 경우 상품공급사가 직접 배송비를 환불해줄 수 있습니다.

❶ 동일한 구매자가 배송비를 여러 번 중복결제한 경우

❷ 묶음배송이 가능하여 구매자가 초과지불한 배송비를 환불해주어야 할 경우

단, 구매자가 배송비를 선결제 했을 경우에만 환불이 가능합니다.

배송비 환불 방법

01 도매꾹 메인에서 '상품공급센터'를 클릭합니다.

02 '상품공급관리 〉 전체보기 〉 해당 주문건'의 상품번호/상품제목을 클릭합니다.

판매채널	판매방식	주문서보기	주문번호	주문상태	주문일	결제일	상품번호	상품명
도매꾹	직접판매	주문서보기	38777040	배송준비중	2022.07.08 11:01:16	2022.07.08 11:01:57	22793971	큐티헤어타이 100개 (랜덤발송) /밴드머리끈/고무줄
도매꾹	직접판매	주문서보기	38768545	배송중	2022.07.08 06:57:09	2022.07.08 06:57:43	8349777	[ALS 국산정품] 마키 골드 팬시 돼지 저금통
도매꾹	직접판매	주문서보기	38735457	배송중	2022.07.07 01:47:57	2022.07.07 01:48:37	22793969	큐티헤어타이17종/밴드머리끈/팔지/바니고무줄/헤어끈
도매매	직접판매	주문서보기	38723394	배송완료	2022.07.06 15:08:35	2022.07.06 15:09:22	22793857	MUSO 니트릴 위생장갑 100매 / 캠핑장갑 라텍스 요리장갑 일회용 셰프 고무장갑 / XS S M L / 최고급 말레이시아산
도매꾹	직접판매	주문서보기	38722155	배송완료	2022.07.06 14:34:01	2022.07.06 14:34:34	20067150	이피다 투명창 마스크 10매입 보이는 방송 청각장애인 수화 수업 강의 언어 교육 대량주문가능
도매꾹	직접판매	주문서보기	38713108	배송완료	2022.07.06 11:22:50	2022.07.06 11:24:39	22793873	러블리대 파우치/케이스/지갑/화장품파우치

03 상품주문서 내 결제금액 영역의 배송비 금액부분을 전체금액 또는 부분금액으로 입력한 후 [배송비 환불하기] 버튼을 클릭합니다.

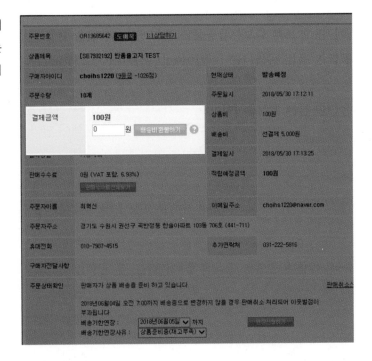

Q 일부상품 품절로 환불이 필요한데 어떻게 해야 하나요?

A 먼저 구매자와 연락하여 요청 및 협의가 필요합니다
이후 '고객센터 〉 판매관련 〉 부분환불' 또는 고객센터 1588-0628로 협의내용을 알려주면 구매자와 협의 후 안내합니다. 1:1문의 접수 시 주문번호, 옵션별 수량 및 금액, 환불사유를 기입하여 주면 도매꾹 고객센터에서 안내합니다.

예 주문번호: OR12345678

옵션: 링귀걸이 2개 9,800원

환불사유: 누락배송

Q 구매자 요청으로 일부상품 환불이 필요한데 어떻게 해야 하나요?

A 먼저 구매자와 연락하여 요청 및 협의가 필요합니다.
이후 '고객센터 〉 판매관련 〉 부분환불' 또는 고객센터 1588-0628로 협의내용을 알려주면 구매자와 협의 후 안내합니다. 1:1문의 접수 시 주문번호, 옵션별 수량 및 금액, 환불사유를 기입하여 주면 도매꾹 고객센터에서 안내합니다.

예 주문번호: OR12345678

옵션: 링귀걸이 2개 9,800원

환불사유: 누락배송

Q 부분환불이 무엇인가요?

A 누락 및 품절 등의 사유로 결제금액 중 일부금액을 환불하는 것입니다.

부분환불 사유 예시

• 판매상품의 일부옵션(색상, 사이즈)이 품절인 경우

• 일부상품이 누락되어서 환불이 필요한 경우

• 배송수량이 달라 환불이 필요한 경우

정산내역은 어디서 조회할 수 있나요?

상품공급사센터 〉 정산내역관리 〉 상품공급사 정산내역에서 확인가능합니다.

정산내역은 판매종료일, 즉 e-money가 입금되는 시점을 기준으로 제공하는 자료입니다.

상품공급사센터 〉 정산내역관리 〉 상품공급사 정산내역에서 해당 월 정산내역 및 판매수수료를 확인할 수 있습니다.

 정산받는 계좌를 변경하고 싶어요

마이페이지 〉 e-money/포인트 〉 e-money출금하기 또는 회원정보수정 페이지에서 변경 가능합니다.

정산 계좌변경은 '마이페이지 〉 e-money/포인트 〉 e-money출금하기 페이지'에서 [출금계좌변경] 버튼을 눌러 변경하거나 '개인정보관리 〉 회원정보수정〉 계좌정보입력'에서 변경 가능합니다.

변경한 계좌에 대해 재인증을 받아야 출금신청이 가능합니다.

 예금주와 회원명이 다르면 어떻게 하나요?

 판매대금은 다른 사람의 통장으로 출금 받을 수 없습니다.

판매대금은 아래와 같이 회원유형 및 사업자에 따라 출금인 설정이 달라 질 수 있습니다.

• 개인정회원: 회원명과 동일한 계좌
• 사업자회원: 개인사업자일 경우 사업장 명의의 통장 또는 대표자 명의의 통장, 법인사업자일

경우 법인 명의의 통장

이외의 경우에는 '소득세법 제160조의 5'에 의거하여 타인 계좌로의 출금 시 거래금액의 0.2%를 가산세로 부담하는 등의 피해를 최소화하기 위해 타인의 계좌로의 위임은 불가능합니다.

계좌인증 또한 회원정보와 동일한 명의의 계좌로만 인증이 가능합니다.

판매상품의 판매금액 적립(정산)은 언제 되나요?

 정산 시기는 상품 배송완료 후 구매자의 구매확정 여부, 공급사의 배송 방식에 따라 달라집니다.

판매대금 적립은 다음과 같은 순서로 먼저 적립됩니다.

❶ 구매확정 여부

❷ 배송추적 가능 여부

정산 기준표

구매 확정 여부	배송추적이 가능한 경우	배송추적이 불가능한 경우
▼	▼	▼
구매자가 구매확정을 한 경우	구매확정일 + 2 영업일 (배송당일 구매확정된 경우 + 3 영업일)	구매확정일 + 2 영업일(배송우수공급사) 구매확정일 + 7 영업일(일반 공급사)
구매확정을 하지 않은 경우	구매확정일 + 2 영업일 (배송완료일 + 3일 후 자동 구매확정)	구매확정일 + 2 영업일 (배송일 + 26일 후 자동 구매확정)

무통장입금(가상계좌), 실시간 계좌이체 및 꿀페이 결제건의 경우 오전 8시부터 순차적으로 정산처리 됩니다.

신용카드 결제건의 경우에는 오전 8시부터 순차적으로 정산처리 됩니다.

e-money 적립처리 기간은 업무일 기준으로 휴일(국경일 포함)에는 처리되지 않습니다.

LESSON

03

상품등록

Q   상품등록비는 무료인가요? 최대 개수 제한은 어떻게 되나요?

A   도매꾹은 사업자 회원으로 가입한 경우 상품 기본 등록비가 무료이며, 회원 유형에 따라 등록 최대 개수가 제한됩니다.
상품 등록 최대 개수 초과 시 상품 등록 불가 및 순차적으로 상품 삭제 예정입니다.

개인 정회원 : 최대 100개까지 등록 가능
사업자 회원 : 사업자 번호 기준 총 5만 개까지 등록 가능

❶ 2022년 7월 5일 (화) 부터 제한개수(개인 100개 / 사업자번호기준 5만개)를 초과하면 상품 등록이 제한됩니다.

❷ 상품 등록만 제한되며, 상품 수정은 자유롭게 허용됩니다.

❸ 상품 삭제로 최대 개수 이하로 삭제한 경우, 최대 개수까지 자유롭게 상품 등록이 가능합니다.

❹ 공급사센터1.0/2.0의 등록기능, 엑셀등록, API 등록 등 상품등록은 모두 최대 개수에 따른 제한 정책이 적용됩니다.

Q 여러 상품을 한번에 등록하고 싶은데 가능한가요?

 A 대량등록방법

01 도매꾹 메인에서 '상품공급사센터'를 클릭합니다.

02 '상품등록관리 〉 엑셀대량등록 · 수정' 메뉴를 클릭합니다.

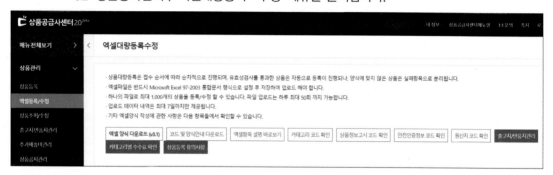

03 [엑셀양식(v3.1) 다운로드] 버튼을 눌러 엑셀 양식을 다운 받습니다. 엑셀 양식에서 필수 항목을 기재한 후 저장하여 해당 파일을 업로드 합니다. (엑셀 저장은 반드시 Microsoft Excel 97-2003 통합문서 형식으로 설정 후 저장해야 하며 속성이나 기본 셀 값, 개수, 순서 등을 절대 변경해서는 안됩니다.)

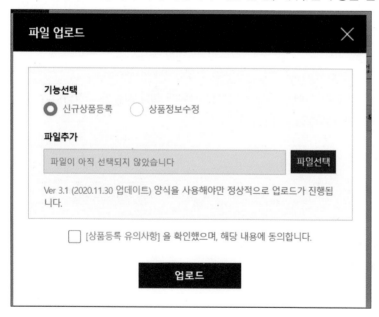

04 엑셀입력항목 확인 상세 항목 설명을 통해 파일업로드시 참고해서 등록합니다. 파일업로드 하면 일괄등록이 진행됩니다. 이미 등록 신청이 가능한 같은 상품이 있다하여도 중복으로 등록되지 않습니다.

05 등록이 끝나면 오류가 있는 상품의 경우 실패를 통해 등록오류 사유에 해당 사유가 나타납니다. 실패항목안내를 통해 해당 오류사유를 확인하여 수정 후 다시 등록합니다.

06 대량등록신청된 상품현황은' 상품공급사센터〉 상품등록관리 〉 전체상품'에서 확인할 수 있습니다. 관리자 검수시 상품 및 상품정보가 상품등록 정책에 맞지 않을 경우나 가격비교 결과 타사이트 보다 비쌀 경우에는 '승인거부' 상태가 됩니다. 승인된 상품의 경우 처리상태가 '승인대기' 상태에서 '등록대기' 상태로 변경됩니다. 관리자 승인 후에 업로드한 상품이 DB에 정상적으로 저장(최대 24시간 이내)되며 자동으로 '등록대기' 상태에서 '진행중' 상태로 변경됩니다.

상품목록 (총 189건)

상품삭제	기간연장	진열상태변경 ⌄

☐	상품번호	미리보기	수정	복사	등록옵션
☐	23796229	도매꾹	수정	복사	등록옵션
☐	23299968	도매꾹 도매매	수정	복사	등록옵션
☐	22793968	도매꾹	수정	복사	등록옵션
☐	22793951	도매꾹	수정	복사	등록옵션
☐	22793965	도매꾹 도매매	수정	복사	등록옵션

07 '진행중' 상태(기간 미지정 상태) 이후 상품정보제공 고시정보 수정, 등록옵션 설정 및 결제를 완료해야 상품이 최종 노출됩니다.

고시정보는 '상품공급사센터 〉 상품등록관리 〉 전체상품' 메뉴에서 가능합니다. 상품의 진열기간 지정, 유료옵션(선택) 결제 등은 기간미지정 메뉴에서 설정 가능합니다.

Q 상품등록 시 주의할 점이 있나요?

A 타인의 권리침해나 관련 법령위반 등을 주의하여 등록바랍니다.

상품에 사용되는 이미지, 문구 등은 지식재산권 보호의 대상이 될 수 있으며 사전에 문제여부에 대해서 확인 후 등록해야 합니다. 또한 관련법령에 따라 판매하고자 하는 상품에 대한 정보는 고시사항에 맞춰 기재 및 등록해야 합니다.

❶ 상품등록 시 타인이 창작/제작한 이미지 또는 문구 등을 무단으로 사용해선 안됩니다.(제조사의 카탈로그, 홈페이지 내 이미지 무단 게재 또는 임의수정 등 포함)

❷ 타인이 제작한 이미지 및 문구 등을 사용할 경우 해당 소유자 또는 상품공급사로부터 허가나 동의를 받은 후 사용해야 합니다.

❸ 신문에 게재된 기사를 사용할 경우 그 출처를 반드시 밝혀야 하고 허가없이 기사의 일부분을 편집하여 판매상품의 홍보에 사용할 수 없습니다.

❹ KC인증을 포함하여 명시해야 하는 정보는 허위나 도용이 아닌 정확한 정보를 등록해야 합니다. 권리권자로부터 침해신고가 접수되거나 관련법령 위반이 확인된 경우 운영진이 확인하여 소명을 요청할 수 있으며 필요 시 사이트 내 서비스 이용이 제한될 수 있습니다. 해당 상품공급사가 관련 사항을 자진 수정 또는 판매중지 하여도 권리침해나 관련 법령 위반에 대한 면책을 주장할 수 없으며 이와 관련한 일체의 위험과 책임은 상품을 등록한 상품공급사가 부담합니다.

상품제목 입력 시 주의해야 할 것이 있나요?

 네, 상품제목 입력 시 글자수, 일부 특수문자 입력 등의 제한 사항이 있습니다.

상품제목 및 옵션값 입력 시 주의사항

❶ 최대 100byte 까지만 입력 가능합니다 (한글 최대 50글자, 영문 · 숫자 100자)

❷ 특수문자의 경우 ( ) [ ] - + - = ± × ÷ / * % ℃ ¢ £ ¥ $ & . 만 입력 가능하며, 그 외 특수
문자는 삭제 후 저장됩니다

 키워드 입력 시 주의해야 할 것이 있나요?

 네, 키워드 입력 시 글자수, 일부 특수문자 입력 등의 제한 사항이 있습니다.

키워드 입력 시 주의사항

❶ 검색 키워드를 최대 10 개까지 입력해주시기 바랍니다 (예 맥반석비누,옥비누,상황비누,황토비누)

❷ 하나의 검색 키워드에는 10자 (한글 · 영문 · 숫자 구분없이) 까지만 사용 가능 합니다.

❸ 브랜드명을 2개 이상 입력할 경우 검색시 반영 되지 않습니다 (예: 나이키, 리바이스, 아디다스)

Q 상품등록 시 카테고리 선택이 매출에 영향을 주나요?

A 상품 등록 시 카테고리를 정확히 선택하면 매출이 증가합니다. 도매꾹에서는 네이버, 다음 등에 매출액대비 15% 이상의 광고를 진행하고 있습니다. 광고할 때 도매꾹 카테고리를 우선 연결하고 있으며 상품 검색 시 노출 순서는 도매꾹 랭킹순 중 검색정확도 지수 결정요소인 '카테고리, 키워드, 상품명'이 동시에 일치하는 상품이 가장 상위에 노출됩니다.

다음은 네이버에서 '헤어핀도매' 검색어로 노출되는 키워드 광고 결과입니다. '도매꾹 헤어핀도매(❶)'를 클릭하면 도매꾹의 '헤어핀(❷)' 카테고리가 랜딩페이지(클릭하여 이동하는 웹페이지)이며, 헤어핀 카테고리에 등록된 상품 목록(❸)이 노출됩니다. 헤어핀도매와 같이 '카테고리명+도매' 키워드광고를 진행하고 있습니다.

> **TIP** 도매꾹 MD 오준호 수석이 알려주는 상품등록 카테고리 이야기
>
> 대부분의 도매꾹 구매자들은 카테고리에 의해 상품을 찾습니다. 그래서 상품공급사들은 상품등록 할 때 정확한 카테고리를 선택하기 위해서 카테고리 분석을 잘하고 있는 편입니다. 또한 키워드로 상품을 검색했을 때에도 입력한 검색어와 동일한 카테고리 이름에 들어있는 상품이 가장 상위에 노출되도록 하여 정확한 검색이 이루어지도록 하고 있습니다. 혹여 도매꾹에서 상품을 판매하려면 상품 등록 시 판매할 상품의 카테고리를 정확히 설정해야 노출 기회가 많아진다는 점을 꼭 기억해 두어야 합니다.
>
> 도매꾹 MD 오준호 수석

상품승인이 무엇인가요? 언제 완료되나요?

 상품승인이란 상품공급사가 등록한 상품정보의 검증을 거치는 절차입니다.

등록 요청된 상품은 운영진이 승인여부를 결정하는데 최소 영업일 기준 1~2일이 소요됩니다.
등록건수에 따라 기간은 변경될 수 있으며 등록한 상품정보에 이상이 없을 경우 '판매중' 상태로
변경됩니다.
상품이 정상승인된 사례가 누적될수록 승인레벨이 상승하게 되며 일정 승인레벨 이상이 될 경
우 상품이 자동승인 처리(상품정보 등록 즉시 승인)됩니다.
등록 이후 운영진으로부터 상품정보 수정요청을 받거나 규정위반으로 승인거부가 될 경우 승인
레벨은 초기화 됩니다.
대량등록기능을 사용하여 한번에 여러개의 상품을 등록하는 경우 승인절차가 일반등록과 다르
게 적용됩니다.
이에대한 자세한 사항은 대량등록 관련 도움말을 참고하시기 바랍니다.
운영진이 승인하였다고 하여 등록내용에 대하여 보증을 한다는 의미는 아니며 등록된 내용에
대한 법적 책임은 상품정보 등록자에게 있습니다

상품등록 승인거부 사유에는 무엇이 있나요?

 상품등록 시 운영진에 의해 승인거부가 될 수 있으며 승인거부 사유는 다음과 같습니다.

❶ 직거래 유도문구가 기입되어있는 경우 (홈페이지주소, 카페명, 계좌번호, 메신저 아이디 등)

❷ 판매 수수료를 구매자에게 부담 시키는 경우

❸ 정품이 아닌 상품을 판매하는 경우

브랜드 상품의 경우 정품 입증 서류 제출 하고 도매꾹에 등록해야 합니다.

처음 1회 정품입증서류 제출하면 다음 등록부터는 해당 회사를 정품취급 회사로 간주하여 서류 제출 전 승인처리됩니다.

❹ 인증이 필요한 상품이나 인증번호가 없는 경우

❺ 오더베이스(입고예정) 상품을 선금을 요구하여 등록하는 경우 – 실재고 보유 없이 선주문, 예약판매, 순차배송 등으로 상품을 등록하는 경우

❻ 유명연예인 이미지와 저작권을 도용하는 경우

❼ 상품상세이미지가 나오지 않는 경우

위의 사항에 해당하는 경우 상품등록 승인이 거부됩니다.

한번 승인거부시 승인레벨이 0으로 초기화 될 뿐만 아니라 수정 후에도 다시 승인 대기 기간을 거쳐야 하므로 손실이 크니 주의바랍니다.

판매취소 횟수가 1회 이상일 경우 승인레벨과 관계없이 관리자의 등록승인을 받아야 합니다.

3회 이상일 경우 모든 데이터가 숨김 처리되며 판매 및 구매가 30일간 금지됩니다.

상품이 진열되는 순서를 알고 싶어요

 카테고리 검색시에는 도매꾹 랭킹순, 키워드 검색시에는 정확도순으로 고정 진열됩니다.

또한 옵션별 상품 진열순서는 다음과 같습니다.

옵션별 상품 진열 순서

❶ 포토포커스 + 포토갤러리

❷ 포토포커스

❸ 프리미엄 + 포토갤러리

❹ 프리미엄

❺ 우대등록 + 포토갤러리

❻ 우대등록

❼ 랭킹순 업데이트순

 상품의 판매가격, 최소 구매(판매)수량 입력 시 주의할 점이 있나요?

 판매하고자하는 상품의 특징, 수량, 가격 입력 시 주의바랍니다.

상품등록시 상품의 개별 판매단가와 최소 판매수량을 입력해야 합니다.

이때, 최소판매금액 기준 (5,000원) 을 넘도록 설정해야 합니다.

예 개별 판매단가가 100원인 상품의 경우

- 최소판매금액 기준 5,000 원이 넘을 수 있는 50개 이상을 최소구매수량으로 입력해야 합니다.

개별 판매단가가 2,000원 인 상품의 경우

- 최소판매금액 기준 5,000 원이 넘을 수 있는 3개 이상을 최소구매수량으로 입력해야 합니다.

개별 판매단가가 6,000원 인 상품은.

- 최소판매금액 기준 5,000 원이 이미 넘었으므로, 최소구매수량 입력은 자유롭게 할 수 있습니다.

Q 도매매에 등록할 때 설정해야 할 사항은 뭔가요?

A 도매꾹에 상품을 등록하는 과정에서 도매매 공급가격(❷)만 추가로 입력하면 도매매에도 상품이 자동으로 등록됩니다.

도매매에 상품이 등록되게 하기 위해서는 등록된 상품 이미지를 구매자(전문셀러)들이 다른 마켓에서 사용하여 판매할 수 있도록 '이미지사용허용(❶)'을 해 줘야 합니다.

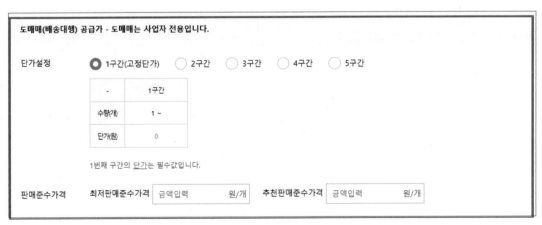

상품 판매 기간을 자동으로 연장하거나 일괄 연장할 수 있나요?

 상품 등록 옵션 설정 페이지에 등록 기간을 자동으로 연장할 수 있습니다.
상품 판매 기간이 종료되었을 경우 자동 연장이 가능하며, 기간 연장 시 적용중인 유료옵션을 동시 연장할 수 있습니다.

자동 연장이 불가능한 경우는 아래와 같습니다.

❶ 등록옵션이나 목록꾸미기를 이용하는 상품의 자동연장시, 쿠폰이나 e-money가 부족할 경우
 (재충전하면 다시 자동 기간 연장이 진행됩니다.)

❷ 상품이 숨김처리 되어 있는 경우

❸ 재고가 없는 경우

❹ 등록 기간 종료일이 31일 이상 지난 상품

❺ 상품이 승인대기 혹은 승인거부 상태인 경우

유료옵션 기간 연장이 실제로 반영되기까지 설정된 종료시간에서 최대 1~2시간 정도 지연될 수 있습니다

상품목록 (총 189건)								엑셀다운로드	<

상품삭제 | 기간연장 | 진열상태변경 ∨

☐	상품번호	미리보기	수정	복사	등록옵션	도매꾹 판매	도매매 판매	판매상태	진열여부
☑	23796229	도매꾹	수정	복사	등록옵션	Y	N	진행중	Y
☑	23299968	도매꾹 도매매	수정	복사	등록옵션	Y	Y	진행중	Y
☐	22793968	도매꾹	수정	복사	등록옵션	Y	N	진행중	Y

Q 주문 옵션을 설정할 수 있나요?

 A 네, 상품주문옵션 기능을 이용하면 가능합니다.

01 '상품공급사센터 〉 상품등록관리 〉 전체상품'
에서 '정보수정'을 클릭합니다.

상품목록 (총 189건)

상품삭제	기간연장	진열상태변경 ⌄

☐	상품번호	미리보기	수정	복사	등록옵션
☐	23796229	도매꾹	수정	복사	등록옵션
☐	23299968	도매꾹 도매매	수정	복사	등록옵션
☐	22793968	도매꾹	수정	복사	등록옵션

02 상품 주문 옵션란에서 '사용'을
선택합니다. (상품등록 시에도 동일)

03 [주문옵션설정] 버튼을 누르면 생성되는 설정화
면에서 색상, 사이즈, 유형 등에 따른 상품을 구매자
가 선택할 수 있도록 설정 후 저장합니다.

자세한 등록 방법은 도매꾹 사이트 고객지원에
서 '상품주문옵션 사용 설명서'를 검색하면 확인
가능합니다.

Q 구매수량별 차등가격 설정은 어떻게 해야 하나요?

A 주문수량별 할인단가 기능을 사용하면 됩니다.
주문수량별 할인단가 적용은 구매개수가 많아질수록 단가가 낮아지는 기능입니다
구매자에게는 '주문수량별할인' 상품으로 상품목록과 상품상세페이지에 노출되며 별
도의 기획전에 리스팅되어 홍보효과를 누릴 수 있습니다.

주문수량별 할인단가 등록 방법

최소수량을 구매하는 구매자에게는 10,000원에 판매하고 싶지만 20개 이상 구매할 때는 9,500
원으로, 50개 이상은 8,000원으로 판매하고 싶다고 가정해보겠습니다.

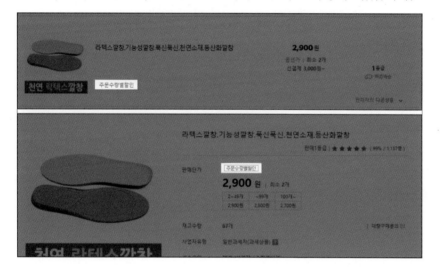

01 도매꾹 메인에서 '상품공급사센터'를 클릭합니다.

02 새로 상품을 등록하는 경우 '상품등록관리 〉 상품등록하기' 메뉴를 클릭하고 '직접 판매'를 선택한 후
[다음단계] 버튼을 클릭합니다.

03 이미 등록한 상품에 이미지를 등록하고 싶은 경우 '상품등록관리〉 전체상품' 메뉴를 클릭한 후 '정보수정'을 클릭합니다.

04 [등록] 버튼을 클릭하여 판매수량 구간을 추가하여 단가를 입력합니다. 판매수량 구간은 총 5개까지 지정할 수 있고 [삭제] 버튼을 클릭하여 삭제도 가능합니다. 단, 개수가 증가할수록 판매단가는 낮아져야만 합니다. 높은 단가로 등록하는 경우 경고 메시지가 노출되어 상품등록이 불가능 합니다.

05 '사업자인증을 받은 사업자회원만 판매가격을 볼 수 있도록 합니다. '에 체크하여 사업자회원 전용상품으로 등록할 경우 할인 전(일반 판매단가)과 할인 후 (사업자회원에게 노출되는 판매단가) 단가를 모두 입력해야 합니다. 상품상세페이지에 할인율이 자동으로 계산되어 노출됩니다.

주문수량별 할인단가 설정 시 주의 사항

주문수량별 할인단가의 첫 구간의 최대개수는 최소판매수량단위보다 커야 합니다.

예를 들어, 최초 등록시 최소판매수량을 10개로 지정하고 19개까지는 10,000원, 20개 이상 구매할 때는 9,500원으로 등록했으나 이후 최소판매수량을 20개로 수정할 경우 아래와 같이 수량구간이 잘못 노출됩니다. 이 경우 수량구간을 판매수량단위 이상으로 올바로 정정해야 합니다.

Q 사업자 회원에게만 판매하고 싶은데 어떻게 하나요?

A 상품 등록/수정폼에서 판매단가 지정시, 판매방식을 사업자전용판매로 지정합니다.

도매꾹 판매단가 지정시 때, 판매방식에서 '사업자전용판매' 를 지정할 수 있습니다

사업자전용판매로 지정하게 되면, 사업자인증을 완료한 회원에게만 상품단가가 공개되고, 구매가 허용됩니다.

도매매의 경우 사업자전용 채널이기 때문에, 모든 상품의 단가조회나 구매는 사업자에게만 허용되고 있습니다.

※ 사업자전용 상품이어도 배너광고 신청 시, 광고 타입에 따라 배너에서 단가가 노출될 수도 있습니다.

Q 도매매 채널의 상품등록 시 판매준수가격은 무엇인가요?

A 등록하는 상품을 구매하여 재판매하는 공급사들이 준수해야할 가격을 설정하는 기능입니다.

판매준수가격 설정 시 오프라인에서 점포를 통하여 상품을 판매할 때도 참고 가격이 될 수 있습니다.

또한 인터넷 판매 대행자들이 쇼핑몰이나 카페 등에 상품을 등록하여 판매할 경우를 대비하여 판매준수가격을 정해 두는것이 유통가격의 안정적인 유지를 위하여 좋습니다

준수가격에는 최저판매준수가격과 추천판매준수가격이 있습니다.

최저판매준수가격은 반드시 이 이상의 가격을 유지해주기 바라는 가격이며, 추천판매준수가격은 소매판매시 참고할 수 있는 가격대를 의미합니다.

Q 구매자의 가격 흥정 요청을 허용하고 싶어요

A 상품 등록 페이지의 '가격흥정가능' 항목에서 허용할 수 있습니다.
'구매자의 가격흥정 요청을 허용합니다.'를 체크할 경우 구매자가 상품공급사에게 입력된 판매단가보다 낮은 흥정 가격을 제시할 수 있습니다. 기본적으로 모든 상품에 대해 상품공급사가 구매자에게 흥정된 가격과 수량을 전달할 수 있으나 구매자가 상품공급사에게 가격 흥정을 요청할 수 있도록 하기 위해서는 해당 사항을 체크해야 합니다.

Q 상품공급사 연락처 노출 설정은 어떻게 하나요?

A 마이페이지 〉 개인정보관리 〉 개인환경설정에서 노출시킬 연락처를 설정할 수 있습니다.

별도의 설정을 하지 않은 경우 상품 상세 페이지 하단 상품공급사 정보, 구매자의 주문서 및 주문확인서에 회원유형에 따라 다음 순위로 연락처가 노출됩니다.

- 사업자회원 : 사업자대표번호 〉 휴대전화번호 〉 자택전화번호
- 개인정회원 : 휴대전화번호 〉 자택전화번호

Q 상품등록 시 기획전 참여를 신청하면 언제 진열되나요?

A 보통 업무 시간 2~3시간 이내로 승인되며 승인되면 해당 기획전에 진열됩니다.
상품등록 시 각종 기획전을 신청할 경우 관리자가 그 적정성 여부를 심사하여 승인
과정을 거칩니다.

보통 업무 시간 2~3시간 이내로 승인되며 승인 이후 신청한 기획전에 진열됩니다.

기획전 취지에 맞지 않는 상품은 승인이 거절되며 승인거절이 될 경우 지불했던 금액은 환불되
어 쿠폰으로 재적립됩니다.

Q 미성년자 구매 가능 여부 설정은 어떻게 하나요?

A 상품 등록 시 미성년자구매가능 항목에서 설정할 수 있습니다.
미성년자구매불가를 선택하면 상품목록 이미지와 상세화면이 미성년자에게 노출되
지 않습니다.

미성년자의 구매가 불가능한 상품(성인용품 등)을 구매가능으로 선택한 경우 상품 등록 거부 및
경고를 받게 됩니다.

배송비 견적요청은 이 옵션과 무관하게 항상 가능합니다.

Q KC인증면제대상 상품의 안전인증정보 입력은 어떻게 하나요?

 A 전안법 개정에 따라 일부 품목에 대한 KC인증이 면제됩니다.

전안법 개정(2018.7.1)에 따른 주요 변경사항

❶ 기존 공급자적합성 확인대상이었던 생활용품 37개 품목에 대한 유예기간이 종료되었으며 이 중 23개 품목이 안전기준준수 대상으로 지정되었습니다. 안전기준준수 대상으로 지정된 항목은 인증 대상에서 제외됩니다.

❷ 기존 안전관리대상이었던 250개 품목 중 215개 품목의 구매대행 상품은 KC인증 마크 없이 구매대행이 가능합니다.

❸ 정식수입업자 또는 선행수입업자가 이미 인증받은 제품과 동일 모델을 병행수입한 경우 KC인증이 면제되며 별도의 안전확인신고 번호를 발급받아야 합니다.

KC인증면제대상 상품 등록 시 안전인증 입력 방법

01 '상품등록 페이지 〉 안전인증 입력사항란'에서 '인증대상'을 선택합니다. 단, 구매대행 또는 병행수입 KC인증면제대상이 아닌 안전기준준수대상일 경우 '인증대상아님'을 선택합니다.

02 '전기용품/생활용품 KC인증' 선택 후 인증유형을 'KC인증면제대상'으로 설정합니다. 이후 등록 상품이 KC인증면제대상 구매대행 상품인지 병행수입 상품인지 선택합니다.

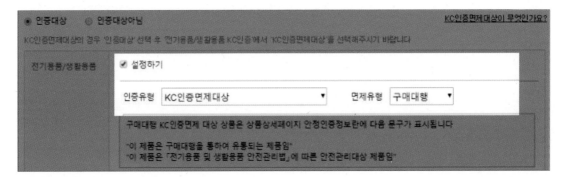

03 KC인증면제대상 구매대행 상품인 경우 해당하는 필수 문구가 표시됩니다. 단, KC인증면제대상 구매대행 상품이지만 제품 또는 포장에 KC마크 표시가 있을 경우 체크 후 인증번호를 입력합니다.

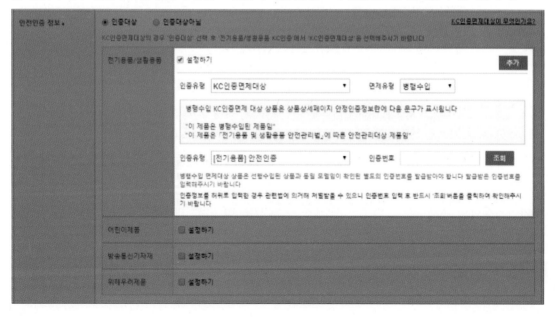

04 KC인증면제대상 병행수입 상품인 경우 해당하는 필수 문구가 표시됩니다. KC인증면제대상 병행수입 상품의 경우 선행수입된 상품과 동일 모델임이 확인된 별도의 인증번호를 발급받아 입력합니다.

KC인증면제대상과 관련한 자세한 사항은 국가기술표준원 또는 제품안전정보센터로 문의 바랍니다.

Q 농수산물의 원산지도 입력해야 하나요?

A 농산물 또는 수산물의 원산지는 반드시 기재하여야 합니다.

'농수산물의 원산지 표시에 관한 법률' 및 관련 법령에 따라 대통령령으로 정하는 농수산물 또는 그 가공품을 수입하거나 생산, 가공하여 출하하거나 판매, 또는 판매목적의 보관, 진열하는 대상에게 적용됩니다.

해당되는 상품 등록 시 소비자가 쉽게 알아볼 수 있도록 표시해야 하며 미표시, 임의적인 손상이나 변경, 위조 등은 위법행위이니 주의 바랍니다.

상품의 유형에 따라 표시해야 할 구분정보가 다르니 하단의 관련 법령 링크를 참고하시기 바랍니다.

농수산물의 원산지 표시에 관한 법률(원산지표시법)의 제5조(원산지 표시) 농수산물의 원산지 표시에 관한 법률 시행령, 제3조(원산지의 표시대상), 제5조(원산지의 표시기준)을 참고하시기 바랍니다.

농수산물의 원산지 표시에 관한 법률 시행령의 제5조제1항 관련 별표1 를 참고하시기 바랍니다.

Q 면세상품과 영세율상품(영세상품)을 등록하고 싶어요

A 면세상품, 영세율상품으로 판매가능한 상품이라면 등록할 수 있습니다.

면세 또는 영세율 상품은 부가가치세법 및 시행령과 관련 법률에 따라 구분되니 등록하고자 하는 상품의 해당여부를 확인하여 상품정보를 등록해주시기 바랍니다.

단, 과세상품을 면세 또는 영세율상품으로 잘못 등록한 경우 상품공급사에게 불이익이 발생할 수 있어 면세 및 영세율 상품의 경우 운영진의 승인 후 판매가 가능합니다.

부가가치세법의 면세상품 관련조항(제26조 ~ 제27조 및 이하 세부법령), 영세율상품 관련조항(제21조 ~ 제 25조 및 이하 세부법령)을 참조바랍니다.

조세특례제한법의 105조 및 시행령 105조 제1항 이하 세부법령을 참조바랍니다.

Q 배송비 설정은 어떻게 해야 하나요?

 A 상품 판매중인 경우 상품공급사센터 〉 상품등록관리 〉 정체상품 〉 정보수정에서 설정할 수 있습니다. 상품등록 및 수정 페이지의 배송조건란에서 배송비 설정이 가능합니다.

배송조건	
배송방법 ⁕ [?]	◉ 택배 ○ 소포등기 ○ 퀵서비스 ○ 화물배달 ○ 일반우편 ○ 해외직배송 ○ 방문수령/직접배송

- 배송방법 : 택배, 소포등기, 퀵서비스, 화물배달, 일반우편, 해외직배송, 방문수령/직접배송 중에서 해당하는 항목을 선택합니다.
- 배송준비기간 : 당일출고, 익일출고, 직접입력 중에서 선택합니다. 직접입력은 2일에서 최대 21일까지 입력 가능합니다.
- 배송금액 : 결제방식을 선택합니다. (무료배송, 선결제, 착불, 구매자선택) 무료배송이 아닌 다른 방식을 하면, 과금방식을 선택할 수 있습니다. 고정배송비, 수량별차등, 수량별비례 배송비 적용이 가능합니다.
- 고정배송비 : 수량에 상관없이 배송비가 고정됩니다.
- 수량별차등 : 수량에 따른 배송비를 책정할 수 있습니다.
- 수량별비례 : 일정 수량만큼 배송비를 설정하고 이후 비례하여 증가하는 수량에 맞춰 일정 배송비가 추가 적용됩니다.

배송금액 ⁕	결제방식 선택
	○ 무료배송 ○ 선결제 ○ 착불 ◉ 구매자(선물,착불)선택

배송비 구매자 부담 설정 시 고정배송비, 수량별차등, 수량별비례 배송비 적용이 가능합니다.

- 고정배송비 : 수량에 상관없이 배송비가 고정됩니다.
- 수량별차등 : 수량에 따른 배송비를 책정할 수 있습니다.
- 수량별비례 : 일정 수량만큼 배송비를 설정하고 이후 비례하여 증가하는 수량에 맞춰 일정 배송비가 추가 적용됩니다.

Q 묶음배송 설정이 가능한가요?

A 네, 묶음배송출고지 기능으로 가능합니다.

묶음배송 시 배송비 적용 기준은 '판매가 + 주문옵션가' 입니다

택배비는 결제금액에 포함되나 구매자에게는 세금계산서가 아닌 거래영수증으로 발급되며 도매꾹 내 수수료가 없으므로 상품공급사 부담이 없습니다. 도서, 산간지역의 배송비는 구매자가 추가 입금 가능합니다.

묶음배송설정 방법

01 도매꾹 메인에서 '상품공급사센터'를 클릭합니다.

02 상품을 처음 등록하는 경우 '상품등록관리 〉 상품등록하기 〉 직접판매'를 선택 후 [다음단계] 버튼을 클릭합니다.

03 등록 상품을 수정하는 경우 '상품관리 〉 상품등록관리 〉 전체상품'에서 해당 상품의 '정보수정'을 클릭합니다.

04 묶음배송설정으로 이동하여 묶음배송 가능을 선택하면 묶음배송출고지 설정이 생성됩니다

이 경우 구매자가 같은 출고지로 설정된 상품들을 장바구니에 담아 결제하면 묶음배송이 적용됩니다.

05 출고지의 등록/수정은 관리버튼을 눌러서 관리할 수 있습니다.

상품 등록 시 HTML 태그 입력 주의사항이 있나요?

 HTML태그 입력 시 다음 사항을 확인 바랍니다

❶ 도매꾹 이외의 외부 링크는 입력이 불가능합니다. (a href 태그는 domeggook.com으로 링크만 사용 가능합니다)

❷ HTML태그로 이미지를 삽입하려면 타사의 이미지 호스팅 서비스를 이용하여 직접 입력을 해야 합니다

이미지 호스팅 서비스를 이용하여 이미지를 등록한 뒤, HTML 태그를 이용하여 상세내용을 작성합니다

타 사이트의 이미지를 그대로 불러올 경우 이미지가 정상적으로 노출되지 않을 수 있습니다

* base64 image 등록방식은 제한됩니다.

❸ 일부 HTML태그는 제한하므로 주의하여 등록 바랍니다

제한되는 HTML태그 : div, span, body, head, script, style, textarea, xmp, xml, iframe, object

도매꾹에서 제공하는 서비스 기능으로부터 생성된 iframe과 youtube, vimeo에서 제공하는 iframe은 예외적으로 사용 가능합니다

또한 일부 스크립트 및 스타일 태그는 제한하므로 주의하여 등록 바랍니다

❹ 타인의 상품 이미지나 상세 설명을 도용하거나 부정확한 정보를 입력하게 되면 법적인 제재를 받을 수 있습니다

TIP 이미지 호스팅 서비스 신청하기

HTML 태그 입력 안내 : 이미지 호스팅 서비스를 이용하여 HTML 태그를 추출하여 내용을 작성합니다. 타 사이트의 이미지를 그대로 불러올 경우 이미지가 대부분 정상적으로 노출되지 않습니다.

상품 등록 이미지나 글이 수정 후에도 바뀌지 않는데 어떻게 해야 하나요?

 브라우저에서 캐시를 삭제합니다.

크롬의 경우

01 브라우저 상단의 느낌표 아이콘을 클릭합니다.

02 '설정'을 클릭합니다.

03 목록 하단의 '고급'을 클릭합니다.

04 '인터넷 기록삭제'를 클릭합니다.

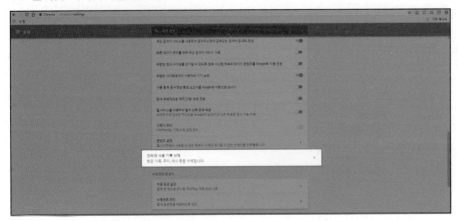

05 '캐시된 이미지 또는 파일' 체크박스가 체크되어 있는지 확인 후 [인터넷 사용 기록 삭제] 버튼을 클릭합니다.

상품상세설명 이미지가 다른 PC에서는 보이지 않는데 어떻게 해야 하나요?

 올바른 이미지 HTML 태그인지 확인 바랍니다.
상품 수정 페이지 내 편집기에서 '소스보기'를 통해 정상 여부 확인이 가능합니다.

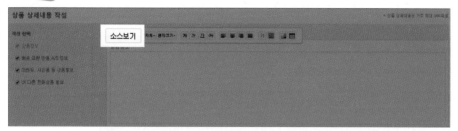

HTML 태그 입력 후 '소스보기' 클릭하여 , 가 뜨거나 이미지가 보이지 않는 경우 '소스보기'를 클릭하여 올바른 HTML태그를 입력하였는지 확인 바랍니다.

예 〈img src="이미지 웹주소"〉

전문적인 호스팅 제공 서버가 아닌 곳(포털사이트, 블로그, 개인 홈페이지 등)에 업로드한 이미지의 경우 도매꾹에서는 노출되지 않습니다.해당 사이트가 이미지 호스팅 서비스를 제공하는지 미리 확인 바랍니다.

유튜브 동영상을 상품 등록 페이지 넣을 수 있나요?

 네, 상품 등록 시 유튜브 동영상을 삽입할 수 있습니다.

유튜브 동영상 등록 방법

01 유튜브에서 등록하고자 하는 동영상 페이지를 엽니다.

02 동영상 아래의 '공유'라고 쓰여진 버튼을 클릭합니다.

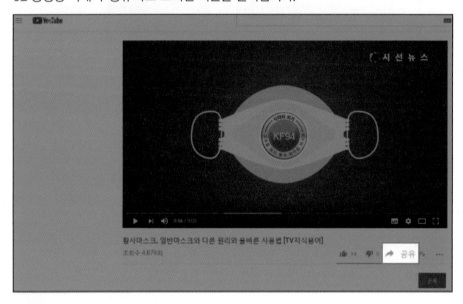

03 메뉴에서 '퍼가기'를 클릭합니다.

04 Embed Video 창이 뜨면 아이프레임(iframe)으로 시작하는 코드를 복사합니다.

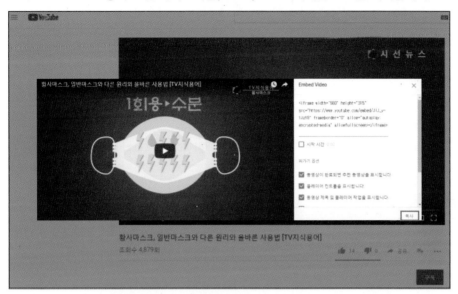

05 도매꾹 상품등록/수정 페이지로 이동합니다.

06 상품상세내용 란의 '소스보기'를 클릭하여 5 에서 복사한 코드를 삽입합니다.

Q 상품 등록시 내용에 이미지를 등록하고 싶은데 어떻게 해야 하나요?

 A 상품공급사센터 〉 상품등록관리 〉 상품등록하기 〉 상세상세내용등록 란에 HTML 태그를 이용하여 등록할 수 있습니다.

상품상세이미지 등록 방법

01 도매꾹 메인에서 '상품공급사센터'를 클릭합니다.

02 '상품등록관리 〉 상품등록하기' 메뉴 클릭하고 '직접 판매'를 선택한 후 [다음단계] 버튼을 클릭합니다.

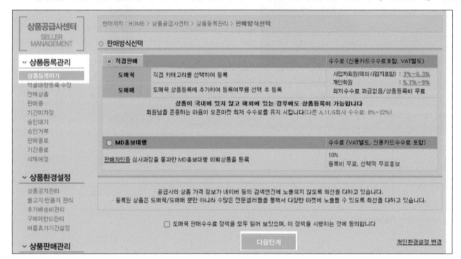

03 이미 등록한 상품에 이미지를 등록하고 싶은 경우 '상품등록관리〉 전체상품'을 클릭한 후 '정보수정' 을 클릭한 후 상품상세내용란 상품상세내용 수정하기 클릭 후 편집기에서 '소스보기'를 클릭합니다.

04 상품이미지의 HTML 태그를 입력한 후 '소스보기'를 다시 클릭하면 해당 이미지를 확인할 수 있습니다. 상세이미지는 가로 최대 956픽셀까지, HTML 코드 입력 시 65535 byte까지만 가능합니다.

이미지를 바꿨는데 모바일에서 예전 이미지가 나와요?

해당 상품번호를 확인하여 도매꾹으로 알려주시기 바랍니다.

서버에 저장된 이미지를 비롯한 상품정보는 PC와 모바일 모두 지원하고 있습니다.

변경된 정보가 정상적으로 반영되지 않는다면 정확한 확인을 위해 해당 상품번호와 함께 내용을 '도매꾹 1:1문의하기 〉 판매관련 〉 상품등록/승인'을 통해 문의해주시기 바랍니다.

 이미지 사용설명에 다른 내용을 입력해도 되나요?

 상품이미지의 사용허가에 대해서만 입력해야 합니다.

사용허가와 관계없는 문구가 기재된 경우 수정 전까지 판매가 중지되니 주의바랍니다.

사용허가와 관계없는 문구 예시

❶ 무분별한 기호문자, 의미없는 글자

❷ 광고 또는 연락처, 직거래유도문구

❸ 그 외 이미지의 사용허가와 관계없는 내용

이 외 저작권 및 권리에 대한 내용 또한 허용되지 않습니다.

그러므로 이미지 사용여부 외의 내용은 상품등록 후 '상품상세페이지 〉 이미지 사용여부 하단 〉 상세설명 추가내용' 또는 상품공지관리를 통해 등록 바랍니다.

LESSON

상품정보 수정과 삭제

모든 상품에 공지사항을 올리고 싶어요

상품공급사센터 > 상품환경설정 > 상품공지관리에서 공지 가능합니다.
공지 내용 , 공지 기간 , 공지 위치 설정 후 등록 가능하며 등록한 모든 상품의 상세
보기 페이지에 공지 내용이 안내됩니다

시작일과 종료일을 설정한 경우 해당 기간 동안만 공지되고 설정하지 않은 경우 상시 공지 됩니다.

Q 상품등록 후 판매를 중지할 수 있나요?

 A 상품 진열을 숨김으로 하거나 도매꾹에 기간 종료를 요청하면 됩니다

판매취소(중지) 방법

01 도매꾹 메인에서 '상품공급사센터'를 클릭합니다.

02 '상품등록관리 〉 전체상품'에서 해당 상품의 진열여부를 '숨기기'로 변경하면 노출이 중지됩니다. 상품 등록 내역 자체를 삭제하고자 할 경우 '삭제하기'를 클릭합니다.

상품목록 (총 189건)   엑셀다운로드

[상품삭제] [기간연장] [진열상태변경 ∨]

✓	상품번호	미리보기	수정	복사	등록옵션	도매꾹 판매	도매매 판매	판매상태
✓	23796229	도매꾹	수정	복사	등록옵션	Y	N	진행중
✓	23299968	도매꾹 도매매	수정	복사	등록옵션	Y	Y	진행중
✓	22793968	도매꾹	수정	복사	등록옵션	Y	N	진행중
✓	22793951	도매꾹	수정	복사	등록옵션	Y	N	진행중
✓	22793965	도매꾹 도매매	수정	복사	등록옵션	Y	Y	진행중
✓	22793963	도매꾹 도매매	수정	복사	등록옵션	Y	Y	진행중

직접 재고 정보를 변경하거나 위의 방법을 실행하기 어려울 땐 도매꾹으로 기간 종료 또는 노출 중지를 요청 바랍니다.

상품의 삭제는 등록한 회원이 직접 진행해야 하며 운영진에 요청하여도 대리 삭제가 불가능합니다.

삭제된 상품 정보는 복구가 어려우니 주의 바랍니다.

Q 판매중이던 상품이 품절됐는데 어떻게 하나요?

A 상품공급사센터 〉 상품등록관리 〉 판매중 〉 숨기기 버튼을 클릭합니다.
판매중이던 상품이 품절된 경우 판매가 진행되지 않도록 해야합니다.

01 도매꾹 메인에서 '상품공급사센터'를 클릭합니다.

02 '상품등록관리 〉 판매중' 페이지에서 해당 상품의 '숨기기'를 클릭합니다.

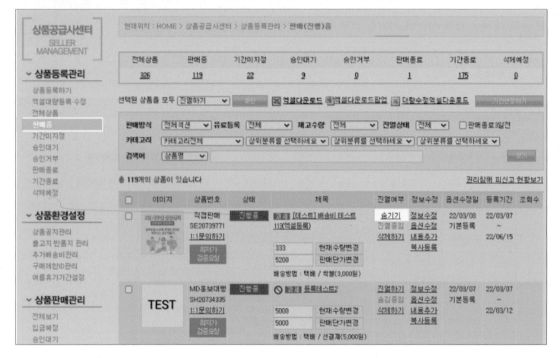

상품 주문 옵션이 설정되어 있지 않은 경우

해당 페이지에서 판매중 상태의 해당 상품 수량을 0으로 변경 후 '현재수량변경'을 클릭합니다.

상품 주문 옵션이 설정되어 있는 경우

해당 페이지의 '정보수정'을 클릭한 후 상품주문옵션 란에서 수량 수정이 가능합니다.

모든 옵션이 품절되었다면 상품 주문 옵션을 '미사용'으로 변경하고 상품 총수량을 0으로 변경합니다.

주문옵션 사용	☑ 주문옵션 사용 <u>주문옵션 설정가이드 ›</u> **주문옵션 설정**
재고수량 *	245295　　　　개 주문옵션(조합형) 사용시, 옵션별 재고 합산이 총

과세유형 * ⑦	⦿ 과세　　○ 면세　　○ 영세율
판매자 지급포인트 ⓘ	⦿ 설정안함　　○ 정액　　○ 정률

상품주문옵션 중 일부만 품절되었다면 해당 옵션 재고수량을 0으로 변경하고 [저장] 버튼을 클릭합니다.

Q 상품 목록에 있는 '내용추가'는 어떤 기능인가요?

 A 이미 등록 승인이 완료된 상품에 대해 작은 변경 사항이 있을 경우 기존 상품 정보에 추가 정보를 입력하는 기능입니다

01 도매꾹 메인에서 '상품공급센터'를 클릭합니다.

02 '상품등록관리 〉 전체상품 〉 내용추가'를 클릭합니다.

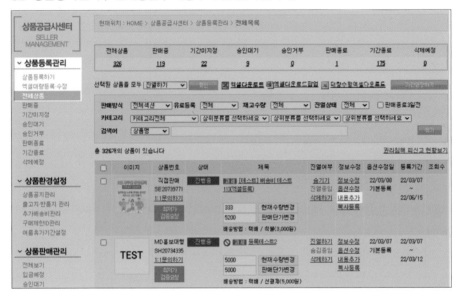

사이트 광고나 직거래 유도 등의 문구가 포함될 시 상품 등록 제재 및 회원 자격이 정지될 수 있습니다

상품과 관련 없는 광고성 문구, HTML은 사용할 수 없습니다

내용 작성 후 삭제 및 추가가 가능합니다.

Q 상품 주문 옵션을 변경하고 싶은데 어떻게 하나요?

 A 상품공급사센터 〉 상품등록관리 〉 판매중 〉 정보수정 〉 상품주문옵션에서 변경 가능합니다.

01 도매꾹 메인에서 '상품공급사센터'를 클릭합니다.

02 '상품등록관리 〉 전체상품 〉 정보수정'을 클릭합니다.

03 상품주문옵션란의 [등록/수정하기] 버튼을 클릭합니다.

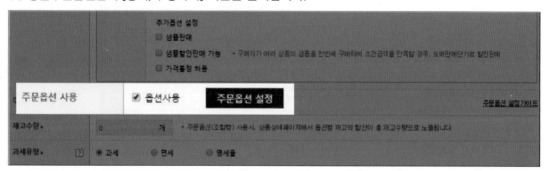

04 팝업창이 생성되면 옵션명, 옵션값, 옵션추가금액, 샘플추가금액, 재고수량, 옵션노출 등 상품주문옵션과 관련된 내용 변경이 가능합니다.

변경 후 [저장] 버튼을 클릭하면 변경이 완료됩니다

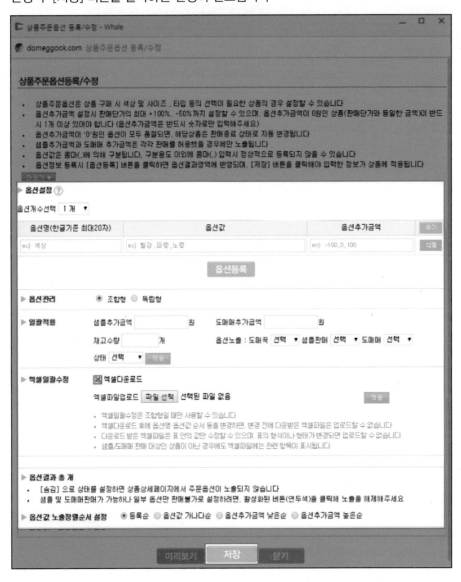

Q 판매 진행중인 상품의 가격은 어디서 변경하나요?

A 상품공급사센터 〉 상품등록관리 〉 전체상품 〉 정보수정에서 변경가능합니다.

01 도매꾹 메인에서 '상품공급사센터'를 클릭합니다.

02 상품등록관리 〉 전체상품 〉 정보수정을 클릭합니다.

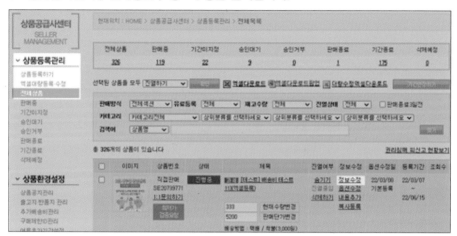

03 상품판매단가 설정란에서 금액을 변경합니다.

04 이후 하단의 [상품등록] 버튼을 클릭하면 수정이 완료됩니다.

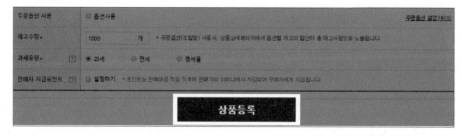

Q 등록한 상품의 상세 내용은 어디서 변경하나요?

 A 상품공급사센터 〉 상품등록관리 〉 전체상품 〉 정보수정에서 수정 가능합니다.

01 도매꾹 메인에서 '상품공급사센터'를 클릭합니다.

02 '상품등록관리 〉 전체상품 〉 정보수정'에서 상품상세 내용을 변경할 수 있습니다.

03 소스로 등록한 상품 상세 이미지를 변경할 경우 정보수정 페이지의 상품상세내용에서 [상품상세내용 수정하기] 버튼을 클릭하면 내용수정폼이 나타납니다.

수정폼 내 에디터에서 '소스보기' 클릭하면, 기존에 입력했던 이미지의 소스 수정이나 추가가 가능합니다.

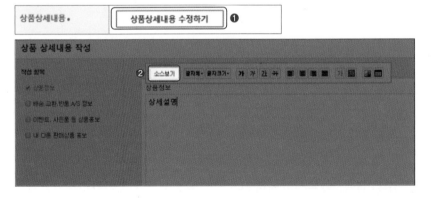

Q 판매중인 상품이 도매꾹에서 검색이 안돼요

 A 상품판매기간종료, 상품 숨김처리, 제재 및 아웃벌점 등으로 인해 검색이 안되는 경우가 있습니다.

상품 검색이 되지 않는 경우

01 도매꾹 메인에서 '상품공급사센터'를 클릭한 후 '상품등록관리 〉 전체상품 목록'에서 상품판매 상태를 확인하기 바랍니다

판매상태가 기간 종료인 경우 검색되지 않습니다.

☐	상품번호	미리보기	수정	복사	등록옵션	도매꾹 판매	도매매 판매	판매상태	진열여부
☑	23796229	도매꾹	수정	복사	등록옵션	Y	N	기간종료	Y
☐	23299968	도매꾹 도매매	수정	복사	등록옵션	Y	Y	진행중	Y
☐	22793968	도매꾹	수정	복사	등록옵션	Y	N	진행중	Y
☐	22793951	도매꾹	수정	복사	등록옵션	Y	N	진행중	Y
☐	22793965	도매꾹 도매매	수정	복사	등록옵션	Y	Y	진행중	Y
☐	22793963	도매꾹 도매매	수정	복사	등록옵션	Y	Y	진행중	N

상품목록 (총 189건) 엑셀다운로드

상품삭제 | 기간연장 | 진열상태변경 ∨

02 전체 상품 목록의 진열 여부를 확인하기 바랍니다. 진열 여부가 진열하기로 되어 있는 경우 숨김처리 되어있다는 뜻으로 숨김처리된 상품은 검색되지 않습니다.

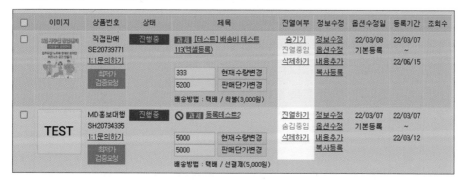

03 도매꾹으로부터 판매 제재나 아웃벌점을 받았을 경우 상품이 검색되지 않을 수 있습니다.

이 외의 사유로 상품이 검색되지 않는 경우 고객센터 1588-0628로 문의바랍니다.

LESSON

05

상품 판매 촉진을 위한 도매꾹 광고 방법과 쿠폰

Q 광고신청을 하고 싶어요. 어떤 광고가 있나요?

A 도매꾹 광고는 배너 광고와 옵션 광고가 있습니다.

배너광고는 PC , 모바일 , 소식지 광고가 있으며 영역별로 다양한 광고 게재가 가능합니다.

신청은 상품공급사센터 〉 광고관리 〉 광고신청하기에서 가능합니다.

옵션 광고의 경우 상품공급사센터 〉 전체상품 〉 광고할 상품의 '옵션수정'을 클릭하면 설정 및 신청할 수 있습니다.

옵션 광고에는 포토포커스, 프리미엄, 우대등록이 있으며 광고별 가격 및 혜택은 다음과 같습니다.

포토포커스 4,000원/1일 : 목록에 공급사의 다른상품 노출, 클릭 시 갤러리형의 상품 미리보기 목록 표시

프리미엄 2,000원/1일 : 상품목록의 상단에 노출(포토포커스 하단), 목록에 공급사의 다른 상품 표시, 클릭 시 갤러리형의 상품 미리보기 목록 표시

우대등록 1,000원/1일 : 옵션적용기간만큼 목록 상단에 노출

※ 배너광고비의 경우 매달 할인율이 다르게 적용됩니다.
※ 옵션광고의 경우 포토포커스, 프리미엄, 우대등록, 기본등록 순으로 진열됩니다.

Q 파워스페셜 광고가 무엇인가요? 어떻게 신청하나요?

 A 상품공급사센터 〉 광고관리 〉 파워스페셜신청 에서 신청 가능합니다.

파워스페셜 광고에는 키워드 파워스페셜 광고와 카테고리 파워스페셜 광고가 있습니다.

- 키워드 파워스페셜 : 도매꾹에서 키워드 검색 시 최상위 노출
- 카테고리 파워스페셜 : 도매꾹에서 해당 카테고리 선택 시 최상위 노출

파워스페셜 광고 신청 방법

상품공급사센터 〉 광고관리 〉 파워스페셜신청에서 광고관리 〉 파워스페셜신청에서 카테고리 파워스페셜 신청은 '카테고리 확보하기'를, 키워드 파워스페셜 신청은 '키워드 확보하기'를 클릭합니다

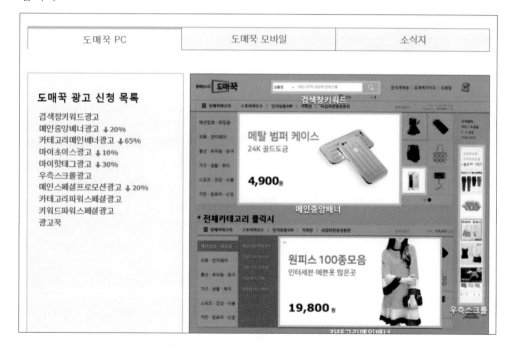

카테고리 파워스페셜 신청방법

01 '카테고리 확보하기' 버튼을 클릭하면 해당 신청 페이지로 이동합니다. 카테고리 파워스페셜은 '신청하기' 버튼이 있는 곳만 신청할 수 있으며 하위분류 란에서 중분류부터 세분류까지 원하는 카테고리를 선택할 수 있습니다.

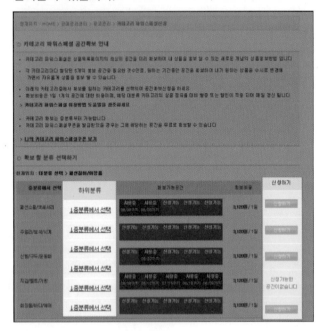

02 '신청하기' 버튼을 클릭하면 남아있는 홍보 공간 중 원하는 공간을 체크하고 확보 기간을 일 단위로 입력합니다. 결제 금액을 확인한 후 '신청하기' 버튼을 클릭합니다.

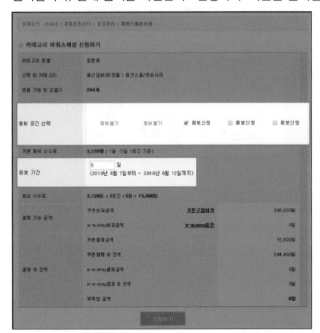

03 결제 진행 후 상품 연결 선택 란에서 '상품연결하기' 클릭 후 판매중인 상품 중 광고를 연결할 상품을 선택하면 광고 신청이 완료됩니다.

신청한 내역은 광고관리 〉 나의파워스페셜 〉 카테고리 파워스페셜에서 확인 가능합니다.

또한 해당 페이지에서 '상품연결하기'를 클릭하여 다른 상품으로 변경 가능합니다.

단, 해당 상품과 카테고리가 일치해야 노출 됩니다.

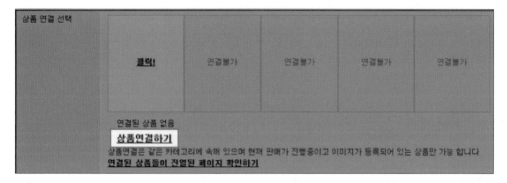

키워드 파워스페셜 신청 방법

'키워드 확보하기' 클릭 시 검색 순위 상위 150위까지 표시 됩니다

순위는 매일 갱신되며 하루 전의 순위를 기준으로 확보 금액이 책정됩니다

01 자신이 확보하고자 하는 키워드의 '신청하기' 버튼을 클릭합니다

순위에 미포함된 키워드를 확보하려면 '순위 외'에 확보하고자 하는 키워드를 입력하고 '신청하기' 버튼 클릭합니다

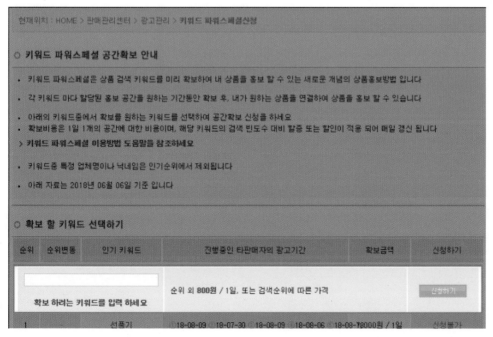

02 이후 '상품연결하기' 버튼 클릭하여 판매중인 상품을 선택한 후 확보기간을 일 단위로 기재합니다

결제 금액 확인 후 '신청하기' 클릭하여 결제를 진행합니다

신청한 내역은 광고관리 〉 나의파워스페셜 〉 키워드 파워스페셜에서 확인 가능합니다

Q 포토갤러리 광고가 무엇인가요

 A 상품 이미지 노출 시 애니메이션 효과를 부여하고 상품 이미지 노출을 높이는 광고입니다.

포토갤러리는 다음과 같은 광고 효과가 있습니다.

포토갤러리 광고 신청 방법

01 상품공급사센터 〉 상품등록관리 〉 전체상품에서 광고할 상품의 '옵션수정'을 클릭합니다.

02 목록꾸미기 란의 포토갤러리를 체크한 다음 하단의 결제금액을 확인하고 '등록완료' 버튼을 클릭하면 신청이 완료됩니다.

재고 소진을 하려면 어떻게 하는 것이 좋을까요?

제조업체, 수입업체, 도매업체, 인터넷쇼핑몰 등 모든 상품공급사들이 사업을 하면서 공통적으로 겪고 있는 어려움 중 한 가지가 '재고 처분'입니다. 사업을 하면서 가장 어렵다고 하는 재고를 얼마나 적절한 시점에 현명하게 처리하는가에 따라서 사업 운영이 용이해질 수도 있습니다.

인터넷쇼핑몰이라면 자체 할인세일로, 제조업체, 수입업체, 도매업체라면 화곡동유통단지에 있는 덤핑업체 또는 덤핑 상품만 구매하는 덤핑 전문업체를 통한 덤핑판매 등의 방법으로 재고를 처분합니다. 하지만 도매꾹의 기획전이나 나까마(naggama.com) 등을 이용하면 손해를 최소화하면서 대량으로 판매를 할 수도 있습니다.

특히 '일괄처분 나까마시장', '덤핑 땡처리 상품전', 그 외 다양한 기획전 등을 이용하면 재고 처분이 용이합니다. 또한 재고 처분 목적 이외 빠른 현금 회전을 목적으로 신상품을 판매하는 용도로도 사용할 수 있습니다.

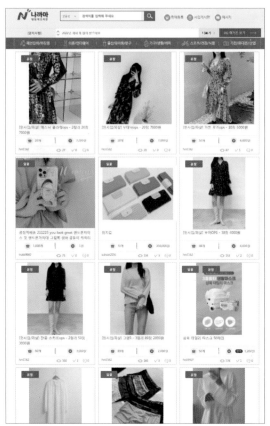

▲ 나까마(naggama.com)

▲ 기획전 페이지

Q 유료 옵션 연장 시 꼭 확인해야 할 점이 있나요?

A 유료옵션 연장 시 아래 사항은 꼭 확인 바랍니다.

도매꾹은 판매회원의 편의를 위해 상품 기간을 일괄로 연장할 수 있는 기능과 자동 기간연장 기능을 제공하고 있습니다.

이를 통해 유료 옵션(상품 진열기간과 등록옵션, 목록꾸미기) 또한 연장할 수 있습니다.

만약 기간 연장 시 유료 옵션까지 함께 연장되는 것을 원하지 않는 경우 아래 사항을 꼭 확인하기 바랍니다.

❶ 상품 기간 일괄 연장 시 유료등록옵션과 목록꾸미기 연장을 원하지 않을 경우

'유료옵션기간을 함께 연장하겠습니까?' 에 '아니오'를 체크한 후 '기간연장 실행하기' 를 클릭합니다.

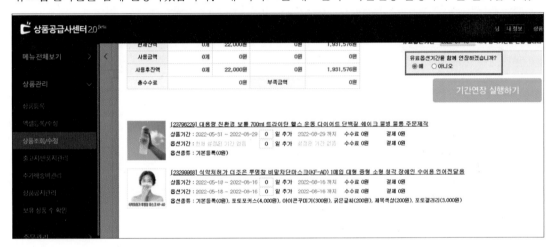

❷ 개별 상품의 유료등록옵션과 목록꾸미기 연장을 원하지 않을 경우

상품공급사센터 〉 상품등록관리 〉 전체상품 〉 옵션수정의 자동 기간연장란을 확인합니다.

다음과 같이 '기간연장시 적용중인 등록 옵션을 함께 적용합니다.' , '기간연장시 적용중인 목록꾸미기를 함께 적용합니다.' 에 체크하지 않습니다.

자동기간연장		
자동기간연장 *	☐ 기간자동연장설정	기간종료 후 재고가 남아있을 경우, 자동으로 기간연장이 진행됩니다.
옵션자동적용 *	☐ 리스팅옵션 자동적용 ☐ 목록꾸미기 자동적용	
	자동연장이 시행될 때마다 옵션율 추가로 적용할 수 있는 기능으로, 중간에 옵션적용이 종료되더라도 자동연장주기에 따라 다시 적용될 수 있습니다. 적용시점에서 상품홍보쿠폰 및 e-money 가 충분하지 않을 경우, 옵션자동적용은 동작하지 않습니다.	

Q 포토갤러리 광고가 무엇인가요?

A 상품 이미지 노출 시 애니메이션 효과를 부여하고 상품 이미지 노출을 높이는 광고입니다.

포토갤러리는 다음과 같은 광고 효과가 있습니다.

❶ '공급사의 다른 상품' 버튼 표시

상품리스트 상에 공급사의 다른 상품 버튼을 표시하며 클릭시 해당하는 상품들이 모두 보여집니다.

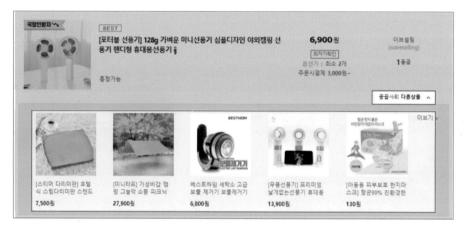

❷ 동일 옵션 사용시 상위 노출 (검색결과에도 적용)

동일한 옵션 광고를 사용하더라도 포토갤러리 적용 상품이 더 상위에 노출됩니다.

❸ 상품 목록 이미지를 움직이는 배너로 등록 가능

움직이는 GIF 이미지로 상품 목록 이미지를 등록했을 경우 움직이는 이미지로 설정 가능합니다.

포토갤러리 광고 신청 방법

01 도매꾹 메인에서 '상품공급사센터'를 클릭합니다.

02 상품등록관리 〉 전체상품에서 광고할 상품의 '옵션수정'을 클릭합니다.

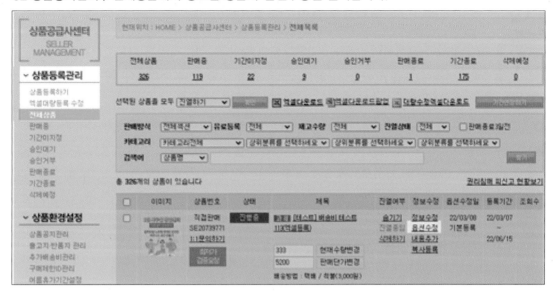

적절한 광고로
상품판매를 촉진시켜요!

광고를 중단하고 싶은데 환불이 가능한가요?

 1:1 문의나 고객센터 1588-0628를 통해 확인 후 취소처리가 가능합니다.
광고비와 유료옵션 환불 시 환불금액은 환불 수단에 따라 다르게 책정됩니다.

❶ 상품 홍보 쿠폰 (30일) 으로 환불시 : 광고 및 유료옵션 진행일 수를 제외한 나머지 금액 전액
❷ 그 외의 수단으로 환불 시: 광고 및 유료옵션 진행일 수를 제외한 나머지 금액 중 70% 금액만 환불
　단, 상품 판매 문제(벌점, 지식재산권 침해, 도용 등)로 인해 내려 간 상품의 광고 기간에 대해서는
　환불이 불가능합니다.

또한 쿠폰으로 진행된 광고는 쿠폰으로만 환불됩니다.

 진행중인 배너광고의 기간을 연장할 수 있나요?

 끝나는 날짜에 맞추어 광고 재신청 후 1:1 상담에 글을 남겨 주시기 바랍니다.
따로 연장 신청 방법은 없으며 동일 광고 재신청 시 기간이 끝나는 날짜에 맞추어 재
신청해 주세요.
신청 후 '1:1문의하기 〉 판매관련 〉 광고관련'을 통해 재신청 요청을 하면 관리자가 확인 후 연
장이 가능합니다.

쿠폰을 활용하면 광고비가 절약되나요?

 예, 쿠폰을 활용하면 광고비를 절감할 수 있습니다.

쿠폰을 활용하게 되면 상당액의 활인효과(최대 2 0%)를 〉 할인효과(최대 20%)를 볼 수 있기 때문에 도매꾹에서 상품을 판매하는 파워셀러는 거의 모두 쿠폰을 구매하여 광고나 상품홍보에 활용하고 있습니다.

쿠폰은 일부 광고와 상품등록유료옵션 선택 시 사용할 수 있으며, 상품 구매는 할 수 없습니다. 유효 기간이 짧을수록 할인율도 높아지기 때문에 보다 저렴하게 도매꾹 광고를 진행 할 수 있습니다. '상품공급사센터 〉 광고/홍보 〉 상품홍보쿠폰 구입' 메뉴를 선택한 후 원하는 쿠폰의 라디오버튼 (❶)과 사용기간(❷)을 선택하면 나타나는 할인 금액(❸)에 따라 쿠폰을 사용기간에 따라 최대 20% 까지 저렴하게 구입할 수 있습니다. 단, 상품홍보쿠폰은 구입후 취소, 환불 및 e-money 전환이 불가능합니다. 또한 사용기간 만료시 자동 소멸되오니, 구입시 유의바랍니다.

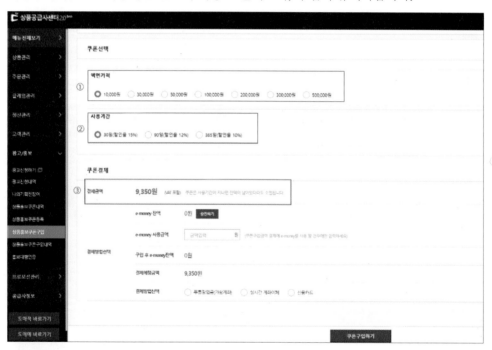

> **TIP** 전정호 사장이 알려주는 효과적인 광고시간대
>
> 요일별 구매 비율은 월요일이 가장 높고 주말이 가장 낮으며, 시간대별 구매 비율은 14:00~16:00 사이가 가장 높습니다. 그래서 상품공급사들은 보통 월요일에 메인중앙배너 등의 광고를 진행하여 광고 효과를 높이고 있습니다.
> 포토포커스, 프리미엄, 우대등록, 기본등록 모두 요일별로 상이하게 진열되고 있습니다. 월~화요일은 도매꾹랭킹순, 수요일은 신규상품공급사순(최초 등록일시를 기준), 목요일은 인기상품순, 금요일은 주문옵션사용순, 토~일요일은 신규등록순(업데이트순)으로 진열됩니다. 이런 점도 참고해서 광고를 효율적으로 운영하는 지혜가 필요합! 다.
>
> _도매박스 전정호 사장

Q 상품홍보쿠폰을 구입하는 방법을 알려주세요

 A 상품공급사센터 〉 판매쿠폰관리 〉 상품홍보쿠폰구입에서 구매 가능합니.
상품홍보쿠폰은 상품공급사센터 2.0으로 이전된 메뉴이며 상품공급사센터2.0 〉 광고/홍
보 〉 상품홍보쿠폰구입 메뉴로 이동하게 됩니다.

구입할 쿠폰을 선택하고 결제 방법을 선택 한 후 '쿠폰구입' 버튼을 클릭하면 쿠폰 구입이 완료됩니다.

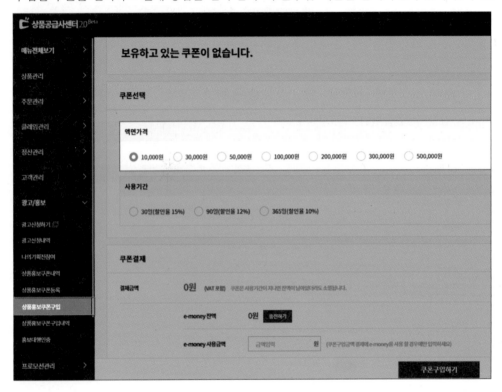

결제방법은 이머니(e-money), 신용카드, 무통장입금(가상계좌), 실시간 계좌이체 등 모두 4가
지 입니다

액면가액과 사용기간 선택에 따라 할인을 받을 수 있으니 참고바랍니다

상품홍보쿠폰은 구입후 취소 / 환불 / e-money 전환이 불가능합니다

구입한 홍보 쿠폰 내역은 어디서 확인하나요?

 마이페이지 〉 상품공급사센터 〉 상품홍보쿠폰내역에서 확인 가능합니다.

모바일의 경우

iOS 와 모바일웹의 경우 마이페이지 〉 쿠폰 〉 상품홍보쿠폰내역에서 확인 가능합니다.

 무상으로 받은 쿠폰은 어떻게 등록 하나요?

 마이페이지 〉 상품공급사센터 〉 쿠폰등록에서 가능합니다.

도매꾹에서 발행한 쿠폰 등록 번호 16자리를 입력하면 등록됩니다.

모바일의 경우

iOS 와 모바일웹의 경우 마이페이지 〉 My 페이지 〉 쿠폰 〉 쿠폰등록에서 등록할 수 있습니다.

PART
04

도매꾹도매매
교육센터 세미나

01

왜 도매꾹인가?

도매꾹은 국내 종합B2B 랭킹1위를 지속적으로 유지하고 있는 국내 최대 도매 오픈마켓입니다.

국내외의 수많은 제조업체들을 비롯하여 동대문이나 남대문 도매시장의 원도매업체, 화곡동 도매시장의 수입업체, 인터넷 쇼핑몰 운영자, 매장 운영자 등 260만명에 달하는 다양한 목적의 구매자들과 상품공급사들이 활동하고 있습니다.

또한 누구나 도매가격으로 상품을 구매할 수 있고 누구나 상품을 등록하여 판매할 수 있습니다. 특히 대량의 거래에 특화되어 있어서 상품공급사 입장에서는 낱개 거래가 아닌 묶음, 박스단위 거래를 진행하기 용이하며 구매자 입장에서는 대량의 물건을 저렴하게 구매하여 상품사입비용을 절감할 수 있습니다.

시장에 직접 방문하지 않고도 도매시장에서 거래되는 많은 유통상품을 도매가격으로 검색하고 찾아보고, 샘플을 구매하고, 사입하여 다른 오픈마켓, SNS 마켓, 오프라인 매장 등에서 판매가 가능하도록 다양한 지원을 하고 있습니다.

도매꾹이 좋은 6가지 이유

첫째로 국내 B2B랭킹 1위로 랭키닷컴 기준 20년 연속 1위이며 시장 점유율이 70%이상 차지하고 있습니다.

또한 보유 회원수도 260만명 정도로 다양한 연령대의 회원들이 활동하고 있으며 판매 상품수 500여만개, 하루 업데이트 되는 상품 수가 4만 여개가 넘는 국내 최대의 도매형 오픈 마켓입니다.

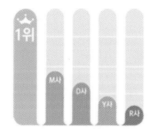

■ 국내 B2B 랭킹

종합 B2B부문 20년 연속 1위 사이트 (랭키닷컴 www.rankey.com 기준) 도매 오픈마켓 중 국내 최대 규모

■ 보유 회원수

270만명 이상 회원에게 상품을 판매하고, 850만 가지가 넘는 상품을 구매할 수 있습니다.

■ 업데이트 상품 수

일 일 평균 약 50,000개가 넘는 상품이 업데이트되어 다양한 상품 검색이 가능합니다.

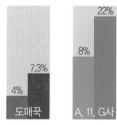

■ 최저수수료

타 오픈마켓 대비 낮은 수수료입니다.
자사 수수료 4.0~7.3%(VAT별도)
타사 A, 11, G사 수수료 8~22%

■ 거래건수

1주일에 평균 500만 상품이 거래되는 누구나 안전하게 사고 팔 수 있는 열린 장터입니다.

■ 글로벌 거래

전세계 어디서든 도매꾹의 다양한 상품을 구입 할 수 있습니다.

더불어 도매꾹은 우리나라 도매사이트 중 가장 큰 규모를 자랑하며 옥션, 지마켓, 11번가와 더불어 4대 오픈마켓이라고도 불리고 있습니다.

2001년부터 서비스를 시작한 도매꾹은 매년 성장세를 기록하고 있으며 현재에 이르러서는 천오백억원대의 직접 거래액과 수조원대의 파생거래를 일으키며 우리나라 유통시장의 중심에 서 있는 사이트입니다.

도매꾹은 개인도 상품을 판매할 수 있으나 사업자회원의 경우 수수료면에서 더욱 저렴합니다. 사업자 회원의 경우 판매대금의 4.0~7.3%(VAT별도)의 수수료가 발생하며 도움말에서 '판매수수료'로 검색하면 보다 자세한 수수료를 확인할 수 있습니다. 이렇게 도매꾹에서 판매된 물건들은 전국 각지의 오프라인 매장, 매대 및 온라인 쇼핑몰, 오픈마켓에서 소매로 판매되고 있습니다.

특히 소매업을 하는 사업자들을 대상으로 대량의 판매를 할 때 '수량 별 차등단가'를 활용하면 자연스럽게 우량고객을 확보해 나갈 수 있습니다.

▲ 수량 별 차등단가를 통해 간편하게 대량구매자에게 할인혜택제공

제품에 대한 견적흥정, 배송비 견적 등을 온라인상에서 주고받을 수 있도록 지원하여 사업자간의 거래에 용이하게 되어있는 점 역시 도매꾹이 갖고 있는 큰 장점입니다.

고객센터 1:1 문의글을 통해 상품관련 내용에 대한 안내를 지원합니다.

무엇보다 도매꾹의 가장 큰 장점은 좋은 가격에 좋은 물건을 구매할 수 있다는 것입니다. 오픈마켓 낮은 수수료를 지원하는 도매꾹은 상품공급사의 부담을 덜어드리고 그만큼 가격이 저렴하게 제공될 수 있도록 운영하고 있습니다. 그만큼 대량으로 물건을 구매하고자 하는 사업자 분들 역시 많이 모이게 되고 판매 역시 활발하게 이루어지게 됩니다. 매 주 평균 500만건의 거래가 도매꾹을 통해서 이루어지고 있으며 특히 실제 판매를 중심으로 매일 선정되는 '인기100'의 경우 실시간으로 현재 마켓의 트렌드를 읽을 수 있게 해 줍니다.

도매꾹의 주요 판매상품의 경우 시즌을 앞서 나간다는 점 역시 중요합니다. 도매꾹에서 구매하여 온라인, 오프라인에서 판매를 하시는 경우가 많기에 사전에 물건을 확보하여 정리하고 소매 판매를 하기위해 시즌보다 빠른 판매가 이루어집니다. 이런 부분을 잘 보고 활용하시면 쇼핑몰, 오픈마켓에서 판매하시는 데 큰 도움이 될 것입니다.

도매꾹 회원 종류

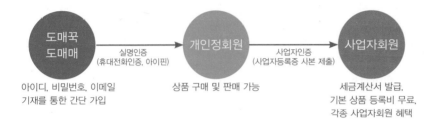

도매꾹
도매매
아이디, 비밀번호, 이메일
기재를 통한 간단 가입

실명인증
(휴대전화인증, 아이핀)

개인정회원
상품 구매 및 판매 가능

사업자인증
(사업자등록증 사본 제출)

사업자회원
세금계산서 발급,
기본 상품 등록비 무료,
각종 사업자회원 혜택

각종 통계로 보는 도매꾹

각종 통계를 통해 도매꾹에 대해 알아봅시다.

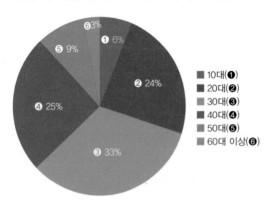

■ 10대(❶)
■ 20대(❷)
■ 30대(❸)
■ 40대(❹)
■ 50대(❺)
■ 60대 이상(❻)

❶ 도매꾹 회원 연령 비율

도매꾹 회원의 연령대는 다음과 같습니다.

몇 해 전만해도 도매는 어렵다고 생각하여 3~40대 위주로 운영되었다면 최근에는 20대 가 부쩍 늘어난 것을 볼 수 있습니다.

도매 상품이라도 쉽게 구매 및 판매를 할 수 있 도록 노력한 결과라고 생각됩니다.

❷ 대분류 카테고리별 판매비율(건수)

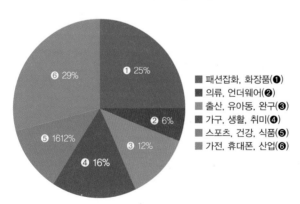

■ 패션잡화, 화장품(❶)
■ 의류, 언더웨어(❷)
■ 출산, 유아동, 완구(❸)
■ 가구, 생활, 취미(❹)
■ 스포츠, 건강, 식품(❺)
■ 가전, 휴대폰, 산업(❻)

다양한 상품이 판매되는 도매꾹에서 가장 많은 건수가 팔리는 건 아무래도 가전/휴 대폰/산업 카테고리입니다.

이 통계는 액수가 아닌 건수로 집계된 것 입니다.

휴대폰 종류도 많아지고 컴퓨터 용품 등이 건수로는 가장 많이 팔리며 뒤 이어서 패 션잡화/화장품 등이 뒤따르고 있습니다.

❸ 시간대별 접속률

도매 특성상 도매꾹을 통하여 사업을 하시는 분들이 많기 때문에 업무시간, 특히 오후 시간대에 많은 접속이 이루어 지는 것을 볼 수 있습니다.

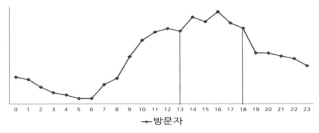

오후 1시~ 6시 사이가 가장 많은 회원이 접속

❹ 요일별 접속률

도매꾹 회원들은 보통 월초에 많이 접속하는 것을 볼 수 있습니다.

주말에 가장 접속률이 적으며 도매꾹에서 광고를 해야 한다면 주 초에 하는게 효과를 극대화 할 수 있습니다.

도매꾹의 다양한 특별관

여기에는 어떻게 등록하나요?

도매꾹 메인에 있는 각종 모음전들 입니다.

❶ 사업자전용관 : 사업자 공개 상품

사업자 정회원에게만 공개가 되는 상품 페이지

도매꾹은 상품 등록시 사업자에게만 가격을 공개하는 기능이 있습니다. (상품등록방법 참조) 이에 따라 사업자에게만 가격이 공개된 상품들만 모아놓은 곳입니다.

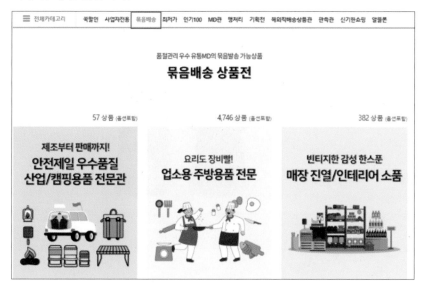

❷ 묶음배송관 : 묶음배송이 가능한 몰

같이사면 묶음배송이 가능한 상품들을 테마별로 나누어 놓은곳

묶음 배송관의 경우 특정 테마에 대한 물품을 묶어 놓은 곳으로 각각 테마에 따른 묶음배송이 가능한 상품전입니다.

❸ 최저가 : 최저가상품전

최저가 상품으로 인증된 상품 페이지, 도매꾹에서 직접 검수하며 현재 '도매매'에 등록된 상품 중 인기상품 순으로 검수진행
도매꾹에서는 상시로 최저가 검수를 진행하고 있습니다.
최저가 인증이 될 경우, 인증마크와 함께 해당 기획전에 자동으로 등록됩니다.

❹ 인기100 : 도매꾹의 인기상품 100가지

상품노출지수에 따라 1위부터 100위까지 진열된 상품 페이지 어쩌면 도매꾹에서 가장 중요한 페이지 입니다. 도매꾹에서 잘 팔리는 인기순서대로 매일매일 리스트업 되는 페이지로 1위부터 100위까지 확인 할 수 있습니다. 어떤 상품이 잘 나가는지 궁금하다면 반드시 확인해야 할 페이지 입니다.

❺ 땡처리 : 땡처리상품전

도매꾹 기획전 중에 '덤핑/땡처리 기획전'에 등록된 상품 페이지 덤핑/땡처리 기획전으로 해당 기획전에 참여한 상품들을 모아놓은 곳입니다.

❻ 기획전 : 각종 테마로 이루어진 상품모음

상품등록시, 상품공급사센터 -〉 상품등록관리 -〉 옵션수정 -〉 기획전 참여하기

기획전은 말 그대로 상품 카테고리와는 다른 각종 테마로 이루어진 상품 모음전 입니다. 갤럭시 노트 관련 상품 기획전이나 판촉, 인테리어 기획전 등과 같이 카테고리 분류와는 다른 다양한 기획전이 있습니다.

❼ 해외직배송상품관 : 각종 테마로 이루어진 상품모음

❽ 신기한쇼핑 : 각종 테마로 이루어진 상품모음

02

도매꾹 상품공급사를 위한 Q&A

 Q 상품을 잘 팔려면 어떻게 해야 하나요?

A 경쟁업체를 파악하라!

가장 많은 상품공급사님들이 궁금해 하는 질문입니다. 이미 자신이 판매 할 상품은 인터넷에서 판매하고 있을 확률이 높습니다. 이럴 때는 유사 상품 판매업체인 경쟁업체 파악이 중요합니다. 경쟁업체는 모든 상품공급사가 아니고 자신과 비슷한 상품을 파는 상품공급사들 중에 잘 판매하고 있는 1~2개 업체만을 대상으로 삼으면 됩니다.

상세페이지, 상품명, 광고 등을 파악하고 대응을 해보세요. 물론 가격과 배송에 관련한 부분들도 파악하여 판매전략을 짠다면 더욱 잘 판매를 할 수 있습니다. 실제로 도매꾹 판매 상위업체들은 동종업체의 가격 변경 내역을 실시간으로 모니터링하고 있답니다.

 Q 상품 판매 수수료는 얼마인가요?

 A 4.0~7.3%(VAT별도, 사업자 기준)
※ 카드결제 수수료 포함(약 3%)

수수료는 4.0~7.3%(VAT별도, 사업자 기준) 입니다. 이는 카드결제 수수료인 약 3%가 포함된 수수료로 실 수수료는 1%~6% 정도 입니다. 도매꾹 '고객센터'에서 '수수료'로 검색하면 모든 카테고리의 수수료를 한 눈에 볼 수 있습니다.

어떤 광고를 해야 가장 효과가 좋을까요?

배너가격 = 신청률 + 클릭률
※ 처음엔 파워스페셜광고를 추천

배너 가격은 신청률이 높고 클릭률이 많을수록 높아집니다. 즉, 가격이 높을수록 사람들 눈에 잘 띄는 광고입니다. 하지만 상품 자체에 경쟁력이 없다면 아무리 광고를 해도 많은 판매로 이어지지 않으니 경쟁력 있는 상품이라면 좋은 광고를 통해 홍보하세요.

 인기상품 100에 상품을 진열하고 싶어요.

상품노출지수에 따라 매일 자정
자동 업데이트

인기상품 100의 경우 운영진도 수동으로 넣을 수 없습니다. 오직 잘 팔리고 상품평이 좋은 상품들로만 이루어지고 있으니 경쟁력 강화와 홍보를 통해 인기상품에 들도록 노력해보세요. 역시 도매꾹 '고객센터'에서 '랭킹'검색을 통해 어떻게 점수가 이루어져 있는지 확인 할 수 있답니다.

 판매대금 정산은 언제 되나요?

• 구매자 수취 확인 시 : 다음날 적립(영업일기준) 단, 카드결제시 주문일로부터 7일 후
• 구매자 수취 확인 없을 시 : 배송일로부터 15일 이후(송장번호로 배송 조회가 가능해야 함)

 해외배송은 어떻게 해야 하나요?

해외에서 주문시 도매꾹 해회배송팀에서 보내드립니다. 배송 걱정은 NO!

해외에서 구매를 하면 자동으로 도매꾹 물류창고로 주소가 찍힙니다. 걱정하지 말고 물류창고로 보내면 도매꾹에서 알아서 해외배송을 해드리고 있습니다.

 아웃벌점 3점이라 배송을 할 수 없어요?

상품공급사센터 - 배송예정 페이지에서 송장번호를 입력해 주세요.

각종 이유로 벌점을 받아 3점이 누적되면 회원접속이 차단이 되지만 상품공급사센터의 배송예정 페이지는 접속이 가능합니다. 벌점이 3점이라고 해도 송장번호를 입력할 수 있습니다.

도매꾹 상품공급사를 위한 TIP!

파워스페셜 광고를 활용해 보세요

❶ 키워드 파워스페셜 : 키워드로 검색 시 상단에 노출

❷ 카테고리 파워스페셜 : 카테고리 클릭 시 상단에 노출

▲ 파워스페셜 광고 예시

기획전을 보는 회원이 많습니다

다양한 기획전이 상시 운영됩니다.

기획전도 많은 회원들이 살펴보는 코스 입니다.
카테고리 광고에 대해 고민이라면 기획전도 좋은 광고입니다.

광고 쿠폰을 활용해 보세요

도매꾹 ➡ 상품공급사센터 ➡ 광고/홍보 ➡ 상품홍보쿠폰구입

쿠폰선택
액면가격
◉ 10,000원 ○ 30,000원 ○ 50,000원 ○ 100,000원 ○ 200,000원 ○ 300,000원 ○ 500,000원
사용기간
○ 30일(할인율 15%) ○ 90일(할인율 12%) ○ 365일(할인율 10%)

사용기간은 30일, 90일, 365일
이 있습니다. 광고를 진행한다면
쿠폰을 이용해보세요.
사용기간과 가격에 따른 할인을
받을 수 있습니다. 단, 쿠폰으로
상품구매는 불가능합니다.

판매단가와 할인율을 설정해 보세요

• 사업자회원에게만 가격을 공개 할 수 있으며 수량에 따른 할인률을 설정할 수 있습니다.

상품판매단가 설정에서 가능합니다.

도매가격이 개인에게 노출되는 것을 꺼려하는 상품공급사를 위해 기업정회원에게만 가격을 공
개하는 기능이 있습니다.

상품등록시 상품판매단가 설정부
분에서 사업자인증을 받은 기업
정회원에게만 판매가격을 볼 수
있도록 합니다. 옵션을 체크하면
개인정회원에게는 가격이 노출이
되지 않습니다.

엑셀을 통한 대량 상품 등록을 할 수 있습니다

상품공급사센터 ➡ 상품등록관리 ➡ 상품대량등록관리

○ 대량등록 진행절차

대량등록엑셀폼을 다운받아서 폼에 맞게 입력 후 등록을 하면 대량등록을 할 수 있습니다.
하나의 파일로 최대 1,000개의 상품을 등록/수정 할 수 있습니다.
파일 업로드는 하루 최대 50회 까지 가능합니다. 도배성 등록이나 상품가격이 높을 경우 거부
될 수 있으니 이 부분 꼭 확인 부탁드립니다.

출고지 설정을 하면, 묶음배송을 쉽게 설정할 수 있어요.

상품등록시 설정 가능하며 정보수정에서 수정이 가능합니다.

상품공급센터 ➡ 등록상품관리 ➡ 정보수정

출고지를 설정 해 놓으면 같은 출고지의 상품을 구매자가 구매할 경우 자동으로 묶음 처리가 됩니다.

자신의 포인트를 활용해서 상품 홍보를 할 수 있습니다

상품등록시 '공급사 지급포인트'부분에서 설정이 가능합니다.

포인트가 많이 쌓였다면 포인트를 활용해서 프로모션을 진행 할 수 있습니다.

지급 방법에 따라 정액, 정률이 가능하며 조건 충족시 해당 구매자에게 포인트가 지급됩니다.

구매자에게 포인트를 지급할 수 있는 설정을 잘 활용하면 소비자 가격을 유지 하면서 상품을 도매가격으로 공급하는 효과를 얻을 수 있습니다.

이 점을 구매자에게 상세페이지를 통해서 잘 설명해야 노출가격을 극복하고 판매로 이어질 수 있습니다.

한눈에 살펴보는
도매꾹 상품등록 방법

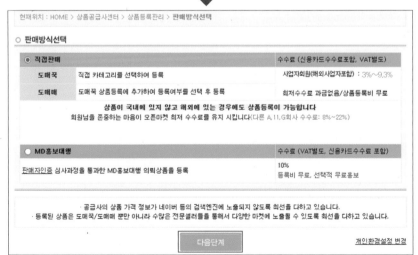

매뉴전체보기 >

상품관리 ∨
- 상품등록
- 액셀등록/수정
- 상품조회/수정
- 초고사진유사관리
- 추가배송비관리
- 상호고시관리
- 보류 심사 수 확인

주문관리 >

클레임관리 >

정산관리 >

고객관리 >

광고/홍보 >

프로모션관리 >

공급사정보 >

[도매목 바로가기]
[도매배 바로가기]
[고객센터 바로가기]

< **상품등록**

판매방식 설정

판매채널 * ⑦   ☑ 도매목   ☐ 도매매   **판매방식 *** ○ 직접판매 ● MD홍보대행 ⑦
도매목 / 도매매 판매채널 선택을 해줍니다. (동시 등록 가능)

비공개상품 * ⑦   ☐ 비공개상품으로 설정

기본정보

상품명(제목) * ⑦ [   ] (0/100 byte)

키워드 * ⑦ [   ] [   ] [   ] [   ] [   ]
[   ] [   ] [   ] [   ] [   ]
키워드는 실제로 보이지는 않으나 상품 검색 시 검색이 됩니다.

카테고리 * 🔍 카테고리 검색
- 패션잡화/화장품 >
- 의류/언더웨어 >
- 출산/유아동/문구 >
- 가구/생활/취미 >
- 스포츠/건강/식품 >
- 가전/휴대폰/산업 >

카테고리 선택결과 :
판매수수료는 1회 주문당 거래규모에 따라 변동될 수 있고, 상품과 무관한 카테고리를 선택한 경우 노출제한/아웃될링/상세이용 등의 패널티가 부과될 수 있습니다.

원산지 * ⑦ [원산지선택 ▾] [선택 ▾] [선택 ▾]
원산지를 정확하게 입력해주세요. 원산지 관련 정보 표기에 관한 책임은 공급사에게 있습니다.

미성년자구매 * ⑦   ● 전연령구매가능 ○ 성연판구매가능   **상품부피, 무게** [부피입력] [무게입력]

모델명 * [   ] ☐ 모델명없음   **제조사 *** [   ]

공급사상품코드 ⑦ [   ]

안전인증 정보 * ⑦   ● 인증대상 ○ 인증대상아님
[면제대상여부 ▾] [분류 ▾]   [추가]

상품 상세정보

상품대표이미지 * ⓘ   ● 일반업로드 사이즈자동변환   ○ 전문가용업로드 사이즈별 다른 이미지 업로드

[+]   상품 대표이미지(썸네일)로 쓰일 이미지를 넣어주세요.

상품상세내용 * [상품상세내용 작성하기]   상세페이지 업로드(호스팅)를 해주세요.

상품정보제공고시

상품정보고시 * ⑦ [--- 상품군 선택 --- ▾]   ☐ 전체 상세정보 별도표기
- 전자상거래법(제13조2항) 및 공정위 상품정보제공고시에 의거하여 판매회원이 스스로의 책임으로 입력하여야 하는 사항입니다.
- 상세정보 별도표기로 체크한 경우 반드시 상세정보 이미지 및 텍스트에 해당 내용이 기재되어 있어야 합니다.

거래조건에 관한 정보 *

청약철회 및 계약의 해제에 관한 사항	[ ]	☐ 상세정보 별도표기
재화 등의 교환/반품/보증과 그 대금 환급 및 환급의 지연에 따른 배상금 지급의 조건/절차	[ ]	☐ 상세정보 별도표기
소비자피해보상의 처리, 재화 등에 대한 불만 처리 및 소비자와 사업자 사이의 분쟁처리에 관한 사항	[ ]	☐ 상세정보 별도표기
거래에 관한 약관의 내용 또는 확인할 수 있는 방법	[ ]	☐ 상세정보 별도표기

판매조건

판매단가 *

도매꾹 판매단가

단가설정　● 1구간(고정단가)　○ 2구간　○ 3구간　○ 4구간　○ 5구간

1구간의 수량값은 최소구매수량으로 지정됩니다. 또한 1구간의 수량 * 단가는 최소 5,000원을 넘어야 합니다.

-	1구간
수량(가)	최소판매수량
단가(원)	0

1번째 구간의 수량, 단가는 필수값입니다.

최대판매수량　□ 설정하기　1회 주문시 최대 주문가능한 수량을 지정할 수 있습니다.

추가설정 ⓘ　□ 배수단위로판매　□ 사업자전용판매　□ 가격통정허용

　　　　　사업자회원에게만 가격 공개 여부

주문옵션 사용　☑ 주문옵션 사용　주문옵션 설정가이드 >　[주문옵션 설정]　상품의 옵션이 있다면 '주문옵션 사용' 체크 후, 옵션을 설정해주세요.

재고수량 *　[　　　　] 개　주문옵션(조합형) 사용시, 옵션별 재고 합산이 총 재고수량으로 노출됩니다.

과세유형 * ⓘ　● 과세　○ 면세　○ 영세율

판매자 지급포인트 ⓘ　● 설정안함　○ 정액　○ 정률

배송조건

배송방법 * ⓘ　● 택배　○ 소포등기　○ 퀵서비스　○ 화물배달　○ 일반우편　○ 해외직배송　○ 방문수령/직접배송

전세계배송(해외배송) *　○ 전세계배송 가능　● 불가능

전세계배송이란 무엇인가요? >

배송준비기간 * ⓘ　● 당일출고 주문당일 발송 가능　○ 익일출고 주문익일 내 발송가능　○ 직접입력 최대21일

배송금액 *

공통 배송비

결제방식 선택　● 무료배송　○ 선결제　○ 착불　○ 구매자(선불,착불)선택

추가배송비 설정 *　제주권 : 2,500원 / 도서산간지역 : 2,500원 / 수령별비래 설정여부 설정함　[추가배송비관리]

묶음배송 설정 * ⓘ　● 묶음배송 가능　○ 불가능

출고지설정　[출고지 선택 ▾]　[관리]
주소지를 선택해주세요.

조건설정　□ 설정하기

동일한 출고지에서 상품이 발송되는 경우, 묶음배송이 될 수 있도록 설정 가능합니다.

반품조건

반품배송지 *

배송지선택　[배송지 선택 ▾]　[관리]
주소지를 선택해주세요.

반품배송비(편도) *　[　　　　] 원　□ 최초배송비가 무료인 경우, 왕복배송비(입력한 반품배송비의 2배) 부과

○ 등록옵션설정

✓ 등록기간	22/03/07부터 22/06/15까지 100일간 사용중 입니다 [0] 일 추가 ⊕ 2022년 6월 15일 16시 00분까지 상품등록기간은 최대 90일까지 연장할 수 있습니다 등록기간은 운영자의 승인시점으로부터 시작되므로 종료시간 또한 그만큼 연장됩니다
✓ 종료시간	[16시 ▼] [00분 ▼] 에 진행을 종료 합니다 기간종료후 1년이 지난 상품은 자동으로 삭제됩니다

✓ 유료등록옵션	⦿ 기본등록	무료	사업자회원은 무료로 기본등록을 할 수 있습니다
	○ 포토포커스	4,000원/1일	• 상품목록의 최상단에 노출 • 목록에 판매자의 다른상품 ∨ 버튼 표시 • 버튼 클릭 시 갤러리형 내 상품 미리보기 목록 표시
	○ 프리미엄	2,000원/1일	• 상품목록의 상단에 노출(포토포커스 하단) • 목록에 판매자의 다른상품 ∨ 버튼 표시 • 버튼 클릭 시 갤러리형 내 상품 미리보기 목록 표시
	○ 우대등록	1,000원/1일	아래 옵션적용기간 만큼 목록의 상단에 노출 (프리미엄 하단)

> **상품 진열 순서에 대한 옵션 광고입니다.**

✓ 옵션적용기간	[2022년 ▼] [03월 ▼] [11일 ▼] 부터 [5] 일 동안 ⊕ 2022년 3월 16일 16시 00분까지 옵션적용기간은 5일 이상을 입력해야 합니다.

› 등록옵션 미리보기

	[테스트] 배송비 테스트 113(엑셀등록) 흥정가능	**5,200** 원 최소 2개 작불 3,000원	테스트판매자 (testseller) **8등급**

목록꾸미기	위의 옵션적용기간만큼 적용됩니다		
> **목록리스트상에 눈에 띄도록 각종 옵션을 추가할 수 있습니다.**	☐ 아이콘붙이기	300원/1일	목록의 제목 좌측에 아이콘을 붙입니다 ⦿ BEST ○ HOT ○ 땡처리 ○ 무료배송 ○ 초특가 ○ 총알배송
	☐ 굵은글씨제목	200원/1일	목록의 제목을 굵은 글씨로 표시 합니다
	☐ 제목강조색상	200원/1일	목록의 제목 색상을 강조하여 표시 합니다
	☐ 포토갤러리	3,000원/1일	• 목록에 판매자의 다른상품 ∨ 버튼 표시 • 버튼클릭시 갤러리형 내 상품 미리보기 목록표시 • 동일 옵션 사용 상품중 상위 진열 (검색 결과에도 적용) • 상품 목록에 애니메이션 이미지 표시 • 포토갤러리를 사용하지 않은경우 고정이미지 표시

기획전 참여하기	상품등록 기간이 기획전 기간보다 빨리 종료될 경우, 기획전에는 노출되지 않습니다		
> **각종 기획전에 참여 할 수 있습니다.**	☐ 30,000원	땡처리 상품전	22/01/25 ~ 22/12/31
	☐ 30,000원	화이트데이 기획전	22/01/20 ~ 22/03/14
	☐ 30,000원	차량용품 기획전	22/02/07 ~ 22/12/30
	☐ 30,000원	갤럭시 액세서리 기획전	22/02/10 ~ 22/09/30
	☐ 30,000원	2022 신학기 상품 기획전	22/02/11 ~ 22/04/30
	☐ 30,000원	청소용품 기획전	22/02/22 ~ 22/05/30
	☐ 30,000원	봄 패션 기획전	22/03/02 ~ 22/05/30
	☐ 10,000원	다이어리꾸미기 기획전	22/01/13 ~ 22/03/30
	☐ 10,000원	홈파티 기획전	20/12/11 ~ 22/12/30

자동 기간연장	기본등록기간 종료 후 재고가 남아있으면 0　　　회동안 0　　　일씩 자동으로 기간을 연장 합니다		❓
	☐ 기간연장시 적용중인 등록옵션을 함께 적용합니다		
	☐ 기간연장시 적용중인 목록꾸미기를 함께 적용합니다		
	• 상품등록유료옵션사용쿠폰이나 e-money가 부족하면 옵션기간이 자동으로 연장 되지 않습니다		
	• 상품등록유료옵션사용쿠폰 구입이나 e-money충전 후에는 자동으로 유료옵션기간연장이 다시 진행됩니다		
	• 등록기간이 진행중이거나 종료일이 31일 이상 지난 상품은 자동으로 연장되지 않습니다		
	• 유료옵션기간연장이 실제로 반영되기까지 설정원 종료시간에서 최대 1~2시간 정도 지연이 있을수 있습니다		
✓ 상품진열여부	◉ 상품을 목록에 진열 합니다　◯ 아직 진열 하지 않습니다		
	• 상품이 등록되면 운영자의 검토후 진열가능여부가 결정됩니다		
	• 운영자에 의해 등록내용이 변경될 수 있습니다		

○ 등록수수료확인

필수 등록 수수료	기본등록비 ❓	0원 ❓	결제 가능 금액	쿠폰보유금액	0원
	기본등록	0원 ❓		e-money보유금액	0원
선택 등록 수수료	아이콘붙이기	0원 ❓	결제 후 잔액	쿠폰결제금액	0원
	굵은글씨제목	0원 ❓		쿠폰결제 후 잔액	0원
	제목강조색상	0원 ❓		e-money결제금액	0원
	포토갤러리	0원 ❓		e-money결제 후 잔액	0원
	기획전참여	0원 ❓		부족한 금액	0원
	광고/홍보	0원 ❓			

> 상품홍보에 필요한 결제 가능 금액이 부족하세요 ?　❓

| 총 등록 수수료 | 0원 |

- **쿠폰구입**　❓
- **e-money충전**　❓

수수료 내역 우측의 ❓ 아이콘을 클릭하면 항목별 수수료의 상세 내역을 볼 수 있습
니다

[등록완료]

파워스페셜 광고 신청 페이지 연결

가격대비 가장 효과 좋은 광고 방법입니다.

카테고리 파워스페셜

– 카테고리로 진입시 최상단에 보여지는 광고 입니다.

키워드 파워스페셜

– 키워드로 검색시 최상단에 보여지는 광고 입니다.

카테고리 파워스페셜 광고 신청

○ 카테고리 파워스페셜 공간확보 안내

- 카테고리 파워스페셜은 상품목록페이지의 최상위 공간을 미리 확보하여 내 상품을 홍보 할 수 있는 새로운 개념의 상품홍보방법 입니다

- 각 카테고리마다 할당된 5개의 홍보 공간중 필요한 갯수만큼, 원하는 기간동안 공간을 확보하여 내가 원하는 상품을 수시로 변경해 가면서 자유롭게 상품을 홍보 할 수 있습니다

- 아래의 카테고리중에서 확보를 원하는 카테고리를 선택하여 공간확보신청을 하세요
- 확보비용은 1일 1개의 공간에 대한 비용이며, 해당 대분류 카테고리의 상품 점유율 대비 할증 또는 할인이 적용 되어 매일 갱신 됩니다

> 카테고리 파워스페셜 이용방법 도움말을 참조하세요

- 카테고리 확보는 중분류부터 가능합니다
- 카테고리 파워스페셜쿠폰을 발급받았을 경우는 그에 해당하는 공간을 무료로 확보할 수 있습니다
- 도매꾹에 등록한 상품에만 유효합니다

> 나의 카테고리 파워스페셜쿠폰 보기

○ 확보 할 분류 선택하기

중분류에서 선택	하위분류	확보가능공간					확보비용	신청하기
패션소품/액세서리	↓소분류에서 선택	신청가능	신청가능	신청가능	신청가능	신청가능	2,400원 / 1일	신청하기
주얼리/보석/시계	↓소분류에서 선택	신청가능	신청가능	신청가능	신청가능	신청가능	2,400원 / 1일	신청하기
신발/구두/운동화	↓소분류에서 선택	신청가능	신청가능	신청가능	신청가능	신청가능	2,400원 / 1일	신청하기
지갑/벨트/가방	↓소분류에서 선택	신청가능	신청가능	신청가능	신청가능	신청가능	2,400원 / 1일	신청하기
화장품/바디/헤어	↓소분류에서 선택	신청가능	신청가능	신청가능	신청가능	신청가능	2,400원 / 1일	신청하기

광고를 원하는 카테고리를 선택하여 신청하기를 통해 신청이 가능합니다.

광고가 모두 차있다면 종료일 이후에 신청이 가능하며, 하위분류를 선택하여 하위 카테고리에 더 저렴한 가격으로 광고를 진행 할 수 있습니다.

키워드 파워스페셜 광고 신청

○ **키워드 파워스페셜 공간확보 안내**

- 키워드 파워스페셜은 상품 검색 키워드를 미리 확보하여 내 상품을 홍보 할 수 있는 새로운 개념의 상품홍보방법 입니다
- 각 키워드 마다 할당된 홍보 공간을 원하는 기간동안 확보 후, 내가 원하는 상품을 연결하여 상품을 홍보 할 수 있습니다
- 아래의 키워드중에서 확보를 원하는 키워드를 선택하여 공간확보 신청을 하세요
- 확보비용은 1일 1개의 공간에 대한 비용이며, 해당 키워드의 검색 빈도수 대비 할증 또는 할인이 적용 되어 매일 갱신 됩니다
- ❯ **키워드 파워스페셜 이용방법 도움말을 참조하세요**

- 키워드중 특정 업체명이나 닉네임은 인기순위에서 제외됩니다

- 아래 자료는 2022년 03월 10일 기준 입니다
- 도매꾹에 등록한 상품에만 유효합니다

○ **확보 할 키워드 선택하기**

순위	순위변동	인기 키워드	진행중인 타판매자의 광고기간	확보금액	신청하기
		확보 하려는 키워드를 입력 하세요	순위 외 800원 / 1일, 또는 검색순위에 따른 가격		신청하기
1	-	마스크	①22-04-12 ②22-03-29 ③22-04-06 ④22-12-19 ⑤22-04-13	7,000원 / 1일	신청불가
2	▲1	케이스	①22-03-12 ②22-03-22 ③22-03-12 ④22-03-12	6,000원 / 1일	신청하기
3	▼1	kf94	①22-08-07 ②22-03-11 ③22-06-08 ④22-04-11 ⑤22-04-23	6,000원 / 1일	신청불가
4	-	스타벅스		5,000원 / 1일	신청하기
5	▲3	거치대	①22-04-16 ②22-04-16 ③22-03-18 ④22-03-20 ⑤22-03-16	5,000원 / 1일	신청불가
6	▼1	원피스		4,000원 / 1일	신청하기
7	▼1	캠핑		4,000원 / 1일	신청하기
8	▲1	양말	①22-05-05 ②23-01-11 ③22-03-13 ④23-02-17 ⑤22-12-09	4,000원 / 1일	신청불가
9	▲1	파우치	①22-04-25 ②22-04-28 ③22-05-23 ④22-11-10 ⑤22-12-22	4,000원 / 1일	신청불가
10	▲3	슬리퍼	①22-12-28 ②22-12-28 ③22-08-30 ④22-08-30 ⑤22-03-18	4,000원 / 1일	신청불가
11	▲1	모자	①22-03-13 ②24-09-11 ③22-11-24 ④22-03-11 ⑤22-09-14	3,000원 / 1일	신청불가

1위~150위까지의 키워드 순위가 나오며 신청하기를 통해 신청이 가능합니다.

순위에 키워드가 없을 경우 '확보 하려는 키워드를 입력 하세요' 를 통해서 새롭게 광고를 진행 할 수 있습니다.

상품공급사센터 – 상품등록 관리

등록된 상품은 '상품공급사센터 ➡ 상품등록관리'에서 '정보수정'을 통해 상품정보를 수정하거나 '옵션수정'을 통해 옵션광고를 신청할 수 있습니다.

주문옵션 등록 이해하기

상품주문옵션 등록

상품등록(수정)시 정보수정영역에서 [주문옵션 설정] 버튼(❶)을 클릭하면 주문옵션 등록을 위한 화면이 열립니다

상품의 특성 및 판매방식에 적합한 상품주문옵션을 등록하면, 구매자가 상품 구매 시 색상 및 사이즈, 타입 등을 쉽게 선택할 수 있습니다 주문옵션선택이 필요 없는 상품만 판매하는 경우는 사용할 필요가 없습니다

판매하고자 하는 상품이 다양한 색상, 사이즈, 타입 등으로 구분이 있는 경우 구매자의 구매 편의와 상품공급사의 명확한 상품 발송을 위해서 상품등록시 상품주문옵션 등록이 꼭 필요합니다.

상품주문옵션을 등록하면 주문을 정확하게, 많이 받을 수 있고, 재고관리도 쉬워지는 여러 가지 이점이 있습니다.

등록 유의사항

- 상품 구매 시 색상 및 사이즈 , 타입 등의 선택이 필요한 상품의 경우 설정
- 옵션관리는 조합형/독립형중 선택하여 등록 – 조합형은 각 옵션별로 재고수량 또는 옵션가격, 노출조건 등을 각각 관리 – 독립형은 판매단가와 옵션값의 가격이 차이가 없고 재고를 통합 관리할 때 사용
- 옵션추가금액 설정 가능
- 샘플추가금액과 도매매추가금액 또한 설정 가능
- 옵션값은 콤마(,)에 의해 구분되며, 특수문자 사용불가
- 상품 페이지 로딩지연 및 오류발생 등의 사유로 500개 이하의 옵션(옵션값끼리 곱한 수) 등록 권장
- [일괄적용]을 사용하여 다수의 옵션상태를 한번에 적용

옵션설정

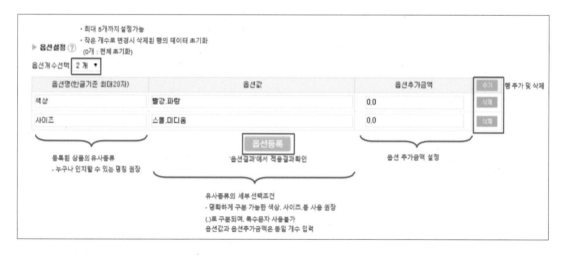

옵션설정시 꼭 기억하세요.

❶ 옵션명, 옵션값을 최대 글자수보다 적게 입력해 주세요. – 너무 긴 옵션명이나 옵션값을 입력하면 텍스트가 줄바꿈되고 옵션영역의 너비가 확대되어 가독성이 저하됩니다.

❷ 적당한 옵션값 개수를 한정해서 입력해 주세요. – 옵션값이 너무 많으면 PC 및 모바일 주문시 선택이 복잡하며, 로딩시간 지연되어 구매를 포기하는 일이 발생할 수 있습니다.

옵션관리 및 일괄적용

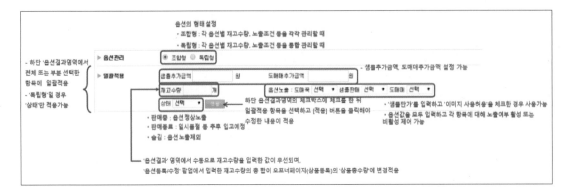

엑셀 일괄 수정

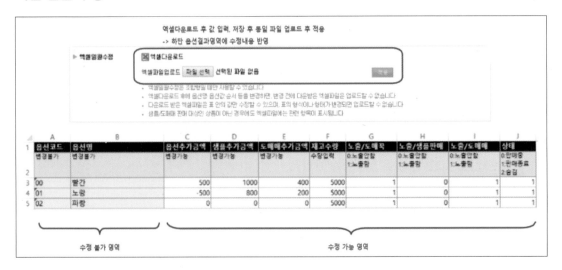

옵션결과 및 정렬순서 설정(조합형)

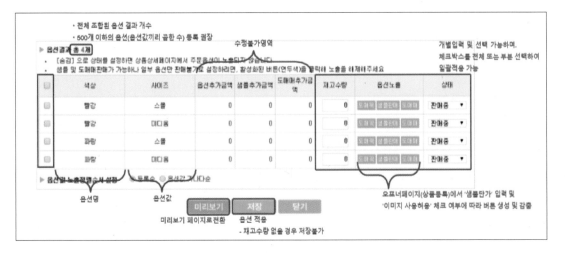

조합형은 이럴 때 사용하세요.

❶ 선택해야 하는 옵션을 2개 이상 조합해야하는경우 (주로 색상/사이즈)

❷ 각 옵션별로 재고수량, 노출상태를 개별 관리

옵션결과 및 정렬순서(독립형)

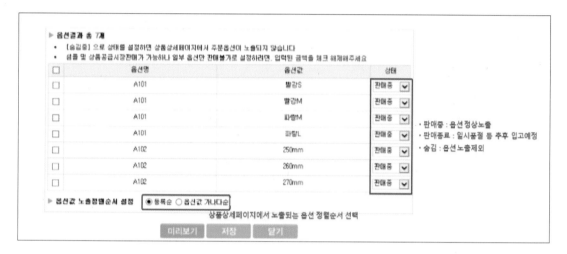

독립형은 이럴 때 사용하세요.

❶ 한번에 선택할 옵션이 한 종류인 경우

❷ 재고를 일괄 관리할 경우

옵션결과 미리보기(조합형, 독립형)

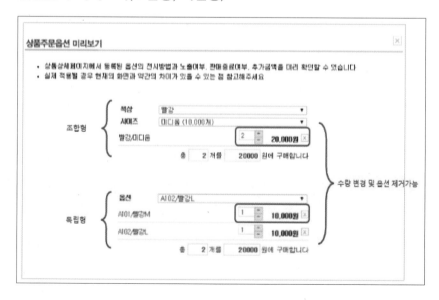

조합형은 색상을 선택 후 추가로 사이즈까지 2가지 옵션을 모두 선택해야 구매가 이루어 집니다. 독립형은 옵션별로 개별 선택해서 구매가 가능합니다. 물론 두 가지 옵션 모두 여러 가지를 함께 구매할 수 도 있습니다.

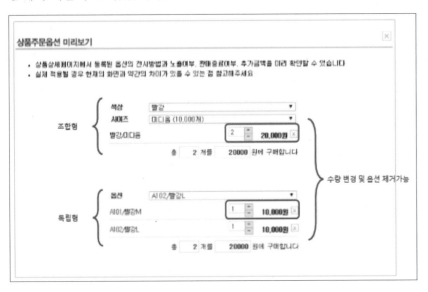

구매자 상품 주문

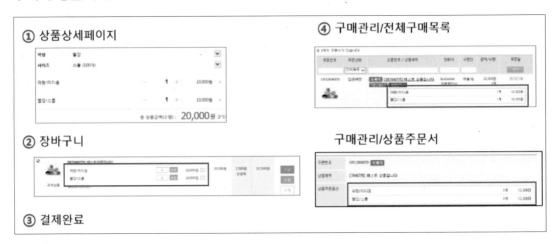

상품공급사가 설정한 상품주문옵션이 구매자에게는 이렇게 보여집니다. 즉, 구매자분들이 상품 주문 시 경험하는 페이지 뷰 입니다. 주문이 편리하고 정확한 주문을 할 수 있어서 구매 후에도 잘못된 주문으로 인한 불안감이 없습니다. 상품 옵션을 깔끔하게 정리해놓은 상품공급사의 상품을 보면 상품공급사에 대한 신뢰도가 올라 갑니다.

주문관리/전체주문조회

상품공급사는 주문관리 주문목록과 주문확인서 내에서 구매자가 선택한 옵션을 이렇게 확인할 수 있습니다. 주문관나 주문확인서를 보면 주문 받은 내역을 명확히 알 수 있습니다.

옵션등록을 하지 않았을 경우에는 구매자가 주문 메모란에 옵션을 직접 입력해줘야 하므로 구매율이 떨어지고, 구매 상품을 명확히 입력하지 않아 혼란이 올 수 있습니다. 이는 결국 구매 의도와 일치 하지 않는 상품 배송으로 연결될 수 있고 그로 인해 구매 만족도 저하와 심지어 반품으로까지도 연결 될 수 있습니다.

주문관리/발송예정

엑셀로 다운로드 받으면 상품주문옵션 열이 추가 되어 있습니다. 상품 발송을 위해 주문 내역을 엑셀로 다운로드 받을 경우에 주문 옵션이 정확히 명시되어 있어서 발송 착오를 방지 할 수 있습니다.

상품공급사센터/판매(진행)중

진행중인 상품주문옵션을 확인, 수정하려면 '상품관리 >> 상품조회/수정>상품목록'에서 가능합니다.

상품목록 (총 189건)

엑셀다운로드 < 1 /4 > 50개씩

상품삭제 기간연장 진열상태변경 ∨

	상품번호	미리보기	수정	복사	등록옵션	도매꾹 판매	도매매 판매	판매상태	진열여부	공급사상품코드	판매방식	대표이미지
☐	23796229	도매꾹	수정	복사	등록옵션	Y	N	진행중	Y		직접판매	보기
☐	23299968	도매꾹 도매매	수정	복사	등록옵션	Y	Y	진행중	Y		직접판매	보기
☐	22793968	도매꾹	수정	복사	등록옵션	Y	N	진행중	Y		직접판매	보기

매출 상승을 이끄는
도매꾹 광고 배너 안내

도매꾹 PC 광고

도매꾹 광고 신청 목록
❶ 검색창키워드 광고
❷ 메인중앙배너 광고
❸ 카테고리메인배너 광고
❹ 마이초이스 배너 광고
❺ 마이핫태그 배너 광고
❻ 우측스크롤 광고
❼ 메인스페셜프로모션 광고

❶ 검색창키워드 광고

- 화면 상단에 항상 표시되는 상품검색창 내에 텍스트 및 이미지로 상품을 광고
- 광고는 무작위순으로 게재
- 문구는 최대 17자까지 입력가능
- 연결대상 : 단일상품, 모든상품
- 광고문구가 표시된 상태에서 검색어를 입력하지 않고 찾기 버튼을 클릭하거나 정해진 검색어로 검색을 하면, 내 상품목록 또는 특정 상품설명 페이지로 이동

❷ 메인중앙배너 광고

- 첫 화면의 중앙에 18개의 배너가 게재되는 광고
- 첫 화면 중앙에 표시 → 가장 노출 수가 많고 광고효과도 큼
- 이미지 사이즈 : 550×340px
- 연결대상 : 단일상품
- 메인중앙배너를 신청한 상품들은 무작위로 노출, 5초마다 순서대로 바뀜

❸ 카테고리메인배너 광고

- 대분류 카테고리에 마우스 오버시 노출되는 광고
- 어떤 페이지에서든 대분류별 최대 5개의 배너가 게재되는 광고
- 처음에 표시될 배너는 무작위로 결정되며, 새로고침 시 변경됨

- 최소 신청가능기간 : 1일
- 이미지 사이즈 : 620×340px
- 연결대상 : 단일상품

❹ 마이초이스 광고

- 첫 화면의 중앙 좌, 우측 부근에 새로로 긴 모양의 배너 3개가 게재되는 광고
- 눈에 띄는 크기의 배너와 디자인으로 실용적인 광고
- 최소 신청가능기간 : 1일
- 이미지 사이즈 : 228×309px
- 연결대상 : 단일상품

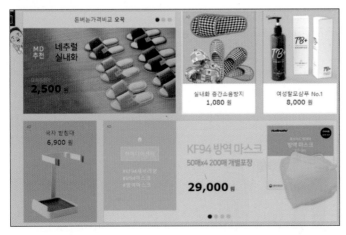

❺ 마이핫태그 광고

- 자신의 닉네임을 브랜드화하여 상품공급사가 선택한 상품과 태그를 노출시키는 광고
- 닉네임을 클릭하여 상품공급사의 전체 상품페이지로 이동되며, 자신의 단일 또는 전체 상품도 광고할 수 있어 전략적 홍보가 가능
- 배너에 노출된 상품은 목록 최상단에 별도 섹션으로 노출됨
- 최소 신청가능기간 : 1일

- 이미지 사이즈 : 500×308px
- 연결대 상 : 단일상품, 모든상품

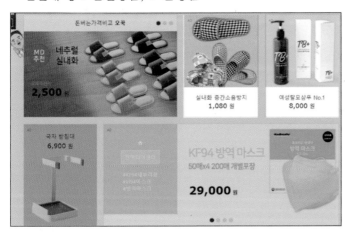

❻ 우측스크롤 광고

- 화면 우측에 항상 표시되는 광고
- 사이트 길이에 따라 오른쪽 공간에 무작위순으로 거재
- 표시된 광고 배너를 클릭하면 자신이 판매중인 특정 상품상세페이지로 이동
- 최소 신청가능기간 : 2일
- 연결대상 : 단일상품

❼ 메인스페셜프로모션 광고

- 첫 화면의 하단에 거재되는 광고
- 배너 이미지에는 상품공급사가 원하는 가격 · 상품 이미지를 넣을 수 있음
- 배너 클릭시 상품공급사의 전체 상품목록으로 연결, 목록 최상단에 상품공급사가 선택한 대표상품이 별독 섹션으로 노출

- 구매자를 상품공급사의 전체 상품목록으로 유도하는 동시에 주력상품을 강조하는 일석이조의 광고 효과를 얻을 수 있음
- 최소 신청가능 기간 : 7일
- 이미지 사이즈 : 310×170px
- 연결대상 : 모든상품

도매꾹 상품리스트 페이지 광고

❶ 카테고리파워스페셜 광고

카테고리파워스페셜 광고는 중분류 메인, 상품목록 페이지에 대형 상품 이미지(150×150px)가 게재되는 광고 방법입니다.

상품목록 페이지에서는 분류에 맞게 신청된 상품이 자동으로 페이지 상단에 노출되어 상품 홍보 효과를 높일 수 있습니다.

• 연결대상 : 단일상품

❷ 키워드파워스페셜 광고

키워드파워스페셜 광고는 키워드 검색 시 검색 결과 상단에 대형 상품 이미지(150×150px)와 판매조건이 게재되는 광고 방법입니다.

상품을 찾기위해 가장많이 이용되는 키워드 검색 시 가장 먼저 노출되기 때문에 상품 홍보 효과를 높일 수 있습니다.

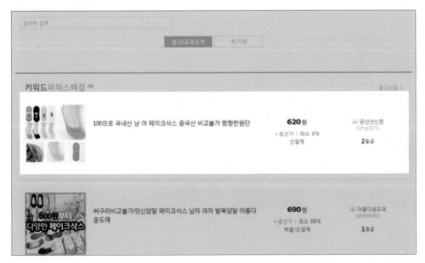

도매꾹 모바일 광고

❶ 모바일 슬라이드 배너광고

모바일 슬라이드 배너광고는 모바일 페이지 접속시 나오는 배너 광고로 가장 효과가 좋은 광고입니다. 최대 10개까지 광고가 랜덤 진열됩니다.

- 이미지 사이즈 : 680×340px.
- 연결대상 : 단일상품

내 상품을 고객에게 먼저 보여주는 방법
광고꾹

광고꾹이란?

도매꾹 공급사를 위한 커머스 솔루션으로 검색광고+네트워크 배너 플랫폼입니다.

도매꾹 검색 영역 최상단 노출과 메인페이지 추천상품 영역 노출을 통한 광고로내 상품을 가장 먼저 노출하여 구매 전환상승이 가능하며, 외부 영역에서는 도매꾹을 방문하는 유저, 사업자 유저, 대량구매 유저등의 타겟팅을 통한 도매 및 대량상품 구매 고객을 대상으로 포털 및 애드네트워크 영역에 광고가 송출되어 구매 유도를 촉진하고 클릭을 통해 유입되었을 때 도매꾹의 수많은 상품 중 내 상품페이지를 먼저 노출하여 고객을 유입시켜 판매 수익을 올릴 수 있는 공급사 전용 광고 상품입니다. 광고꾹을 신청을 원한다면 도매꾹 메인 화면의 광고꾹 영역에서 ①광고신청을 클릭해주세요.

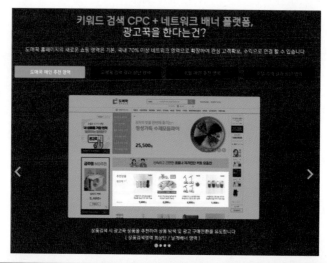

광고꾹 시작하기

도매꾹 파트너라면 누구나 몇가지 절차만 거치면 광고꾹을 시작할 수 있습니다

1   **계정 만들기**   광고꾹 전용 ID를 생성해 주세요

2   **캠페인 등록**   상품에 연결한 키워드를 등록해주세요 (간단등록/대량등록)

3   **키워드 입찰**   키워드당 입찰가를 설정 할 수 있습니다 (최소 입찰가 200원~) 입찰가에 따라 실시간 노출 순위가 결정됩니다

4   **광고비 충전**   광고비 충전 상태에서 캠페인이 라이브 됩니다 (월/일 예산 설정으로 마케팅 예산을 조절 할 수 있습니다)

✅ **캠페인 심사**   등록 키워드 검수 및 심사 기간 : 영업일 기준 1~2일 소요 (불가키워드 : 사행성키워드, 성인키워드)
캠페인 신청 및 운영관련 문의 : 비비디바비디(주) 광고꾹 사업부 02-2088-4256

매출 상승을 위한 또 하나의 판매전략
MD홍보대행 서비스

도매꾹에서 상품 판매 경험이 없는 상품공급사 회원들의 상품 판매를 지원하기 위한 판매 지원 제도 입니다. 도매꾹 MD의 판매 노하우를 전수 받을 수 있습니다.

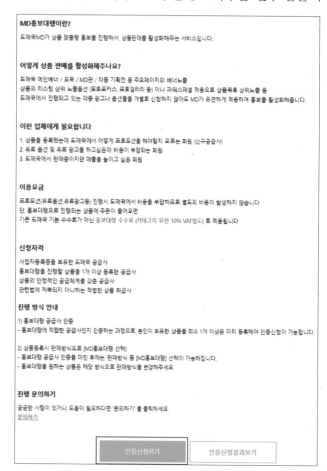

MD홍보대행 주문 확인 및 상품발송

❶ MD홍보대행 주문 확인

'주문관리 〉 발주 · 발송'에서 주문 확인 가능

1. 이메일로 받아보던 발주서를 도매꾹 상품공급사센터 2.0 내 주문관리 〉 발주 · 발송에서 실시간 확인할 수 있습니다. 주문관리에서 직접판매주문건과 동일하게 관리해주세요. 주문완료시 판매회원님께 알림톡이 전송되며, 모바일로도 확인할 수 있습니다.

2. [주문확인서 출력] 버튼을 클릭하여 발주확인서를 일괄로 인쇄할 수 있습니다.

3. [엑셀다운로드]를 클릭하여 주문정보를 쉽게 관리할 수 있습니다.

4. [직접판매] 상품관 [MD홍보대행] 상품을 함께 판매하는 경우, 상품을 구분하여 주문서를 조회할 수 있습니다.

❷ MD홍보대행 상품 발송

'주문관리 〉 발주 · 발송'에서 확인하고 발송

1. 개별입력: '주문서보기'클릭 후 송장번호 입력이 가능합니다.

2. 일괄입력: 발주 · 발송 목록 하단의 [송장 엑셀일괄입력] 을 클릭하여 엑셀파일을 업로드하거나 [송장정보 일괄입력]을 통해 직접 발송정보를 등록합니다.

3. 발송정보 수정: '배송현황'의 [송장정보 수정처리] 를 통해 수정할 수 있습니다.

주문서를 확인하여 발송정보 입력이 가능하며 [발송처리] 버튼을 통해 보다 쉽게 주문서 관리를 할 수 있습니다.

MD홍보대행 사례

동일 상품을 동시에 상품공급사가 직접 판매한 경우 한달 간 판매건수 14건 , 총매출 946,500원 동일 상품을 동시에 MD홍보대행를 한 경우에는 한달 간 판매건수 203건 , 총매출 14,144,300원 약 14배 정도 차이가 납니다.

상품에 따라 차이가 있겠지만

- 월 매출 1,000만원 이상
- 평균 2~5배 판매량이 증가

MD홍보대행 인기상품 사례

❶ 변경된 인기상품 100_1

도매꾹에서 방수팩의 경우 3월 중순부터 9월초까지 꾸준히 판매가 잘 되고 있으며 7,8월에는
성수기 시즌으로 많은 판매를 하고 있으며 역시즌 기획전을 통해 1년 12개월 모두 잘 판매할 수
있는 추천상품입니다.

❷ 변경된 인기상품 100_2

❸ 변경된 인기상품 100_3

멀티스카프는 사용용도가 많은 상품으로 운동을 즐겨하는 계절에 잘 판매가 되며 3월~6월 / 9월~11월 간절기에 많은 판매를 하고 있습니다.

❹ 변경된 인기상품 100_4

한창 욜로족이라는 유행어가 나올 시점에 많은 분들이 여행으로 힐링을 하면서 여행상품들이 늘어나고 있습니다. 해당 상품은 캐리어보조백으로 수납공간을 늘려 많은 짐을 넣을 수 있습니다.

❺ MD홍보대행 우수업체 사례

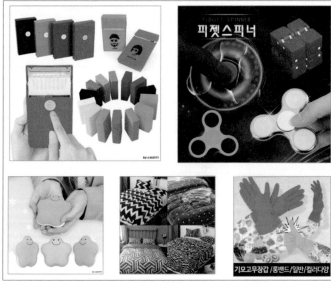

도매꾹은 한가지 상품으로 1년간 꾸준한 매출을 일으키기 어렵습니다. 4계절간의 시즌상품 및 트랜드상품을 판매해야 매출을 상승시킬 수 있습니다.

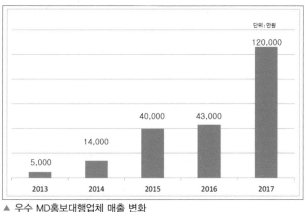

▲ 우수 MD홍보대행업체 매출 변화

2013년부터 판매를 시작한 MD홍보대행업체중 우수한 업체의 경우 그래프에 표시된 매출을 달성하여 꾸준한 성장을 하고 있습니다.

3~4월간 중국 황사 미세먼지로 인한 마스크 판매급증 기간으로 식약처에 인증된 마스크가 집중 판매됩니다.

MD홍보대행 신청 절차

❶ 사업자 인증 ➡ ❷ MD홍보대행 신청 ➡ ❸ 약관확인 및 신청서 작성 ➡ ❹ MD홍보대행상품 선택 ⬇ ❻ MD홍보대행 판매 관리 ⬅ ❺ MD홍보대행 인증 확인

❶ 사업자 인증

My 페이지 ➡ 나의 인증내역 ➡ 사업자회원

MD홍보대행을 신청하기 위해서 사업자인증을 먼저 해야 합니다. My페이지의 사업자회원 아이콘을 클릭해서 인증을 진행해 주세요.

인증받기

사업자등록증 사본은 신청시 첨부파일로 첨부하시거나, FAX로 보낼 수 있습니다. 전송시에는 사업자등록증 사본 상단에 반드시 개인정회원ID를 기재하여 주세요.

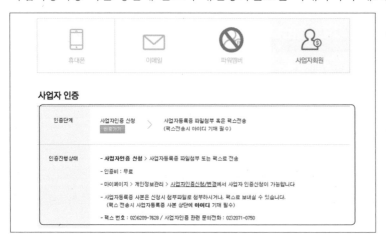

※ 이미 인증이 되어 있다면 추가로 인증할 필요는 없습니다.

❷ MD홍보대행 신청

가장 쉬운 방법 : 메인 페이지 하단 "MD홍보대행 신청" 클릭!

MD홍보대행 신청은 '광고/홍보 〉 홍보대행인증 〉 '신청서 작성하기'를 클릭하여 진행하면 됩니다.

상품공급센터의 좌측 메뉴 하단부분에 MD홍보대행관리 메뉴가 있습니다.

❸ 약관 확인 및 동의 후 신청서 작성

❺ MD홍보대행 인증 확인

MD홍보대행 신청 결과는 '광고/홍보 〉홍보대행인증 〉'신청내역보기'에서 확인이 가능합니다.

❻ MD홍보대행 상품공급센터

MD홍보대행의 경우 판매하는 상품의 판매방식이 'MD홍보대행]으로 보여집니다. 해당 주문서를 확인하신 후 발송해주시면 됩니다.

주문전체목록 (총 10건)

판매채널	판매방식	주문서보기	주문번호	주문상태	주문일	결제일
도매꾹	MD홍보대행	주문서보기	38671905	배송중	2022.07.05 09:29:02	2022.07.05 09:30:26
도매꾹	MD홍보대행	주문서보기	38660431	배송중	2022.07.04 21:28:43	2022.07.04 21:28:43
도매꾹	MD홍보대행	주문서보기	38658694	배송중	2022.07.04 19:45:08	2022.07.04 19:46:34
도매꾹	MD홍보대행	주문서보기	38656729	배송중	2022.07.04 17:42:04	2022.07.04 17:42:04
도매꾹	MD홍보대행	주문서보기	38656558	배송중	2022.07.04 17:33:56	2022.07.04 17:33:56
도매꾹	MD홍보대행	주문서보기	38655940	배송중	2022.07.04 17:09:33	2022.07.04 17:10:01
도매꾹	MD홍보대행	주문서보기	38647836	배송중	2022.07.04 13:42:22	2022.07.04 13:43:11
도매꾹	MD홍보대행	주문서보기	38633145	배송중	2022.07.04 10:27:53	2022.07.04 10:28:32
도매꾹	MD홍보대행	주문서보기	38578443	배송중	2022.07.01 15:55:07	2022.07.01 15:55:42
도매꾹	MD홍보대행	주문서보기	38540815	배송중	2022.06.30 11:58:36	2022.06.30 11:59:04

판매지원 사항

❶ 소식지 배너를 통한 홍보 지원 – 도매꾹 소식지에 내 상품이 딱!

MD홍보대행 상품은 도매꾹 MD가 소식지 배너 지원 등 다양한 홍보를 통해서 판매가 잘 될 수 있도록 노력을 하게됩니다. 약 200만 회원에게 노출되는 혜택을 놓치지 마세요.

❷ 광고 집행을 통한 홍보 지원 – 배너로도 광고 지원!

[메인페이지 변경] 메인 페이지에 광고도 지원 합니다.

❸ 광고지원 확대 – 모바일을 통한 홍보도 진행됩니다.

[모바일페이지변경]은 물론 모바일 페이지 등 다양한 부분에서 홍보를 진행하게 됩니다.

TIP 도매꾹 오준호MD가 전하는 도매꾹 판매 팁

지금은 어떤 상품을 팔아야 할까? 인기상품 100!!

도매꾹 인기상품100을 확인해 보세요. 요즘 잘
팔리는 상품을 한눈에 알 수 있습니다.
전체 인기상품100은 물론 국산과 국외산별
로도 인기상품을 확인할 수 있고, 각 카테고
리 별로도 인기상품을 확인할 수 있습니다.

• MD홍보대행 상품
오준호 MD
can2@ggook.com

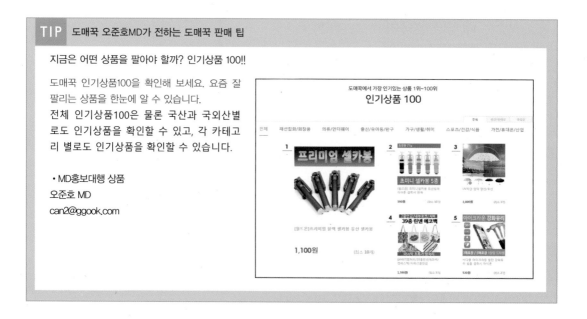

SEMINAR

09

내 상품을 한방에 검색되게 만드는
도매꾹 검색엔진의 비밀

개념 이해 − 검색엔진이란 무엇인가?

| 도매꾹 검색기능 | 검색 |

도매꾹에서는 무엇을 통해 상품을 검색할까요?

구매자가 도매꾹에서 상품을 검색할 때 내 상품은 무엇을 통해 어떻게 검색될까요? 이 비밀을 알고 상품을 등록하고 관리한다면 매출 상승에 크게 도움이 될겁니다.

• 검색엔진 (檢索engine −핵심어(keyword)를 이용해서인터넷상의 정보 자원을 찾아 주는검색 도구 또는 서비스)

자동차가 달릴 때 엔진의 힘을 빌어 달리듯, 도매꾹에서는 검색엔진을 이용해 상품을 검색합니다. 검색엔진은 어떤 핵심어를 이용하여 인터넷상의 정보자원을 찾아주는 검색도구 또는 서비스를 말합니다.

※ 참조 : 네이버 오픈국어사전

도입 배경 − 왜 검색엔진이 필요한가요?

팽이를 판매하는 회원님의 호소

"
팽이를 검색하면, 제 상품보다
달팽이크림이 위에 나와요!
"

도매꾹에 검색엔진을 도입하게 된 데에는 한 회원의 호소가 큰 영향을 주었습니다.

장난감인 팽이를 판매하던 이 회원은, 검색어로 팽이를 입력해도 자신의 상품보다 달팽이 크림이 더 상위에 검색된다고 고객센터를 통해 하소연을 해 왔습니다.

팽이를 검색했으면 팽이가 상위에 검색되는 것이 마땅합니다. 그러나 당시 도매꾹에서는 실제로 검색결과의 상위에 달팽이 크림이 표시되고 있었습니다.

달팽이   **완전일치검색** (完全一致檢索)

정보 중의 일부가 핵심어(keyword)와
완전하게 같은 경우를 찾아내는
검색방법의 하나.

이것은 당시 도매꾹이 "완전일치 검색"이라는 검색방식을 사용하고 있었기 때문입니다.

완전일치 검색은 입력한 핵심어가 정보 중의 일부와 완전하게 같으면 검색결과로 표시하는 방식입니다.

이 완전일치 검색에 의해 검색을 하면, 팽이를 검색해도 달팽이에 관련된 상품이 검색될 수 밖에 없습니다.

"달팽이"라는 단어에는 "팽이"라는 두글자가 완전하게 같게 들어있기 때문입니다.

> 지갑   검색

[카드목걸이] 카드지갑/카드포켓/카드홀더/
지폐홀더/지갑/스트릿패션/사원증

완전일치 검색의 예

사실 대부분의 상황에서 완전일치 검색은 효과적인 검색결과를 보여줍니다.

이를테면 위와 같이 상품제목을 입력한 카드 목걸이 지갑 상품이 있을 때, "지갑"으로 검색하면 이 상품이 잘 검색이 됩니다.

상품제목 안에 "지갑"이라는 단어가 정확하게 들어있기 때문입니다.

> 팽이   검색

달팽이크림

완전일치 검색의 한계 (1)

그러나 완전일치 검색은 단어의 의미나 형태는 고려하지 않은 체, 단순히 완전히 일치하는 글자만 찾아내기 때문에 한계가 있습니다.

사람은 장난감인 팽이와 동물인 달팽이를 같다고 생각하지 않습니다. 서로 의미가 다른 단어이기 때문입니다.

그러나 완전일치 검색 방식을 이용해 팽이를 검색하면, 달팽이 크림이 함께 검색결과로 표시됩니다.

"달팽이크림"이라는 다섯글자 안에 "팽이"라는 두 글자의 단어가 들어있어, 프로그램이 이 두 글자의 팽이만 보고 검색결과로 표시하기 때문입니다.

완전일치 검색의 한계 (2)

완전일치 검색은 또한 단어의 맥락을 읽어내지 못하기 때문에 또다른 한계를 가지고 있습니다. 위의 예와 같이 완전일치 검색에서는 "삼각파우치"를 검색했을 때, "삼각 미니 파우치"를 검색해내지 못합니다.

중간에 "미니"라는 단어가 들어간 탓에 삼각파우치 다섯 글자와 완전히 일치되는 부분이 없기 때문입니다. 그러나 사람은 단어의 맥락을 알기 때문에, 삼각 미니 파우치가 삼각파우치로 검색할 수 있어야 한다고 생각할 것입니다.

검색원리 – 상품검색은 어떻게 이루어지나요?

형태소 분석 | 단어를 의미단위로 쪼개기

동의어 처리 | 의미가 같으면 단어처럼

검색 후 정렬 | 상품제목 우선정렬

검색엔진은 앞서 살펴본 완전일치 검색의 한계를 넘기 위해 3가지 단계로 검색을 하게 됩니다.

첫 번째로 형태소 분석을 통해, 단어를 단순히 글자가 아닌 의미단위로 분리합니다.

두 번째로 동의어 처리를 통해, 분리한 단어 중 의미가 같은 동의어가 있으면 이것들을 검색에 포함시킵니다.

세 번째로 검색 후에 정렬을 통해 검색결과에 좀더 적합한 결과들을 상위에 보여줍니다.

❶ 형태소 분석 – 단어를 의미단위로 쪼개기

어린이단체선물

형태소 분석을 통해 검색어를 의미 단위로 쪼갭니다.

먼저 검색엔진은 형태소 분석을 통해, 검색어를 의미단위로 분리하게 됩니다.

형태소라는 것은 의미상으로 더 이상 쪼개질 수 없는 단어를 의미합니다. 예를 들어 "단체선물" 이란 단어는 형태소가 아닙니다. 이 단어를 "단체"와 "선물"로 분리되어도, 분리된 단어들이 또 다른 의미를 가지고 있기 때문입니다.

그러나 "선물"이란 단어를 "선"과 "물"로 쪼개면 이 2가지 글자는 더 이상 아무런 의미도 가지지 못합니다. 따라서 더 이상 쪼갤 수 없는 단어 "선물"은 형태소입니다.

어린이   단체   선물

형태소 분석을 통해 검색어를 의미 단위로 쪼갭니다.

만약 사용자가 "어린이단체선물"이라는 검색어를 검색창에 입력했다면,

검색엔진은 위처럼 검색어를 "어린이"와 "단체", "선물"의 3개의 단어로 분리하게 될 것입니다.

리락쿠마 문구세트 학용품세트
어린이 유치원선물 단체주문 가능

상품제목과 키워드도 형태소 분석 과정을 거칩니다.

형태소 분석을 거치는 것은 검색어 만이 아닙니다.

상품공급사가 입력한 상품제목과 상품키워드도 형태소 분석을 거치게 됩니다.

리락쿠마   문구   세트   학용품   어린이
유치원   선물   단체   주문   가능

상품제목과 키워드도 형태소 분석 과정을 거칩니다.

위와 같은 복잡한 상품제목이 있다고 하더라도, 검색엔진은 이것들을 의미단위의 여러 단어들로 분리할 것입니다.

검색어	상품제목/키워드		
① 어린이	리락쿠마	어린이	주문
② 단체	문구	유치원	가능
③ 선물	세트	선물	
	학용품	단체	

상품검색이란 형태소 분석을 끝낸
검색어와 상품제목/키워드를 비교하는 것입니다.

도매꾹의 검색엔진은 이렇게 검색어를 형태소 분석하고, 상품제목과 키워드를 형태소 분석합니다. 그리고 검색어에서 분리된 형태소를 제목과 키워드에 모두 포함하고 있는 상품을 검색결과로 표시합니다.

위의 사례를 통해 살펴보면, 검색어는 형태소 분리를 통해 "어린이" "단체" "선물"의 3개 형태소로 나누어졌음을 볼 수 있습니다.
그 후에 검색엔진은 미리 형태소 분석이 된 제목과 키워드들을 보고, 그 형태소 안에 "어린이" "단체" "선물"가 모두 들어있는 상품을 찾아냅니다.
예제로 든 "리락쿠마 문구세트 학용품세트 어린이 유치원선물 단체주문 가능"이라는 긴 제목의 상품은 이 3가지 형태소를 모두 가지고 있으므로, 검색결과에 표시될 것입니다.

❷ 동의어 처리 – 의미가 같으면 한 단어처럼

소아 아동
어린이 **단체** **선물**

동의어 처리를 통해 같은 의미의 단어를 추가합니다.

앞서의 사례에서 "어린이"라는 형태소를 살펴보면, "소아"나 "아동" 등 같은 의미를 가진 단어가 몇 개 있음을 알 수 있습니다.

이러한 동의어는 검색결과에 반영되어야 합니다. 이를테면 "어린이 단체선물"을 검색한 결과는 "아동 단체선물"을 검색한 결과가 같아야 한다는 것이죠.

이를 위해 검색엔진에서는 동의어 처리를 합니다.

검색어	상품제목/키워드		
① 어린이 　= 아동 = 소아 ② 단체 ③ 선물	아동 마스크 유아용품 사은품	유치원 단체 선물 코튼	순면 100%

동의어로 추가된 단어는 같은 단어처럼 검색이 됩니다.

"아동 마스크 유아용품 사은품 유치원 단체 선물 코튼 순면 100%"라는 이름의 상품이 있다고 가정해봅시다. 동의어 처리를 하지 않았다면 이 상품은 "어린이 단체 선물"이란 검색어로는 검색되지 않을 것입니다.

형태소 분석을 한 결과에 "어린이"라는 형태소가 들어있지 않기 때문입니다.

그러나 실제로 검색엔진에서 검색해보면 이 상품도 "어린이 단체 선물"로 검색했을 때 결과에 표시가 됩니다.

바로 "아동"이라는 단어가 "어린이"와 동의어 처리가 되어 있기 때문입니다.

이처럼 동의어 처리는 검색자가 상품공급사가 미처 생각하지 못했던 단어를 검색에 포함시킴으로써, 검색의 품질을 높일 수 있습니다.

❸ 검색 후 정렬 – 상품제목 우선 정렬

상품제목이 상품키워드보다 우선입니다.

도매꾹에서는 기본적으로 검색어를 형태소 분석하여 나온 모든 형태소가 상품제목에 모두 들어 있을 때 그 상품을 상위로 표시합니다.

"주방 세정제"로 검색을 했을 때를 예로 살펴보면, 이와 같습니다.

왼쪽의 상품은 "세정제"라는 형태소는 제목에 있고 "주방"이라는 형태소는 키워드에 들어 있습니다. 반면 오른쪽 상품은 두 가지가 모두 제목에 들어 있습니다. 도매꾹은 이 때 오른쪽에 있는 상품, 모든 형태소가 제목에 들어있는 상품을 더 상위로 표시하게 됩니다.

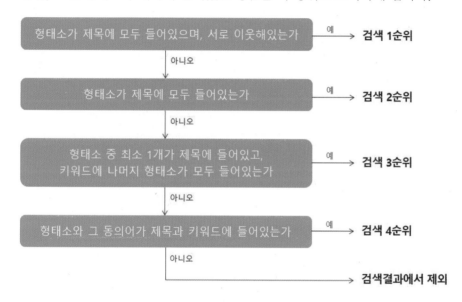

순서는 다음과 같습니다.

가장 상위에 표시되는 상품은 그 검색어의 형태소가 제목에 모두 들어있고 서로 이웃하는 경우입니다. 이어서 검색어의 형태소가 제목에 모두 들어있는 경우가 2순위가 됩니다.

다음으로 제목에 형태소 중 일부가 들어있는 경우가 3순위가 되며, 이 때 제목에 들어있지 않은 나머지 형태소들은 모두 키워드에 들어있어야 합니다.

마지막으로 모든 형태소와 동의어가 제목과 키워드에 들어있는 경우가 가장 후순위인 4순위가 됩니다. 이 내용에서 2가지 주의할 점이 있습니다.

첫째로, 형태소가 상품의 제목과 키워드에 모두 들어 있어야 검색결과에 표시된다는 점입니다. 그렇지 않으면 처음부터 검색에서 노출되지 않습니다.

둘째로, 동의어 처리로 포함된 형태소는 검색에는 노출이 되지만 순위는 4순위가 되어 상위노출에는 불리하다는 점입니다. 따라서 판매하는 상품의 제목 혹은 키워드를 선정할 때 동의어들 중 가장 사용빈도나 대표성이 높은 단어를 선택할 필요가 있습니다.

검색최적화 — 내 상품을 잘 검색하게 하기 위한 4가지 원칙

❶ 제목은 정확하게, 키워드는 폭넓게

원목 옷걸이	검색

상품제목	키워드
프리미엄 원목 옷걸이 5P	목재, 바지걸이, 행거, 나무
원목 고급 옷걸이	바지걸이, 행거, 나무
원목 바지걸이	옷걸이, 행거, 나무
벽걸이형 나무 행거 자바라	원목, 목재, 옷걸이, 나무

상품제목이 검색 우선순위가 높습니다.

자신이 판매하는 상품을 검색에 잘 노출시키기 위한 전략 중 첫 번째는 "제목은 정확하게, 키워드는 폭넓게"입니다.

먼저 제목에는 가장 대표성이 높고 사용빈도가 높은 단어들을 정확하게 집중적으로 배치해야 합니다.

검색 우선순위는 검색어의 형태소가 제목에 들어있을 수록 높아지기 때문입니다.

위처럼 "원목옷걸이"를 검색했을 때, 제목과 키워드에 따른 검색결과 순서는 위와 같습니다.

모든 형태소가 제목 안에 이웃해 있을 때가 가장 순위가 높은 것을 볼 수 있으므로, 이와 같이 빈도가 높은 단어들을 이웃시켜 상품제목을 정할 필요가 있습니다.

바지걸이	검색

상품제목	키워드
프리미엄 원목 옷걸이 5P	목재, 바지걸이, 행거, 나무

키워드에 유사하거나 관련된 단어를 넣어두면
비슷한 품목/소재 등을 검색할 때도 상품이 노출됩니다.

한편 간접적으로 관련 있는 단어들을 키워드에 폭넓게 배치하면, 비록 후순위이지만 검색에 노출되는 빈도를 높일 수 있습니다.

바지걸이 겸용 옷걸이의 경우, 바지걸이를 키워드에 넣어놓으면 바지걸이를 검색했을 때 유사 상품으로 검색결과에 표시될 수 있습니다.

동의어 처리를 노리는 단어는 또한 키워드에 배치하는 것이 좋습니다.

동의어처리를 거친 형태소는 검색노출에서 원칙적으로 후순위가 되기 때문에, 제목에 배치해도 검색 우선순위를 높일 수 없습니다.

❷ 정확한 띄어쓰기로 형태소 분석에 유리하게

두 번째 전략은 띄어쓰기 사용에 관한 것입니다.

아버지가방에들어가신다

띄어쓰기가 없으면 전혀 다른 형태소로 쪼개어집니다.

띄어쓰기를 하지 않는 경우, 형태소 분리를 어디에서 하느냐에 따라 뜻이 달라지는 부분이 있을 수 있습니다. 국어교과서의 단골로 등장하는 위 문장에서 형태소 분석이 잘못되면, 아버지가 방에 들어가시는 것이 아니라 가방에 들어가는 일이 벌어집니다. 이러한 일이 상품제목에서 벌어질 경우, 상품공급사가 의도했던 검색어에서 그 상품이 검색되지 않는 결과를 낳습니다.

실제 사례가 있었습니다.

녹색의 절연물질이 이중으로 발라진 "이중 청코팅 목장갑"을 판매하는 상품공급사가 계셨습니다.

이중청코팅목장갑

이 회원님의 장갑은 청코팅으로 검색이 되지 않았습니다.

그런데 이 상품의 제목에 띄어쓰기가 없다 보니, 검색엔진이 "이중청코팅"이라는 단어를 형태소 분석하면서 "이"와 "중청", "코팅"으로 분리한 일이 있었습니다.

그 결과 청코팅으로 이 상품을 검색했을 때, 상품이 검색결과에 없는 문제를 낳았습니다.

이중 청코팅 목장갑

띄어쓰기를 통하여 해결할 수 있습니다.

띄어쓰기가 제대로 이루어지는 경우에, 검색엔진은 띄어쓰기를 기준으로 형태소 분석을 하게 됩니다. 이를 통해 의도치 않게 형태소 분석이 되는 것을 미연에 방지할 수 있습니다.

정반대로, 오타 등으로 인해 잘못된 띄어쓰기가 있을 때에도 동일한 문제가 발생할 수 있으므로 상품판매시에 유의해야 합니다.

❸ 키워드에는 대표단어를 간추려라

세 번째 전략은 키워드에 대표단어를 간추려라는 것입니다.

　동의어는 검색엔진에서 처리하게 됩니다.

과거에 도매꾹에 완전일치 검색이 도입되어 있을 때에는, 검색노출에 유리하게 하기 위해 키워드에 사용자들이 빈번히 쓰는 오타나 다양한 동의어를 등록해놓는 일이 많았습니다. 과거에는 또한 이러한 상품관리 전략을 도매꾹 세미나에서 공식적으로 권장하기도 하였습니다. 그러나 검색엔진 도입 이후에는, 오타처리나 동의어 처리를 검색엔진이 모두 담당하게 되었습니다.
따라서 같은 맥락상에 있는 단어는 키워드에 1개만 간추려 입력하여도 무방하며, 오히려 보조단어나 유사품목의 이름을 넣어두는 것이 검색노출에 있어서는 더 유리합니다.

❹ 고유명사와 브랜드는 1:1 상담으로

마지막으로 고유명사와 브랜드에 관련된 것입니다.

　사전에 등재되지 않은 단어는 별도 세팅이 필요합니다.

검색엔진은 기본적으로 일반적으로 통용되는 단어들을 기준으로 형태소 분석을 합니다.
따라서 상품공급사가 만들어 사용하고 있는 조어나 고유명사, 브랜드는 형태소 분석이 예상하는 것과 전혀 다르게 이루어질 수 있습니다. 이를테면 "도매꾹"이라는 단어 또한 일반명사가 아니기 때문에, 별도 세팅없이 형태소 분석을 하면 "도/매꾹" 등과 같이 예기치 않은 형태로 형태소 분리될 가능성이 있습니다.
본인이 사용하고 있는 고유명사 혹은 브랜드가 검색에 반영되지 않는 경우, 1:1상담 등을 통해 해당 단어를 알려주시면 영업일 기준 1~2일 이내에 별도 세팅을 해드리고 있습니다.
다만 그 단어가 다른 일반적으로 통용되는 단어의 형태소 분석을 교란할 여지가 있는 경우에는 이와 같은 세팅이 불가능합니다.

초보상품공급사를 위한
도매꾹 상세페이지 디자인 가이드

도매꾹 이미지 가이드

❶ 메인 상품 이미지 설정 가이드

• 기본 사항

등록 사이즈	이미지 용량	파일 형식
600X600 이상	1MB 이하	JPG, GIF, PNG

• 반드시 판매 상품과 동일한 실사 이미지를 올려 주세요.
• 과도한 노출이나 혐오감이 드는 이미지 등록은 금지합니다.
• 저작권에 위배되는 저작물 및 연예인 이미지, 이름 등은 금지합니다.
• 이미지는 4가지 사이즈로 자동변환되어 저장됩니다
• 이미지는 JPG, GIF, PNG파일을 사용 할 수 있습니다
• 애니메이션으로 등록된 75, 150 사이즈 썸네일 이미지는 첫프레임 한컷만 고정으로 보여지게 됩니다
※더 자세한 내용은 도매꾹 사이트에서 확인이 가능합니다.

• 메인 상품 이미지 텍스트 사용 안내

상품 정보의 가독성과 미관을 위하여 과도한 텍스트 삽입 및 워터마크, 도형 노출은 지양해주세요.

• 상품 설명, 부제목, 상품명, 이벤트명, 할인율, 가격 등의 정보는 상품상세 페이지에 입력하세요.
• 워터마크는 사용하지 않습니다.
• 브랜드 로고는 허용하나 이미지를 가리면 안됩니다.

○		과도한 텍스트로 상품 가림	이미지내 텍스트와 마크 사용	워터 마크 사용
			✕	

• 메인 상품 이미지 배경 사용 안내

기본적으로 메인 상품 이미지의 배경 컬러는 흰색을 권장합니다.

- 상품의 주변 배경이 노출 되지 않는 상품에 집중된 깨끗한 흰색 배경으로 사용하세요.
- 그림자, 반사, 갯빛 등은 이미지 품질을 저하시키므로 플래시 사용은 자제하고,최대한 깨끗한 흰색 배경이 나올 수 있도록 상품을 촬영해주세요.
- 예외적인 경우로 상품의 컬러가 흰색이나 밝은 컬러일 때는 검정색 배경 사용도 가능합니다.

오브젝트가 많아 산만한 배경 / 서로 다른 뒷배경을 합침 / 그래픽 작업한 배경

• 메인 상품 이미지 다중모델 사용 안내

상품 3개 이상 또는 모델 3명 이상이 포함되어있는 이미지인 경우 노출 제약을 받을 수 있습니다.

- 최대 2개 또는 2명의 이미지만 사용해주세요. 간결할 수록 배너 속 상품의 가시성이 좋아집니다.

3명 이상의 모델 이미지 / 많은 수의 상품 이미지

• 메인 상품 이미지 기타 주의 사항

1. 포토샵 등을 통한 인위적인 테두리 삽입을 금지합니다.

×

×

×

2. 확대하여 픽셀이 깨지거나 초점이 흐린 이미지로 등록하지 마세요.

노이즈가 심한 이미지

노이즈가 흐린 이미지

3. 색감이 잘못된 이미지는 사용하지 마세요.

다양한 종류의 조명이나 이미지보정의 영향으로 실제 상품과 다른 색감을 가진 이미지 사용은 금지합니다.
카메라의 화이트 밸런스(AWB) 조정으로 촬영하여 실제 상품과 가장 가까운 색을 담아 내야 합니다.

○ 적합한 예

× 부적합한 예

× 부적합한 예

❷ 상품 상세페이지 가이드

• 기본 사항

- 상세페이지 **순서**와 **가이드**를 준수해주세요.
- 상세페이지의 **필수항목**은 꼭 입력해주세요.
- 페이지 **넓이는 860px, 최대 길이는 50,000px**입니다.
- **지정된 폰트**를 사용해주세요.
- 너무 **현란한 컬러**는 피해주세요.
- 반드시 판매 상품과 **동일한 실사 이미지**를 올려주세요.
- 과도한 **노출**이나 **혐오감**이 드는 이미지 등록은 **금지**합니다.
- **저작권에 위배**되는 저작물 및 연예인 이미지, 이름등은 **금지**합니다.

• 폰트 규정

무료 배포 한글서체 3종 '나눔고딕, 나눔바른고딕, 제주고딕' 을 사용하세요.
(단, 한 상세페이지 내에서는 3가지 폰트 중 한가지만을 골라서 사용하세요.)

나눔고딕
Nanum Gothic   나눔바른고딕
Nanum Barun Gothic   제주고딕
Jeju Gothic

폰트 규격

	사이즈	자간	행간	장평
타이틀 메인카피	30pt	-50	32pt	95%
서브카피	15pt	-25	20pt	100%

(상세페이지 제작 시, 위와 같은 폰트 범위를 권장합니다.)

※ **폰트 컬러 사용시 주의할 점**

- 원색이나 너무 현란한 컬러는 피해주세요.
- 텍스트에 테두리를 치지 않습니다.
- 내용이 잘 보이도록 배경은 넣지 않습니다.

• 이미지 규정

　• **되도록 상품 단컷을 사용해주세요.**

　　– 판매하는 상품을 명확하게 보여줄 수 있는 이미지를 사용합니다.
　　– 옷걸이, 마네킹, 착용샷은 사용해도 좋습니다. (단, 배경은 깨끗하게 처리해주세요.)
　　– 상품을 홍보하는 목적으로 매장이나 생산 환경 이미지를 사용하고 싶은 경우에는 디테일컷과 별로도 사용해주세요.

　• **상품이 더 잘 보일 수 있도록 깔끔한 배경을 사용합니다.**

　• **상품사진은 실사를 사용합니다.**

　　– 모니터나 지면에 인쇄된 상품을 찍어서 사용하지 않습니다.
　　– 실제로 상품을 직접 찍은 사진을 사용해주시기 바랍니다.

• 상세페이지 구성안내

　상세페이지의 필수항목은 상품종류, 상세설명, 상품구매안내로 구성되고,
　선택 항목을 추가하면 인트로, 상품종류, 공통 특장점, 상세설명, 상품구매안내로 구성됩니다.

　• [선택] **인트로** : 상품이나 브랜드에 대한 요약 설명
　• [필수] **상품종류** : 상품이 여러가지일 경우, 종류별로 상품을 나열
　• [선택] **공통 특장점** : 상품이 여러가지일 경우, 공통적인 특성에 대한 설명
　• [필수] **상품설명** : 상품에 대한 상세한 설명
　• [필수] **구매안내** : 상품구매 관련 정보 안내

• 상세페이지 세부항목 설정

인트로
상품에 대한 세부적인 설명을 하기전에 함축된 요약내용을 미리 보여주는 영역입니다.
필수사항은 아니며, 필요에 따라 선택적으로 사용하세요.

영역 가이드

• **이미지 + 로고 or 타이틀 + 카피**로 구성합니다.
• 소개 카피는 **2~3줄**을 넘지 않습니다.
• **최상단 타이틀박스**와 **테두리라인**은 유지합니다.
• 배치는 **텍스트 중앙정렬형, 이미지 우측/좌측형 中 택일**하여 제작합니다.

상품종류(리스트)
상품이 여러가지인 경우, 상품의 종류를 나열하여 보여주는 영역입니다.
옵션에 따라 순번을 매겨 정리합니다.
옵션번호가 명확하면 구매자의 상품선택이 쉬워집니다.

영역 가이드

• **이미지 + 상품명 + 상품설명**으로 구성합니다.
• **상품명은 1~2줄, 설명은 2~4줄**을 넘지 않습니다.
• 상품주문옵션명 앞에 **옵션번호**를 삽입해주세요.

예) 01-레몬봉봉 보카시니트
10단위 이하 값에는 숫자앞에 '0'을 입력하고 하이픈' – '을 사용하여 옵션명을 입력합니다.

• **최상단 타이틀박스**와 **테두리라인**은 유지합니다.
• **좌우배치/상하배치 中 택일**하여 제작합니다.

공통 특장점
해당 상품의 고유한 특장점을 소개하는 영역이며, 필요에 따라 선택적으로 사용하세요.
특장점은 꼭 필요한 정보로 간단하게 작성하는 것이 좋습니다. 지나치게 길게하면
구매자들에게 혼란을 줄 수 있습니다. 나머지 자세한 정보는 상세설명에서 작성해주세요.

영역 가이드

• **메인카피 + 서브카피 + 이미지**로 구성합니다.
• **메인카피는 1~2줄, 서브 카피는 5줄**을 넘지 않습니다.
• **최상단 타이틀박스**와 **테두리라인**은 유지합니다.
• 배치는 **이미지 우측/좌우형 中 택일**하여 제작합니다.

상세 설명
판매하는 상품에 대해 상세한 내용을 소개하는 영역으로 필수 사항입니다.
깔끔한 이미지와 텍스트로 잘 정돈된 상세페이지가 상품 홍보에 더욱 효과적입니다.

영역 가이드

- **이미지 + 카피**로 구성합니다.
- **카피 분량**에는 제한이 없습니다.
- **최상단 타이틀박스**와 **테두리라인**은 유지합니다.
- 배치는 **텍스트 중앙정렬형**으로 **옵션無, 옵션有, 예외형** 中 선택하여 제작합니다.
- 상품설명과 상세컷을 더 많이 활용하고 싶은 경우에는 **따로 디자인된 예외적인 상세페이지를 허용**합니다.
  (단, 타이틀박스와 테두리라인은 유지합니다.)

구매안내
구매에 도움되는 부가내용을 안내하는 영역으로 필수 사항입니다.
상품 정보 이외에 구매자들이 구매시 꼭 알아야할 정보나 주의사항을 전달하여
고객의 문의나 항의를 줄일 수 있습니다.

영역 가이드

- **타이틀 + 카피**로 구성합니다.
- 내용은 **상품 취급시 주의사항/배송안내/교환 및 반품안내/고객센터** 관련 사항만 기입합니다.
- 카피 분량은 제한하지 않습니다.
- **최상단 타이틀박스**와 **테두리라인**은 유지합니다.
- 폰트사이즈와 컬러에 유의해주세요.

상세페이지 전략

상세페이지는 상품이 무엇이든 고객의 입장에서 생각하고 만들어라

❶ 카테고리별 컨셉에 맞는 이미지/컬러 기획

의류

- 여성의류 – 의상 착장시 느낌을 예상할 수 있게 하는 것이 중요. 여성스럽고 화사한 느낌.
- 브랜드 잡화류, 정장 – 무채색이나 채도가 낮은 색상 주로 사용. 세련되고 모던한 느낌.
- 스포츠 의류/용품 – 강한 대비의 색상들을 사용. 강렬하고 역동적인 느낌.

전자제품 : 컴퓨터, 카메라, 가전제품 등 – 고급스럽고 도시적인 스타일

식품 : 가공식품, 농수산물 – 사진 퀄리티 중요. 자연의 이미지 활용하여, 신선하고 맛있는 느낌을 줘야함.

기타 : 화장품, 아기용품, 주방용품 – 품질과 안전성이 중요한 상품군. 청결하고 깔끔한 느낌.

❷ 타이포크라피

가독성

- 글을 보여주는 방식에서도 상품을 사는 고객의 입장을 고려해야 한다
- 화려하고 너무 눈에 띄는 글자는 고객이 상품에 집중하는 것을 방해한다
- 강조할 내용은 중요한 타이틀 정도만 색을 넣거나 크게 하는 것으로 충분하다

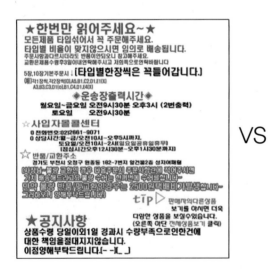

VS

< 명조체와 고딕체의 차이 >

Serif = 명조체 = 바탕, 나눔 명조…

Sans-Serif = 고딕체 = 돋움, 맑은 고딕…

< 고딕체를 사용한 타이포그라피 혼합 >

① 서로 다른 크기의 폰트 조합

돈버는 쇼핑 **도매꾹**

② 서로 다른 굵기의 조합 (굵은글자 + 가는글자)

이것이 **디자인**이다

< 다양한 한글 무료폰트 >

▶ 나눔고딕/ 나눔바른고딕 / 제주고딕

제주 고딕 Bold
세계자연유산 제주
Jeju Volcanic Island and Lava Tubes

❸ 끌리는 상세페이지 마케팅 TIP

• 오감이 느껴지는 정보를 제공하라

• 상품을 직접 사용해보고, 상품에 관하여 박사가 되어라

• 당신이 알고 있는 정보를 모든 고객이 알고 있는 것은 아니다

• 구매의욕에 불을 붙이는 마법의 키워드

한정 요법　　　가격할인　　　덤　　　추가입고

• 장점은 더욱 돋보이게, 단점은 적당히 솔직하게

　　상품공급사만의 장점이 있다면 최대한 홍보한다.

　　솔직한 사례 ➡ 무조건 "좋아요" "괜찮아요" 보다는 망설이는 고객이 믿게끔 하라

• 구매자 후기는 상품설명보다 힘이 세다

　　결론 : 전략적으로 만들어진 상품페이지가 매출을 올려준다

어떻게 하면 내 상품이
눈에 잘 띄게 할 수 있을까?

랭킹지수를 알아봅시다

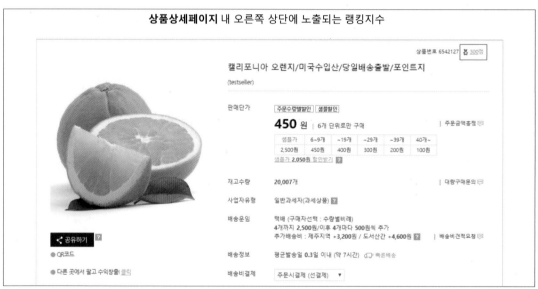

상품상세페이지 내 오른쪽 상단에 노출되는 랭킹지수

도매꾹 랭킹지수 산정 방식

90%	**+**	**10%**
상품기준 노출지수		상품공급사기준 노출지수
각 상품별로 매겨지는 점수		상품공급사에게 부여 되어있는 점수

상품기준 노출지수 산정방식

상품기준 노출지수 = 판매지수 X 공헌지수 X 품질지수 + 고객만족 지수 + 무료배송 지수

판매지수 최근 7일간 상품이 판매된 정도를 상패적으로 평가한 지수

공헌지수 최근 7일간의 광고 또는 부가서비스 이용시 추가되는 지수

품질 지수 상품정보의 도매꾹 가이드 준수 여부에 따른 추가지수

고객만족지수 고객만족도를 수치화한 지수

무료배송지수 무료배송 여부에 따른 가점

상품기준 노출지수 산정방식

판매지수

판매금액지수	X	수량별할인단가 적용가중치	X	판매취소지수
(최대 20,000점)		(최대 1.3 배)		(0.3 ~ 1.5)

판매금액 지수 7 일간의 최고 판매금액을 20,000점으로 환산했을 때 해당하는 자신의 점수
단, 옵션추가금이 붙지 않은 상품만 계산 / 판매종료 주문건 기준

수량별할인단가 적용가중치 수량별할인단가 설정 구간별 추가 가중치
구간 추가시 1.1배 / 1.15배 / 1.2배 / 1.3배 로 최대 1.3배 까지 가중부여

판매취소 지수 7 일간의 (판매취소건수 / 주문건수) × 100 의 값에 해당하는 가중치
취소율이 낮을수록 가중치 증가 / 20% 이상시 0.3 배 ~ 0.1% 미만시 1.5배

상품기준 노출지수 산정방식

공헌지수

배너광고비를 포함한 7 일간의 광고 및 부가서비스 구매비용을 근거로 산출한 가중치

최소 1배, 최대 2배 까지 부여

품질지수

등록한 상품정보가 상품등록 가이드를 준수하였는지에 따라서 부여되는 차등 지수

최소 1배, 최대 2배 까지 부여

상품기준 노출지수 산정방식

고객만족 지수

상품만족지수 (최대 700점) + 신속고객응대지수 (최대 600점) + 신속발송처리지수 (최대 700점)

상품만족지수	7 일간의 등록된 구매후기 별점에 따라 점수 부여
신속고객응대지수	7 일간의 등록된 상품문의의 처리에 따라 점수 부여
신속발송처리지수	7 일간의 발송처리에 소요된 시일에 따라 점수 부여

무료배송 지수

상품 배송비가 무료배송일 경우 추가 가점 (+20)

수량별 차등 배송비 일 경우 구간중 1개의 구간이라도 무료구간이 있으면 가점

상품공급사 기준 노출지수 산정방식

상품공급사기준 노출지수 = 상품공급사 수 X 공헌지수 + 고객만족 지수

판매지수 최근 7일간 상품공급사의 모든 상품이 판매된 정도를 상대적으로 평가한 지수

공헌지수 최근 7일간의 상품공급사가 광고 또는 부가서비스 이용시 추가되는 지수

고객만족지수 상품공급사의 모든 상품의 고객만족도를 수치화한 지수

★ 공헌지수와 고객만족지수의 계산공식은 상품기준노출지수와 동일(단 상품공급사의 모든 상품을 대상으로 함)

상품공급사 기준 노출지수 산정방식

판매지수 (상품공급사기준)

판매금액지수 (최대 1,000점) + 판매건수지수 (최대 1000 점) X 판매취소지수 (0.3 ~ 2.0)

판매금액 지수	상품공급사가 보유한 모든 상품의 7일간 판매금액 순위에 따라 점수 부여(1,000점~550점)
판매건수 지수	상품공급사가 보유한 모든 상품의 7일간 판매건수 순위에 따라 점수 부여(1,000점~50점)
판매취소 지수	상품공급사가 보유한 모든 상품의 7일간 (판매취소건수/주문건수)X100의 값에 해당하는 가중치 취소율이 낮을수록 가중치 증가 / 20% 이상시 0.3배~0.1% 미만시 2.0배

최종, 도매꾹 랭킹지수 산정 공식

랭킹지수가 적용된 영역은?

상품리스트의 도매꾹랭킹순 및 인기상품순에 랭킹지수가 적용

* **도매꾹랭킹순** : 유료옵션 사용여부 및 랭킹지수 순 / **인기상품순** : 랭킹지수 중 [상품기준 노출점수] 순

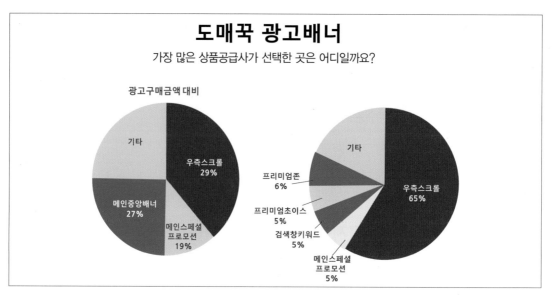

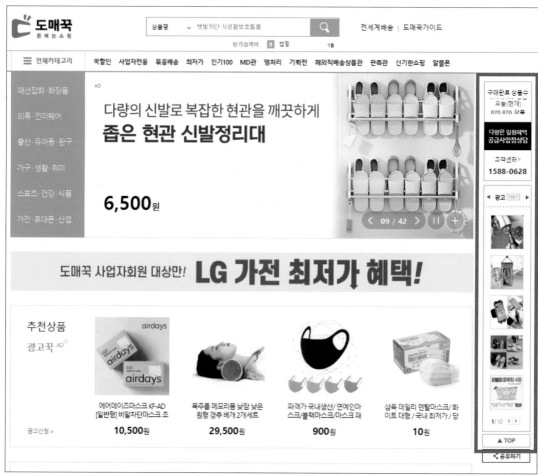

도매꾹 부가서비스

그렇다면, 부가서비스는?

부가서비스 구매금액 대비

기타
포토포커스
31%
프리미엄
19%
우대등록
38%

부가서비스 구매건수 대비

기타
아이콘
7%
굵은제목
11%
포토포커스
12%
프리미엄
12%
우대등록
53%

상품목록 노출순위　　포토포커스　›　프리미엄　›　우대등록　›　기본등록

* 상품검색결과 / 카테고리형테시 - 기본값 (도매꾹행점순)

왜 **우대등록**의 이용률이 가장 높을까요?

부담이 없는 적은 가격으로, 상위노출을 노려볼 수 있고
상품이 적은 카테고리에서는 우대등록으로도 충분한 효과를 누릴 수 있기 때문입니다

비인기 키워드 or 카테고리에서는 우대등록!
인기 키워드 or 카테고리에서는 포토포커스 or 프리미엄!

유연한 부가서비스 광고노출은 내 상품을 더 잘 보일 수 있도록 도와줍니다

초보 상품공급사를 위한 도매꾹 지원사항

'신규공급사순' 진열을 제공

상품리스트를 신규공급사순으로 진열할 수 있는 옵션을 제공하고 있습니다.

총 **1,548**건이 검색되었습니다

도매꾹랭킹순 ? | 신규공급사순 | 최근등록순 | 인기상품순 | 낮은가격순 | 높은가격순 | 적은판매단위순 | 많은판매단위순   50개씩 보기 ∨

신규상품공급사만을 위한 다양한 쿠폰 제공

도매꾹 서적 구매 등 다양한 이벤트를 통해 신규 상품공급사를 위한 쿠폰을 제공하고 있으며 해당 쿠폰은 상품 등록 시 유료옵션사용 등 상품 홍보 시 현금처럼 사용이 가능니다.

신규(초보)상품공급사를 위한 세미나 진행

도매꾹 초보 상품공급사를 위한 세미나를 매월 진행하고 있습니다.

교육센터-오프라인교육에서 매월 다양한 세미나를 확인하세요.

초보 상품공급사를 위한 MD 홍보대행 시스템 안내

❶ 도매꾹 전문 MD와의 일대일 맞춤 상담

도매꾹 MD 홍보대행 전문 MD와 1:1상담(전화 혹은 1:1게시판)을 통해 앞으로의 판매 계획이나 전략을 수립할 수 있도록 도와드립니다

❷ 도매꾹의 다양한 배너 광고를 통해 무료로 홍보를 진행해드립니다.

도매꾹 메인 페이지 배너 또는 모바일 광고까지 필요에 따라 무료로 진행을 해드립니다.

❸ 상품리스트 상단 진열을 위한 홍보 프로그램 진행

각종 옵션광고(포토포커스, 프리미엄, 우대등록)를 통해 상품이 목록상단에 노출이 될 수 있도록 꾸준히 관리해드립니다.

❹ 매주 발행되는 도매꾹 상품 소식지를 통한 홍보를 지원합니다.

❺ 묶음배송 상품전에 입점하면 국내외 다양한 구매자에게 상품을 판매할 수 있으며, 도매꾹, 도매매
상품을 타 오픈마켓 등에서 재판매하는 전문셀러들이 주로 판매용으로 가져가는 특별관으로 판매
기회를 늘릴 수 있습니다.(문의: 02-2071-0763, 0761)

조건부 무료배송? 만원 이상 무료배송?

무조건 무료배송은 없나?

회원 누구나 최초 배송비 무료!

도매꾹이 답 이다

상품을 홍보하려면 비용도 만만치 않은데

홍보쿠폰을 그냥 준다고?

신규가입
회원용

상품홍보쿠폰

30,000원

쿠폰번호 AXZL-XYAA-GL4I-RXG4

유효기간 : 2024년 12월 31일까지
(일반회원 가입 후 정회원 전환페이지에서 입력)
– 선착순 발급 –

270만 도소매업체가 알아서 홍보해주는

도매꾹이 답 이다

재고 걱정없는 인터넷 상품판매

배송대행 서비스가 있다고?

무자본 · 무점포 · 무재고 판매의 꿈

도매매가 답 이다

중국시장이 HOT 하다는데
어떻게 진출하지?

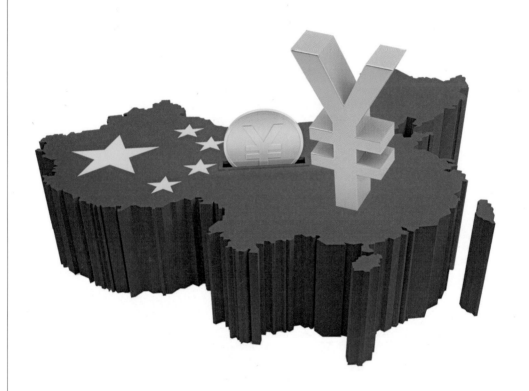

중국어를 몰라도 다 지원해주는
도매꾹이 답 이다